中国现代文化世家丛书

李风宇 著

花落春仍在

——德清俞氏家族文化评传

郑州大学出版社

图书在版编目（CIP）数据

花落春仍在：德清俞氏家族文化评传/李风宇著.—郑州：
郑州大学出版社，2013.12（2014.1重印）
（中国现代文化世家丛书）
ISBN 978-7-5645-1084-8

Ⅰ.①花… Ⅱ.①李… Ⅲ.①家族－文化研究－德清县
Ⅳ.①K820.9

中国版本图书馆CIP数据核字(2013)第209901号

郑州大学出版社出版发行
郑州市大学路40号   邮政编码：450052
出版人：王 锋   发行部电话：0371-66966070
全国新华书店经销
河南省瑞光印务股份有限公司印制
开本：710 mm×1 010 mm 1/16
印张：18.25
字数：296 千字
版次：2013年12月第1版   印次：2014年1月第2次印刷

书号：ISBN 978-7-5645-1084-8   定价：46.00 元
本书如有印装质量问题，请向本社调换

中国现代文化世家丛书
编辑委员会名单

◎

·代总序·
贯通时空的力量

◎

在中华民族五千年的文明史上，"家"与"国"总是作为一个不可分割的社会有机体相伴而存。历史的长河滚滚向前，更迭不已的朝代衍生的名门望族难计其数。这些显赫家族中的一部分在繁衍存续中以文化为纽带，形成独特的群体，成为文化世家。这些文化世家及其杰出人才为华夏文化的传承与发展发挥过巨大的示范作用，在一定程度上影响着中国历史与文化发展的进程。如，齐鲁大地上以孔子肇始的孔氏世家，享誉儒林两千余年，堪称"中国第一文化世家"；义宁的陈氏家族以陈宝箴、陈三立、陈寅恪而富盛名；杭州钱塘的钱氏家族，因千余年来文风昌盛、人才辈出而被誉为江南望族；安徽桐城方氏家族，自明末至今一直享誉文坛，有"中国近世三百年第一文化世家"之称。

改革开放以后，特别是20世纪90年代以降，中国进入新的文化复兴时期，国人比以往任何时代都更加重视科技、教育和文化，也更加珍视人才。事实表明，代表先进文化最高水平的社会群体，正是那些位居学术最高领域的专家、学者等文化精英。中国现代转型以来，那些文化、思想领域的领军人物，对推动社会变革和学术创新等方面贡献巨大。研究发现，这些专家、学者和精英人物，大都出身于文化世家，有着良好的家庭文化背景和丰厚的学养。文化世家所呈现的人才辈出的现象，成为中国现代史上一道亮丽的景观。

在我国文化典籍中，"世家"一词早有所见，其注解也多有不同。《孟子·滕文公下》中出现"仲子，齐之世家也"①之说；《史记》以"世家"记述王侯诸国大事，有《世家》30篇；欧阳修所撰《新五代史》，沿用司马迁《史记》的体例，书中也开举《列国世家》10篇。我国古代王侯开国，子孙世代承袭，所以称世家。后来，人们将世代显贵、以某种专业世代相承的家族或大家泛称为世家。《现代汉语词典》第6版对"世家"有如下三种解释："封建社会中门第高，世代做大官的人家"；"《史记》中诸侯的传记，按着诸侯世代编排"；"指以某种专长世代相承的家族"。

根据研究和多方因素理解，"世家"当指有特殊职业或专长、社会地位显赫，或代表某一领域、阶层特色并世代传承的家族。考虑到文化的特殊性，文化世家则是文化在家庭、家族中长期积淀，并经过多代人不断赓续、传承而形成的特有文化现象，是以家风、家训、家教等文化单元为标志，以家族杰出人物群体为代表的世代相传的家族体系。

现代文化世家则是源自19世纪末，成长于20世纪初，繁盛于20世纪中期并延续至今的，以家族文化传承为基本特色的不同家族的集成。中国现代文化世家总是以家族的一个或多个、能够影响或引领某一时代或某一领域发展的杰出人物为代表，进而形成一个具有浓郁的家族特色、对社会产生广泛而重要影响的群体。

中国现代文化世家的兴起和成长大致在19世纪末20世纪初至今100年左右的时间。历史地看，20世纪以来的中国文化留给我们许多值得深思的空间。1840至1949年这段充满屈辱的历史，国人经受的痛苦是空前绝后的；然而，这一时期的中国却呈现出文化多姿、人才辈出的局面，

① 《孟子》，中华书局，2006年9月北京第1版，第142页。

所谓"国破山河在，家脉代代传"。这是中国根亲文化的魅力和生命力之所在。

实际上，中国现代文化世家的家族脉络根须还可以上溯至更早300余年的明末清初。那时，中国开始出现资本主义萌芽。商业资本的发达不仅带来经济繁荣和人口大量流动，也促使人们思想的开放和转变。封建的小农经济依然占统治地位，人们在获取物质的有限满足后，也伴随着精神上更加新异的追求。特别是到了清朝末年和民国年间，西方列强的入侵和洋务运动的助推，让许多有钱人家对家族的振兴和子女的抚养有了颠覆性的设想。尽管"学而优则仕"的思想根深蒂固，但富家子弟求学读书并非单一的科举及第。由于视野的开阔，富裕人家往往不惜重金聘请名师对子女进行一对一的培养，或让年幼的子女体面地进入私塾，或挤进洋人的教堂，甚至远渡重洋，为的是让子孙后代冲出家门，获取更加宽阔的人生发展空间，去施展抱负，光宗耀祖。这样，官富子弟不仅躲避了战乱的袭扰，更能浸染异域文化，从而成就了大批人才。

晚清至民国时期，中国历史经历了前所未有的动荡局势。一方面，清廷的腐败无能引起民众造反，另一方面，外族入侵加剧了中国的贫弱。相对而言，社会贫富悬殊，阶层急剧分化。当时的局面应当是，寻常百姓不仅生活窘迫，甚至生死难测，富豪家族生活安逸，甚至花天酒地，更可破财消灾，让自己的子弟躲避人祸，享受现代优质教育。即使是落草为寇的军阀，也往往处心积虑地让自己的亲属弃武从文，期望发迹于文化世家。时局动荡，社会倒退，却难以遏制文化的萌动与繁荣。而乱世时期的富家子弟往往不乏有志之士，他们倾心文化功名，客观上造就了家族文化的繁荣，使文化世家风起云涌。

从人才学的角度进行考察，文化世家的整体成长往往又伴随国运兴衰而行，其历程也往往变幻纷呈，瑰丽多姿。中国的历史就是这么怪异，有时越是动荡不安，文化越是奇异多姿。春秋战国时期是这样，三国两晋南北朝是如此，近代的清末民国时期也概莫能外。

20世纪初，中国最后一个封建皇帝被赶出宫廷，伴随频仍的天灾和人祸（战乱和政治腐败），裹挟中西文化泥沙的巨浪席卷中国大地，中国彻底沦为半殖民地半封建社会。民国时期虽时局动荡，军阀混战，但文化却一直未能断裂，反而出现极度繁荣的景观。这一时期，军阀的利益、地盘纷争不断，文化的发展空间相对宽松；军阀的粗野庸俗，反而衬托出文化的精细高雅与尊贵，追求风雅成为时尚，文人地位也随之攀升，这在客观上促进了人才成长和文化繁荣的局面。现有史料足以证明，即使在1928年那样战火纷飞的动荡年月，成立伊始的国民政府"中央研究院"仍然做着遴选院士的长远计划，并终于在20年后的1948年成功地评选出中国首届81名院士。首届院士不乏文化世家子弟，如梁思成、梁思永兄弟，冯友兰、冯景兰兄弟等。这一现象值得我们研究和探讨。

1949年中华人民共和国的成立，标志着一个新时代的到来。由于时局稳定，加上国家恢复生产和经济建设都亟需大批各行各业的人才，许多流亡于海外的专业人才多为旧时代文化世家子弟纷纷回国。他们在参加新中国建设的同时，因为其卓越成就和高尚品德，成为科技文化领域的典范，从而使家族文化成为优化社会环境的重要因素，促进了家族文化繁荣时期的来临。随着时局的动荡变迁，特别是"十年动乱"，许多家庭遭遇灾难，甚至出现家族内部政治斗争，相互陷害，亲戚无存、文化割裂，加上中国计划生育政策的实施、家庭结构的变化，家族文化遭遇内外夹击，影响了家族文化的繁荣与发展。时至今日，已经难以见到中国传统家庭四世同堂、子孙满院的格局，而文化的一度断裂，也从根本上影响了文化世家的发展，我们也很难见到20世纪中期那样的文化世家了！

沉舟侧畔千帆过，病树前头万木春。20世纪90年代至今，随着科教兴国战略的实施，中国对科技和人才的重视程度前所未有，迎来了科技发展和人才成长的最佳机遇。同时，随着时局的稳定、和谐社会的发展，人们在享受现代科技带来的现代化便捷生活的同时，也渴望回归自然，怀念旧日民族文化传统。从20世纪乡土文学受热捧，到同乡会、同学会、恳亲会、姓氏寻根、家谱赓续等活动，无不带有浓郁的中华民族传统文化色彩，同时也为家族文化的凝练创造了良好的氛围。中国家族文化在和谐发展的当世焕发出勃勃生机。

随着人类社会的不断进步，家族文化必然也会有新的发展。虽然嫡亲家族还需等待时日，而松散的家族联系必然也能够成就新兴的文化世家，成为新的人才成长的独特环境。况且，随着国家计划生育政策的调整和综合国力的不断增强、人们生活水平的不断提高、和谐社会的健康发展，新时期中国文化世家也必然会以新的形态展现并在人才成长链中发挥出榜样和示范的作用。

中国现代文化世家根植于中华民族的肥沃土壤，浸润着民族文化的深厚根基，有着鲜明的特色。

中国现代文化世家中的家族文化根基源自中华民族传统文化。我们选入的所有现代文化世家，都弥漫着中华民族的文化氛围。不管是新会的梁氏家族，还是无锡的钱氏家族，或者是唐河的冯氏家族、湘乡的曾氏家族、义宁的陈氏家族，他们首先是以中国传统文化为主要特征的书香门第。这些家族的杰出人物不仅有着良好的家风和深厚的家学渊源，而且其中的杰出代表人物从私塾开始多有大师引路，并大都出国留学，深受异域文化的影响，可谓学贯中西，所以在他们身上总能闪现出新异文化的光芒，通透着文化的锐气。如东至周氏家族中的周一良，在其出生的次日，母亲萧琬即患急病猝然离开人世，幸被父亲周叔弢的德国朋友牧师卫礼贤抱回家让夫人用牛奶喂养了一年才送还周家，再由周一良的三姑母（旧式的文化女性、孀居而又无子女）扶养。周叔弢对儿子煞费苦心，不惜重金请来名宿大儒坐馆家塾。周一良的老师如张恧、毓康、温肃、唐兰等，或为当世鸿儒，或是文化名流，或与"大清天子同学少年"（陈寅恪语），还有外籍教师教学外语，使其通晓英、德、日等国语言，成为中国著名的历史学家。又如，义宁的陈氏家族中，陈寅恪是中国现代最负盛名的诗人之一，还是中国现代历史学家、古典文学研究家、语言学家，被称为清华百年历史上四大哲人之一。其父陈三立是著名诗人，"清末四公子"之一；其祖父陈宝箴曾任湖南巡抚。因陈寅恪身出名门而又学识过人，在清华任教时被称作"公子的公子，教授之教授"。

综观中国现代文化世家展示的家族文化，有着明显的世代传承特色。每一个家庭中的杰出人物都不是单打独斗的，而是呈现出群英荟萃、相映生辉的局面（这一点在梁启超的子女中展示得更加明显）。他们或是科举精英，或是乱世怪才，有人甚至当上了皇帝的老师（翁同龢曾是同治、光绪两代帝师）。这些家族成员文化层次极高，职业新潮，特色明显。比如东至周氏家族中的周馥为一品监生，周学海为两榜进士的良医，周学熙曾任民国时期的财政大员，周明爕（叔迦）为佛学大师，周绍良是著名的红学家、敦煌学家、佛学家、收藏家和文物鉴赏家，周一良是著名的历史学家。又如新会梁氏家族中的梁启超自然是国学大师，他的子女梁思顺、梁思成、梁思永、梁思忠、梁思庄、梁思达、梁思懿、梁思宁、梁思礼等，也都成为当世英才。再如唐河冯氏家族的冯沅君、冯友兰、冯景兰、冯宗璞，分别在文学、哲学、史学、地质学等方面成就卓著。这些代表人物堪称时代精英，他们从事的职业、徜徉的领域都留下了时代光辉；他们的成果都能够荣登当世的最高境界。他们身上的人文精神也成为时代楷模，激励了一代甚至数代人在人生的道路上健康成长，并在后人的追捧中不断发展、完善。

中国现代文化世家中的家族动辄几十甚至几百年的家族史，在当地声名显赫、德高望重，也大多恭行自律、家教严谨、讲究门风，形成独特的家训。如无锡钱氏家族的"姓钱但不爱钱"，常熟翁氏家族的"读书""为善"，湘乡曾氏家族的"耕读传家"等。中国现代文化世家以姓氏血缘为纽带，各个家族都有自己严格的宗祠家谱，家族特色明显；重视独特文化的凝练和世代延续，在传承中注重创新。如湘乡的曾氏家族能够在继承中兴名将遗风的同时，不仅人才辈出，还使良好的家风得以传承和创新。家族文化的兴衰与家族精英关系密切，一个家族的文化兴盛与衰落往往都离不开精英人物引领潮头、发扬光大。

中国现代文化世家的兴盛年代处于晚清、民国向现代转型时期，许多世家穿插了家学深厚、贤良德高的优秀女性。旧式中国社会，虽说女性的地位总体不高，但人们往往又把家风的树立、门户的筑垒寄望于良家女子，所谓"妻贤夫祸少，子孝父心宽"。这些家族中的女性不仅践行家族文化，而且以卓越的成就承担起家族文化的传承与创新。那时，相对稳定的大家庭模式和女性主内的家庭管理方式，客观上给女性施展管理才能提供了平台。殷实的家境使妇女可以免于生计所迫，让她们安心在家操持家务，教育孩子；有些女性从幼年即经受先进文化的熏陶，接受良好教育，成为女中豪杰。同时，女性受到的良好教育，形成更加浓郁的文化氛围，并通过生活中悉心关心幼年家庭成员，以其无微不至的人文关怀、女性崇高的品德和良好的言行举止，影响家族成员健康成长。

在家庭成员成长过程中，女性发挥作用最典型的当属曾氏家族中曾国藩次子曾纪鸿之妻郭筠（字诵芳）。郭筠一岁即由父亲郭沛霖（曾国藩好友）做主许配曾家，12岁不幸丧父，幼年已成曾家女主人。因忙于家务无暇读书，直到和曾纪鸿完婚郭筠才有饱读诗书的机会。更为不幸的是，郭筠34岁又丧夫成寡。令人钦佩的是，郭筠持家教子有方，成为曾家富厚堂拿得起放得下的第一夫人。在富厚堂，曾家子孙几十口人都听她的号令！郭筠写有《曾富厚堂日程》，并有以自己的艺芳馆书斋名目、王闿运作序而传世的《艺芳馆诗存》。郭筠晚年立有六条"家训"，策勉男女儿孙谋求自强自立，同时不要求年幼女性缠足，不赞成八股文章，也不愿孙辈去考秀才，却要他们学外国文字，接受新式教育。[①]正是曾家有了这位贤惠的郭夫人，使得曾氏家族能够在曾国藩等长辈中的晚清中兴名将虽过世经年，仍然呈现一派繁荣昌盛的景象，并且这种景象在传承曾国藩治家精神的同时，又有新的、与时俱进的历史性转变。

中国现代文化世家的精神动力来自兼容并蓄的开放心态和中西贯通的文化精神，这种精神催生人才的花丛枝繁叶茂，使得家族文化总能跟上时代的步伐，文化生命力强健。

中国现代文化世家开放的文化心态使得家族文化深受异域文化浸染，形成文化锐度，易于人才的脱颖而出。由于其时间跨度正处于中国社会的转型时期，时局的动荡、中西文化的碰撞，彻底颠覆了国人一贯的保守矜持、故步自封的性格，生存的需要逼迫他们在被动了解西方文化（其实早期更应该是科学和宗教文化）的同时，开始审视中国传统文化。他们发挥了自己的聪明才智，溅出奇异的光华，形成高锐度的思想和科学成果。这样，这些家族的子弟往往能够在同一时代、同一群体中

---

① 岳南《南渡北归·南渡下》，湖南文艺出版社，2013年第1版，第521~522页。

或特立独行，或鹤立鸡群，或脱颖而出。

中国现代文化世家宽阔的文化视野形成兼容并蓄的文化发展路径，使得家族文化总能跟上时代的步伐，文化生命力强健。经济实力的增强往往能够带动精神境界的进一步提高，国家是这样，民族是这样，家庭也同样如此。成长于跨世纪的中国现代文化世家，由于世代显赫，随着经济、政治地位的提高和家族影响力的增强，其文化心态也逐步开阔。其家族代表不仅对中国传统文化批判、审视和合理吸纳，也同时关注西方文化，做到兼容并蓄；同时，新的事物、新的思想也成为他们的关注对象，所以他们总能成为时代的弄潮儿，紧跟时代步伐，在守成的同时不乏创新，使家族文化具有极强的生命力。现代文化世家群体彰显的中国家族文化，是中国现代文化的主要组成部分。其涵盖的勤奋进取、艰苦奋斗、自强不息、爱国爱家、亲情友谊等人类先进文化的重要因素，将贯通时空，成为民族富强、家庭兴旺、个人成才的重要动力。

"中国现代文化世家"丛书已列入国家出版基金项目。根据策划者的总体目标，这套丛书要汇集20～30个在中国现代史上文化渊源比较深厚、影响力巨大的家族。这是一项内容丰富、任务艰巨的工程。为兼顾学术高度，丛书所选作者大都在各自承担家族的研究方面积累有丰富的史料和扎实的学术功底，具有较强的书稿撰写和文化品位把握能力。在承担丛书任务时，他们对前人已有的研究成果认真梳理，并多有创新。这些，都为丛书的品牌形成打下了坚实的基础。

"中国现代文化世家"丛书将影响中国现代历史进程的文化世家集中整理并大规模展示，以史学和传记文学的视角进行研究，意义重大。以家庭作为社会细胞进行文化解剖，以大量鲜活的中国现代杰出人物群体和翔实的史料展示跨世纪文化环境，表现健康向上、和谐进步的优秀文化，必将丰富和创新社会主义先进文化内容，对整个社会产生积极的影响。以展示影响中国历史的文化家族及其杰出人物群体为追求目标，不仅对国人产生示范效应，在世界范围内也会引起关注，从而丰富国际文化内涵，具有更加长远的文化战略意义。以时代、家族、人物作为研究、建设和传播中国文化的方法和路径，不仅创新了文化研究和文化传播的方法，也为民族文化的传承与创新提供了参考依据。深刻挖掘家族文化的伦理内涵、凝练和传承家族文化中的传统文化、通过家族文化与现代文化的冲突与融会，能够全新缔造中国人文精神，丰富国学内涵，推动民族文化复兴。

文化世家中的家族文化是中华民族优秀传统文化的重要组成部分，它源自中国传统文化，又富于创新，是民族文化传承创新的重要典范。从目前关注的这些文化世家看，其之所以能够在所处时代世代显赫，最重要的原因是这些家族沉淀了最精华的民族文化，吸收了最富于生命力的民族精神；同时，这些家族往往又能够冲破中国传统文化藩篱，吸收异域文化精华，其家庭成员往往能够进取守成，跨世系、跨时代延续发展。可以毫不夸张地说，中国现代文化世家的存在和发展，最典型地体现了中国文化的传承与创新。

中国现代文化世家展示的人才群体及其依存的文化体态，是国家和谐文化建设的重要载体。文化世家在历史上的成长和发展，曾经为中国社会的和谐稳定以至崛起发挥重要作用，也是传统文化中不可或缺的构成要素。这些家族中优秀人物的荣辱沉浮以及家族的兴衰变迁，从一个侧面展示中国近代社会发展的痕迹，透视了中国知识分子忧国忧民的心路历程。我们完全可以通过中国现代文化世家的发展史去了解中国社会生态发展演变的梗概和脉络。

家庭教育、家族文化传承及其凝成的文化环境等对培养和造就杰出人才的重要作用，传承和创新民族文化，在更广阔视野下探寻优秀文化对人才的影响，都是当今不可忽视的文化命题。"中国现代文化世家"丛书首次以家族文化的形式作为切入点，系统挖掘中国传统文化和世界先进文化碰撞产生的独特文化，探究在这一背景下的中国家族文化及其对人才成长、家族兴起、国家富强的影响，推动我国学界对中国现代家族文化的重视和研究，其学术意义非同寻常。

党的十八大报告中明确指出，"文化是民族的血脉，是人民的精神家园。全面建成小康社会，实现中华民族伟大复兴，必须推动社会主义文化大发展大繁荣，兴起社会主义文化建设新高潮，提高国家文化软实力，发挥文化引领风尚、教育人民、服务社会、推动发展的作用。"
中共中央十七届六中全会通过的《中共中央关于深化文化体制改革推动
社会主义文化大发展大繁荣若干重大问题的决定》指出，"优秀传统文
化凝聚着中华民族自强不息的精神追求和历久弥新的精神财富，是发展
社会主义先进文化的深厚基础，是建设中华民族共有精神家园的重要支
撑。"党中央高度重视包括中国优秀传统文化在内的先进文化建设，确
定了文化大发展大繁荣的宏伟目标，肯定了优秀传统文化在"文化强
国"战略中的基础性地位，倡导传承与创新文化。我们试图通过"中国
现代文化世家"丛书的出版，并通过遴选出来的在中国现当代具有代表
性的文化家族群体，挖掘中华民族传统文化中的精髓，展现中国文化在
近代社会的传承与发展，理清中国传统文化血液流淌和分布的脉络，进
而为当下的文化大繁荣大发展提供有益的借鉴和参考，为实现中华民族
复兴的梦想发挥积极作用。

骆玉安

2013年10月，郑州

题记……

后来人之看历史，就如同伏在古堡窗口朝内窥视的孩童，垂挂的藤萝，残圮的墙壁，阴冷的长廊，潮湿的天花板上沁出的水珠——滴答坠地。冲着黑暗大喊一声，幽远的回声，如同交响乐，蓦然而起。

尔后——寂静仍然笼罩着古堡。

寂寞中，蟋蟀时断时续的叫声还是那般的嘹亮。

楔子

◎

国人眼里的大清王朝末年，无疑是一个艰难困苦的岁月。

在那个绞碾血肉、饿殍遍野的年代，世人的注意力几乎都集中到了有限的几个话题上——买米的银子和用铁血浇铸成的功名。这是一个百舸争流、贤豪辈出的年代，洪秀全、曾国藩、左宗棠、李鸿章、彭玉麟等辈的勋名都是得自这个日趋混沌的乱世；而孙逸仙、康有为、梁启超等起自洋场或儒林的书生，竟然也推案掷笔，或奔走于四海呼号革命，或折冲于京城的皇宫巨邸，图谋变法自强，随着时间的推移，他们的声誉也日隆一日。

在洪、杨麾下的铁骑踏碾之下，在从西方浮海而来的艨艟炮舰的排轰声中，在初具民主思想的人士掀起的革命浪潮的扑击下，大清王朝的国运的确已如釜底游鱼，来日无多。

当此之世，儒林中人也已经日趋沦落凋零，比及前朝，硕硕大儒似乎已经隐逸埋名，访诸儒林已然难觅其踪。流传刊行的书籍之中的片语华章也颇费搜寻，虽有时人推崇的同光体流行于世，但也是装腔作势多于自然流露，时髦的愤懑披掩了冷静的思考。

这确实是个无可奈何的事实。此时，中国正不由自主地将流注得已经

礼部侍郎曾国藩

十分滞慢的潮头，开始汇入世界的滚滚巨流，听任执领潮流者的摆布和呵斥。在这个新思想、新潮流孕育和诞生的时代，整个世界的前方正放射出诱人的曙光，而这时，中国还昏睡在一个黎明前的茫茫黑夜之中，她在沉睡中发出的梦呓，还是两千多年前生机焕发的秦汉语言，当然，如果就此来指责中国文化的话，毫无疑问是偏颇的，因为继承毕竟是发展的前提。

古已有言：盛世出华章，濒危剑士生。连曾国藩这位文名武功煊赫一时的勋臣，面对铺展在眼前的这个艰难时世，心底里也是在战怵着的。

在两江总督任上，曾国藩在拜读了某位翰林院的庶吉士捧上的诗作之后，不禁对这位从川中风尘仆仆赶来南京，以求能够入幕为宾的同乡，大皱眉头。这位仁兄真是庸愚如苍头百姓，且言谈举止迥异于娴于词章的儒林中人。抒露胸臆的诗作，更是令批注过唐宋以降十八家诗钞的曾国藩，瞠目梗喉。翻阅着这位居然入了翰林院庶常馆的进士的蹩脚诗作，这位有着"霹雳手段"和"菩萨心肠"的当世英豪，也不禁将扶巨厦于既倒的气慨抛诸脑后，黯然神伤地感叹道："国家所得人物如此，真是一代逊之一代，文章与国运相关联，天下事由此可知矣！"

毕竟是位搜读过天下文章、冷眼逼视过四海世情的大人先生，曾国藩的识人之誉在当时是有口皆碑的。薛福成曾经放言："曾国藩知人之誉，超秩古今，或邂逅于风尘之中，一见为伟器；或物色于形迹之表，确然许为异材。"

曾国藩的勋名得之于太平天国一役，他的帐下自然不乏猛将谋臣，李鸿章、左宗棠、彭玉麟等辈叱咤风云之发轫，都是得自这位大人先生的拔识。而以巾服游于其幕中的儒生，凭借笔墨之技令其心叹服的文人学士，却屈指可数。并非曾国藩没有识珠的慧眼，对于一位千方百计罗致人材，以图为己所用，好来应付燃眉之急的封疆大吏来说，是无暇有吕氏之妒的。经过岁月的磨洗，这些经世治国之材中人物，能以衮衮华章和所治学术传诸后人者，确为麟角凤毛。这又印证了曾国藩"国运与文章相关连"的感叹。

俞氏何其幸哉。

道光三十年（庚戌），浙江德清县举人俞樾进京赴春闱中式，而后在复试于礼部的时候，面对"淡烟疏雨落花天"这道并不那么吉祥的出题，发诗泉而不唐突，敷衍以文又不失缜密，用证之于将来来回应，先轻抒狼毫作五言律句一首，然后再洋洋洒洒地撰文解答了这道难题。

从复试的保和殿下得场来，俞樾心中仍然惴惴不安。

因为这位表字"荫甫"的俞举人，虽然才华横溢，但自幼不娴于小楷，而彼时科场尤重于应试者的书法。自明末以降，有一种名为馆阁体的书体已经在科场流行，这种严谨端庄的字体，逐渐成为闱场中的专用字体。座师将墨卷一拿到手中，先审视的便是应试者书法上的功底，然后再浏览全文，由于字迹窳劣误了锦绣文章的应试者无疑是大有人在；因为写得一手漂亮的馆阁体，而博得阅卷者欢心，夤缘一跃龙门者，也不乏其人。

所以俞樾胸中的隐忧，决不是庸人自扰了。

及至宫门传胪，黄榜挂出，俞樾不但被赐进士及第，而且在保和殿一同复试的诸人当中，居然名列第一。

过了一段日子，俞樾才得知，自己的墨卷经了曾国藩的法眼。

时任礼部侍郎的曾国藩，不但是这次殿试的执事官员，而且与主管科举的礼部尚书同为该部堂官，因此，在阅批考卷的时候，有着很大的发言权。他在看了俞樾的诗文之后，不禁抚案激赏有加，他立即示之于主试官杜受田等阅卷诸公，并且执意要将俞樾举为第一。

同僚们聚而观之，反复咀嚼了这份考卷之后，纷纷摇头以为不可："文则佳矣！然则仓猝间安能出此佳构，定然是录旧作以塞责罢了！"

曾国藩仍然执着己见，拈须道："不然，其诗亦相称，难道诗也是宿构吗？"

"文义发端于何处尚待考究，拔置之第一，恐难服众。"某位大佬犹犹豫豫地说。

"此与'将飞更作回风舞，已落犹成半面妆'有暗合之处，咏落花而无衰飒之意，此生他日成就，未可量也！"曾国藩回答道。

曾国藩的一番话，顿时令阅卷诸公无言再驳，俞樾也由此得中殿试第一，恩荣及第。

在赐宴礼部之后，俞樾被授进士及第，入翰林院庶常馆为庶吉士，三年后终于挨到壬子散馆，得以引见入宫，在宫禁森严的紫禁城，一睹咸丰皇帝奕詝的圣容，奕詝见其谈吐学问俱佳，温言垂询之余，似有所瞩。

果然，引见后不久，俞樾便蒙恩得授翰林院编修。

俞樾究竟写了一篇什么样的雄文，便令曾国藩这位八股大师折服了的？其实说来也令人瞠目，这位大人先生一瞅见那首五言律句的首句"花落春仍在"，便叹服了，这大概与曾国藩那执着的人生态度有暗合之处，以至于惺惺惜惺惺的心态油然而生。

后来，曾国藩受命督抚两江，驻节于虎踞龙蟠的金陵，俞樾也以儒生的面目，巾服游于曾国藩的幕中，往来如处士。俞樾在给曾国藩的信中，将自己比作当年袁枚从游于尹相幕府，而曾国藩对俞樾，则常有"闳才不荐，徒窃高位"之叹。

这也许是这位德清人的幸运之处，息影林泉，释道训经于庐舍山寺，应当是每一位儒林中人的凤愿。不管荫甫先生当时是怎样想的，他身后留下的由五百卷皇皇著述瑰集而成的《春在堂全书》，毫无疑义地成就了这位大儒的硕硕文名。而他那些后来名满九州的弟子，如徐琪、潘鸿、章炳麟等辈，在承其衣钵之余，又大大地宏扬光大了他的学术，以至于迁延至今，其学仍有苗裔可寻。

俞氏之学不仅惠及门生，而且还泽及其后人。尽管俞樾一房单传数世，但却世无庸者，所著文章不仅粲然可观，而且这位儒林泰斗的曾孙——学人俞平伯先生，还在20世纪50年代被中南海里的毛润之点了将，竟然能以学术著作令神州瞩目数十载，如果荫甫先生冥灵有知，一路地考据过去，这些祸福的发轫，恐怕还是要以他在保和殿被那位湘乡的大人先生所拔识为发端。孰不知，那两位在不同的年月里，以不同的眼光和心态，将两俞推了出来的隔代贤豪还是同乡哩。

毛润之在1917年致友人书中曾说过："吾于近人独服曾文正。"

因有太平天国一役，俞樾的门生章太炎论曾国藩道："誉之则为圣相，谳之则为元凶。"

曾国藩是有远见的，目光也是犀利的，他见俞樾锐意著述，而且经年不辍，不禁笑谑道："李少荃（鸿章）拼命做官，俞荫甫拼命著书，吾皆不为也。"

这一番世事洞明的话，非过来人是说不出来的。

传到俞樾的耳朵里，这位方巾儒士在自愧之余，亦以为喜，穷愁著书十余载，至此已经颇为可观了，沾沾自喜之余，又在笔记中私语道："文士名心，书生习气，缄石知谬，享帚自珍。"

确实，无论际遇何世，文人聊以自慰的只能是文章了，尽管他们常常被世事洞达者叹为冥顽，讥为酸腐，但还是乐此不倦，执着地在翰墨中寻找人生的答案，寄托胸中难以言喻的畅想。晚清年间的俞荫甫先生与他的苗裔们，可谓于斯而极。

楔子

第一章

青萍之梦

◎

无从考稽的华胄

荫甫先生虽然自称是德清人，其实这位德清人只在这个山清水秀的地方居住了四个年头，在他四岁那年便随家迁往临平镇居住。临平是个小镇子，属仁和县治下，东西长不过三里，南北宽仅二里。然则，其地虽然窄小，但历史却是甚为悠久，地名在《晋书·顾众传》当中已经有所记载。

临平还是一个迭有文人墨客宦游驻足的地方，宋人吴自牧所著《梦梁录》中云："唐杜牧墓在南山东南，与佛日山夹境，名杜牧坞。"佛日山者，临平镇外之危峰也，仁和人沈东江曾经著有《临平集》一卷，记述临平故事。沈东江在书中记述，唐代的著名诗人丘丹作过一首名为《经湛长史草堂》的诗，诗前有序云："余圣唐山令臣也，屏居临平山墅亦有年矣。"沈东江以丘丹"屏居临平山墅"为据，遂将丘丹讹误为临平人。后来，俞樾从《全唐传》中考得："丘丹，苏州嘉兴人，诸暨令，历尚书郎隐临平山。"

俞樾还考得：丘丹的六代叔祖丘迟是吴兴乌程人，如此说来，丘氏一脉还是浙地人物，于是，俞樾在其所作的《临平杂诗》当中兴致勃勃地吟道："去岁今年两度过，钓游旧地总情多，莫教补入临平志，恐与丘丹一例讹。"

俞樾在临平居住了二十八个年头。初到临平的时候，赁居于潘家桥东面的史家棣戴宅，史家棣系因史姓翰林居其地而得名，翰林名为史尚节，是康熙朝丙戌年的翰林。戴家临街有楼，到了每年的正月初五，年龄尚幼的俞樾总是随侍在太夫人的左右，登楼观灯。俞樾在后来的《和恩竹樵方伯元夕词》里曾记其事："无端触起中年感，忆儿时鸠竹，随处嬉遨，竟夕看灯，喧阗史棣潘桥。"

其时，俞樾之兄俞林授馆于巡抚郑梦白宅。

郑宅藏书甚富，俞林在协助中丞大人整理旧藏的同时，不忘采辑史料，锱积铢累，获益匪浅。俞林表字壬甫，道光二十三年举人，春闱不售之后，被浙籍人士荐入史馆整理宣宗实录，秉烛执笔经年，颇有劳绩，于咸丰四年外放至福建沙县任职，两年后转任永安县知县，后来官至福宁府知府，于同治十三年病逝于福宁任所，俞林之子俞祖绥为光绪年丙子科举人。

俞樾一族世居于湖州府德清县东门外的南棣，屈指算来，拓居耕读已有数百年了，待到俞樾壮岁之后，欲于书案前细溯家族渊源的时候，已经莫知自始了。

相传南棣的俞氏一世祖是元朝的提举俞希贤，此说见诸明朝的御史沈松一脉的族谱序言，另有先朝俞氏议君诗云："我家巾山阳，溯源自元末，堂堂希贤公，孙谋善贻厥。"然而，在南棣俞氏的族谱当中并没有希贤公的名讳，这也许是因为当年落籍于德清的俞氏族人多操犁锄，于文墨一事不甚了了，以至于后世考究起来，也就难觅其先祖的踪迹了。

庚午年间，主讲于苏州紫阳书院的俞樾偶遇远方族人俞永泰，其人当时为候补县丞，字棣华，系安徽婺源人，俞永泰告诉俞樾："天下俞氏皆出于徽州，其地曾流出俞氏十八派，如今俞氏家祠中仍有屋宇十八区。清明大祭，十八派皆有至者，各以其派世祖神主居祠屋中央，拜祭之。祭祖以三日为期，为祭日及前后各一日，俞氏子姓繁多，为婺源大姓。"

俞樾听了俞永泰这么一番解说之后，不禁大感兴趣，于是便迫不及

德清——莫干山下的一座小城

待地索观俞永泰据之所言的族谱。

俞永泰告以族谱在安徽老家，若欲一观，当设法抄示。数日后，俞永泰便将抄缮好了的俞氏宗谱携来，奉呈给面前这位文名已著的俞氏族人。

这本族谱分源溯流地将俞氏一族的世系记了个明明白白：俞氏始祖为俞纵，依次而下为：二世祖俞归，三世祖俞贞，四世祖俞奇鸾，五世祖俞药，六世祖俞中、俞安、俞吉，七世祖则为俞永宗、俞永崇、俞永深、俞永沉。

后来，俞永沉一支由宣州迁徙到了歙州。

俞永沉有子名俞植，俞植则有俞昊、俞昱、俞晃、俞昌四个儿子。其中俞昱一支后来迁徙到了浙江；俞昌迁徙到了婺源，俞昌即为婺源俞氏之始祖，所谓的婺源俞氏十八派，皆是俞昌一支迁往该地之后繁衍出来的。

以此观来，既有俞昱迁往浙江之说，那么浙地的俞氏传人也就并非是婺源的俞氏十八派之一了，当在十八派未分之前别有所出。

俞樾窃思道："俞纵、俞归、俞药，皆见于史，谱牒家所引据，不甚可信，自俞沉以来，当不诬也，用识于此，殊深籍氏数典之惧。"

光绪二十九年，忽有友人章紫伯以有永嘉年号的巨砖见赠，此砖长一尺，宽约半尺，青泥烧结，坚硬如锭，通体上下布满了麻布纹，砖上四面有字，其文是："吴兴乌程俞道由、俞道初兄弟治作之，永嘉元年八月十日立功。"

时年已逾八十的俞樾，面对这块刻有前辈俞氏族人姓名的巨砖，嘘叹不已，顿发思古之幽情。他巍巍颤颤地走到被眩目的夕阳映照着的书案前，濡笔展笺，赋得长歌一首，歌中有云："治且作者兄弟同，道由道初皆吾宗。""只怜得姓衰宗早，世系茫茫竟难表。""黄帝之将曰俞跗，遥遥华胄无从考。《列子》三医俞氏存，寓言十九恐非真。"

花落春仍在——德清俞氏家族文化评传

虽然俞樾在长歌中将汉以后的世系讲出来了个大概，但汉以前的仍不能考，而且浙江俞氏的始祖亦不知其人是谁，也不知是始于何朝何代才徙来浙地聚族而居的。

俞樾遍考俞氏的前代，终不能详浙地族人出自何支何脉，所以也就难免有了籍氏数典忘祖之惧。由是，索之不详，那么也就疑之越深，俞樾索性从"俞"姓的根苗上考证起来，宋人吴曾著有《能改斋漫录》，在这部书中有"喻氏姓"一条曰：

> 《芸阁姓苑》云："喻氏出汝南，其先帝颛顼之苗裔，周文王之裔绪。《左传》郑公子渝弥，为周司徒，后立别族为渝氏。历秦汉至景帝，皇后讳志，字阿渝，中元二年避讳，改水为口，因为喻氏。"《元和姓纂》云："喻见《姓苑》，亦音树。"《南昌姓苑》云："南昌有喻氏，东晋有喻归，撰《西河记》三卷。"予案《南史·陈庆之传》云："梁世寒门达者惟庆之与俞药，药初为武帝左右，帝谓曰：'俞氏无先贤，世人云俞贱，非君子所宜，改姓喻。'药曰：'当令姓自于臣。'"然药竟不知中元二年避讳改喻邪。

既然史籍当中记载的比较详细，于是，俞樾便显出了朴学家的本色来，兴致勃勃地考证起来，越考证，俞樾越发觉得《能改斋漫录》中有关"俞氏"所言经不起推敲。吴曾只说明了渝氏改水旁为口旁，并没有说起由俞氏改为喻氏的经过。俞樾推断："于文疑有阙误，或传写夺漏也。"如果以宣公三年的《左传》当中所载文字来考证之，则有："郑文公又娶于苏，生子瑕、子俞弥，俞弥早卒。"在这个版本的《左传》当中，其字正作俞，不作喻，而且在释文当中亦无作渝之本。

凡此种种，俞樾一体逐字考证之，但是到了最后仍然还是疑之不能决，他说："余疑喻氏乃俞氏之别，而俞氏为郑公子俞弥之后，容或可信。"

俞樾又细考《左传》，终于认为："俞氏之出于俞弥，当不妄也。"紧接着，他又惝惝然地论说道："其后不知何故，又别为喻氏，而喻氏之后，不知其先由俞加口，转谓由渝改水为口，遂改俞弥为渝弥，与《左传》不合。"

如此汗漫无头绪，真是要使急于理出头绪来的荫甫先生仰天叹息了，这使他不禁想起当年在京师时，老前辈何绍基对自己说过的那两句话："治经使人静细，治史使人浮躁。"

何绍基，字子贞，是翰林院中的老资格的编修，同时也是名闻遐迩的大书法家。

何绍基又打了个比喻道："足下久居京师，曾经看见过座师请门生吗？座师只须以一束招之，门生则无不立至。客人到了门口，主人才姗姗出迎，让门生坐，门生才敢悚然就座；请门生喝茶，门生方敢捧杯。主人高居于堂上，恣意畅言，来者无不喏喏然，此史学也；如果是门生请座师的话，就是另外一回事了。十日之前便谋之于室，继而振衣冠，捧束登门恭请之。待到贵客临门之时，主人早已恭候于门右，肃迎以入，惟恐不当其意，这便是经学了。"

俞樾深为这位前辈学人的经验之谈所折服，不由得叹道："先生取譬妙矣！"

何绍基又道："经有学，史无学。"

俞樾感触良多地补充道："经学无底，史学无边，经学深，故无底；史学太汗漫，故无边。"

此时，手捧谱牒的俞樾不禁由此想道："谱牒家与史学家岂不是相去不远的同行？谱牒家言之不可据，往往如此矣。"

安寓秋元

俞樾是在道光丁酉年应的乡试，是年八月，浙江各府各县的秀才云集省城杭州，在杭州有所谓"槐花黄，举子忙"的民谚，指的就是秋天秀才们赴贡院应乡试的盛况。

贡院附近的居民纷纷以多余房屋租赁给前来应试的秀才们居住，有应试者入住的空屋，往往当即就被主人在门楣上面贴上了"安寓秋元"的横幅。在秀才们进场应试的前几天，最热闹的地方要数专卖文具的青云街了，在这条街上挤满了头扎文士巾的秀才，他们在一家家张店以迎的考具店、书店老板的眼里，无异于难得一见的财神。

正副主考系衔皇帝的钦命而来，照例已率随从人等于农历七月晦日到达武林门外的皇华驿，随即便被地方官接入城中，落驻于总督衙门内。为避嫌疑，这两位气象森严的宗师拒绝会见一切来访的客人。到了农历八月初六，正副主考大人在仪仗的簇拥下移驻巡抚衙门，拜茶之后不过片刻，巡抚即援旧例，率同藩台、臬台等大员护送正副主考进入贡院。当这些大人先生们身着朝服，乘坐显轿，在头亭以及旗牌、金锣等全副执事的引导下朝着贡院进发之际，贡院前面的"为国求贤"和"明经取士"两座牌坊下面，已经人头攒动，挤满了围观的人群。

俞樾进场的时候就没有这般风光了，这位来自临平小镇的秀才，身着短衣，头缠发辫，肩头上扛着行李，手里还拎着一副装满文具和日用品的考篮。

进得场来，俞樾经过一番周折，方才觅到了自己的号舍，稍稍安顿下来之后，才深深地吐了一口气，题目纸是在半夜时分送来的，由各号的号军分发给各位应考者。

三场考毕，远道而来的应考者纷纷散归，回到家中静待一个月之后的重阳放榜。出榜的时辰一般都是在即将天亮的五更时分，其实，此时贡院的门斗已经将中榜者的名字泄露了出来，等到天色大亮，敲着小铜锣卖印有全榜姓名、名次以及籍贯的题名录的小贩，早已遍布杭州城的街头巷尾。

自古以来，在闱场之中所作的文字，必须符合规定的程式，所以常将考中者称作中式，报帖传来，俞樾的运气还不能算太差，为中式副榜，何以称之为"副榜"？俞樾后来考证道："因考宋时解试，有所谓待补小榜者，其今副榜之权舆乎？"

宋人赵升所著《朝野类要》中说："待补者，三场内只第一场合格，及补试内，只大场合格，盖恐黜落之可惜，故以此勉其学者。"

赵升所说的是宋时科场中的规矩，到了明、清之际，虽然仍有副榜一说，但是已经有了一定的区别。

明、清时的副榜是在乡试或是会试的时候于录取的正榜外，再另取若干名为副榜，乡试时的场内还有一种被称作"堂备"备取考卷，到了填榜的时候，正副主考照例要差人将中式者的考卷调来细阅，如果发现其中混有差强人意的墨卷，便用中式的堂备卷来顶换。

不用说，这种堂备卷要想出头的希望是极其渺茫的了。而副榜则一经选定，便不能再更换，所以说，中了副榜者的运气比当了堂备卷者不知道要好到哪里去了。但是，即使屡经乡试甚至连得了两个副榜，也抵不上一个中式正榜。不过，如果应乡试被取在副榜，便可以被称为副贡，从此脱离了本府、州、县学，有了升入京师的国子监深造的"贡生"资格。

中副榜者到京师深造的机会，显然远远没有正榜多。有清以来，恩贡、拔贡、副贡、岁贡和优贡这五贡都可以算得上是正途出身。所以，这也就难怪这位新科的俞举人要欣欣然了。

俞樾这一年刚满十七岁，正当意气风发的年岁，俞樾的先祖南庄府君曾中乾隆朝甲寅年间的副榜；俞樾之兄俞林，则是于去年也就是癸卯岁应乡试，中了个中式正榜；今年俞樾再接再厉，又中了个中式副榜，德清俞氏的这么一番文运，真是羡煞了乡里的儒林朋友，有人禁不住对俞樾感叹道："籍氏数典，是亦君家佳话矣。"

细说起来，俞樾也还是有些慧根的。

姚平泉是俞樾的舅舅，为人温良恭谦，有君子风，姚平泉曾经有言道："以出世之心，行入世之事。"在其所著的《琐谈》一书当中又有言道："凡人以君子之心度人，未必皆中，然我不失为君子，况中乎？以小人之心度人，然我不免为小人，况不中乎？"

上面的这么一番灼灼之语，真是近乎箴言了。

俞樾刚满七岁的时候，俞樾的父亲即替儿子作伐，求姚平泉的女儿姚文玉为俞樾的未来之妻，这种亲上加亲的好事儿，姚平泉岂有不允的道理，当即就满口答应下来。可是，毕竟是女儿的终身大事，俞樾的舅母对这桩未来的婚事难免会有些犹豫，舅母之弟黄公是一位处士，他在偶然间得知了此事，当即就力劝姐姐道："此佳婿也！今失此婿，他日虽列万炬以求之，岂可得之？"

当时的俞樾还是一个黄口小儿，读书鲁钝，没有任何异于其他孩童的地方可供夸赞的，黄公是根据什么来论断这个乳臭未干的小儿将来会有大出息的，就不得而知了。不过，对姚氏而言，这个黄口小儿确实是一个佳婿的苗子。

孙家球不但是俞樾之兄俞林的岳丈，其妻戴氏还是俞樾家的亲戚，所以两家来往十分密切，俞樾小的时候曾经就读于孙家，其时，俞樾已经斐然有了著述之志，曾经戏草长文一卷，以自娱。有一天，在吃饭的时候，孙家球对聪慧异常的俞樾大加赞誉，坐在餐桌旁一道进餐的孙家球的侄子忍不住凑趣道："两俞难兄难弟，他日显达，可操券也。"

孙家球闻言，正色说道："尔勿草草，若小俞者，岂独簪缨中人耶，乃当代之传人也。"

其时，俞樾刚刚开蒙，习作的八股文字，还很粗糙，尚在绳墨以外，所以对孙家球所言还只能唯唯以听，哪里弄得明白所传者为何物。

如今俞樾小试锋芒，乡试得中副榜，名忝副贡之列，可谓初应了黄、孙两公的前言了。此时，孙家球已经重病缠身，俞樾特地前往孙宅问安，病入膏肓的孙家球拉着俞樾的手说："吾死后，子为我作小传，或铭诔，但得见名字于集中，九泉无恨矣。"

乡梓高士对俞樾的器重之深，期望之高，于此也可见一斑了。

有道是功夫不负有心人，道光二十四年八月，俞樾又离开临平，赶赴省城，去应甲辰科乡试。

进得贡院考棚，墨卷在案，毫笔在手，三场下来，吉星高照，俞樾中了个中式正榜，终于成为了名符其实的文曲星。

有了乡试正榜的资格，隔年便可以到京师去参加会试了，对每一位儒生来说，这个大展鸿图的机会是怎么也不能够放弃的。

俞樾终于离开客居了二十余年的临平，在道光二十五年（乙巳）的春天，北上京城。除了要朝觐一番京城气象外，这位德清人主要的任务还是参加当年的会试。

俞樾是与其兄俞林一同进京应会试的。在进京途中，俞氏兄弟除了风餐露宿，备尝羁旅之苦外，在丹阳城外的青杨浦还差一点将性命都丢掉。斯时，乘船而行的俞氏兄弟正坐在船舱中读书，不料南风忽起，一个大浪打来，顿时将船掀了个底朝天。落入滔滔急流之中的俞氏兄弟，只得紧紧抓住覆舟的船舷，听天由命地随舟在白浪滔天的河中漂流。所幸覆舟被狂风刮到了岸边，俞林和俞樾才拣回了一条命。

俞氏兄弟入京之后，寓居于宣武门外的吴兴会馆西厢房，吴兴会馆离位于崇文门内的闱场足足有十里之遥。

俞氏兄弟到达吴兴会馆的时候，会馆里面已经住进了不少从浙江赶到京城来应会试的举人，这些被称作"贡生"的举人们，一个个面色凝重，终日捧读不倦。因为每一个贡生都知道，仅仅满足于当一个小小的举人，是不会有什么远大前程的，如果会试、殿试能够一路闯将过去，那么什么赐进士及第、赐进士出身等等也都是不在话下的了，甚而至于点一个翰林来光宗耀祖也不都是痴人说梦的事儿。一旦榜上有名，登第成为进士，也就从此跳入龙门，身上便有了外放做官的资格，有了一个货真价实的正途出身。

终于应了"功夫不负有心人"这句老话，道光三十年春天，在京城举行的会试当中，俞樾不但高高地中了，而且还在保和殿的复试当中被举为第一，与陆增祥、孙衣言、徐桐等人一道被赐进士及第。

造化无心事总平

俞樾获赐进士及第之后，旋即入翰林院为庶吉士。

依清代殿试成例，新科进士在殿试之后，除了一甲的前三名被授修撰及编修外，同榜的其余进士大部分被选为庶吉士，入翰林院庶常馆由朝廷特派的翰林官教习，三年之后考试合格，方才有可能被授为编修、检讨等官职；考试不合格者，则改任主事、知县等外派地方官职，因为翰林官相当于唐宋时的馆职，再者庶吉士捧读之地又为庶常馆，所以俗称庶吉士挨到再造期满，另任他职之时为"散馆"；而被留在翰林院充任编修、检讨的庶吉士则被称作"留馆"，成了所谓的京官。

苦挨三年，俞樾终于盼到了壬子年也就是咸丰二年，但是，散馆之期的到来，并没有给俞樾带来什么喜悦，不知道是因为什么原因，俞樾没有被引见，没有被皇上召见就不可能外放做官，也不可能被授予编修、检讨等翰林官职。

寒窗苦读数十载，巴望的不就是散馆之后被引见至皇宫内的丹墀之下，被人主赐一个前程吗？南望楚天，俞樾的心中像是打翻了五味瓶，很不是滋味，这个样子回到家乡去，肯定算不上是衣锦还乡。事已至此，俞樾除了在万般无奈当中焦虑地等待外，也只有以填词作赋来消遣愁怀了。

一天，同科进士慎延青来到俞樾的住处闲坐。慎延青是已经被授馆职的，作为老同年，慎延青少不得要给俞学兄宽宽心，这位才从庶常馆挨出头来的老同年刚准备开口，忽然看见墙壁上面贴着一首俞樾刚刚写成的诗，于是便走上前去细细品读起来，这是一首七律，诗曰：

> 天风吹我下蓬瀛，敢与群仙证旧盟，
> 好向玉堂称过客，重烦丹笔注微名，
> 升沉有数人难挽，造化无心事总平，
> 却笑随园老居士，落花诗句太关情。

慎延青抬起头，冲着俞樾笑道："既称'玉堂过客'，为何又笑随园老人？这总是因为'落花诗句太关情'了罢！荫甫兄难道忘记了庚戌年在保和殿复试时作的那首诗？"

俞樾苦笑道："当年是花虽落，春却仍在，眼下小弟运交华盖，也就难有什么奢望了。"

顿时，俞樾面前的这位老同年的心情也沉重起来，慎延青道："荫甫兄，天道循环，盈虚有数，据小弟观来，仁兄决非人下之人，眼下只是时机未到罢了，壁上的诗中有言：'造化无心事总平'，仁兄，还是证之以将来吧！"

果然，还真给慎延青说中了，时过不久，俞樾便得以引见入宫，在宫禁森严的紫禁城，一睹了咸丰皇帝奕詝的圣容，咸丰帝见其谈吐学问俱佳，温言垂询之余，似有所瞩，果然，引见之后不久，俞樾便蒙恩得授翰林院编修。

从紫禁城里出来，回到庶常馆的住处，俞樾这才深深地吐了一口气。慎延青少不得又要来与俞樾谐谑一番，慎延青先是恭贺了一阵这位老同年，忽然，他将目光移到了壁上贴着的那首诗上面，陡地敛容振袖，喟然长叹了一口气。俞樾不解地问道："延青兄，小弟初蒙圣恩，阁下却长叹不止，不知我兄忧从何来？"

慎延青伸出手去，指着粘在壁上的那首七律，皱眉咂舌道："吾叹如此一首好诗，将来编文集的时候，恐怕会无从安顿的吧！"俞樾见这位同年借此诗谐谑，不禁笑道："仁兄多虑了，我等何妨也证之以将来？"话音刚落，慎延青与俞樾不由自主地相视一笑。

尘世中翻过若干个跟头的曾国藩在咸丰六年给李元度的信中写道：

"天下古今之庸人，皆以一惰字致败；天下古今之才人，皆以一傲字致败。吾因军事而推之，凡事皆然。"

咸丰八年（戊午）四月，俞樾应朝廷差放外官的考试。是年八月，得授河南学政，提督河南一省的学政，这可是个权力不小的官职，于俞樾而言，那可真是鸿运当头，吉星高照了。学政是朝廷派往各行省专掌生员的考课黜陟的，通常都是在侍郎、京堂、翰林等进士出身的京官当中选派，任期为三年。在任期间，不问该学政原来的官阶大小，在被委派为学政的任期内，职级与督抚平齐。

皇恩如此浩荡，为人臣者岂能不尽心尽力？得到礼部的差遣文书之后，俞樾即赴紫禁城谢恩，咸丰皇帝在召见俞樾的时候，于垂询之余，勉励有加。

俞樾来到河南学政任上之时，正逢按试之期，"按试"是学政每年必行的例行公事，意在考核治下各处诸生的学业。俞樾即率学政衙门的学官赴怀庆府、洛中等地，考核治下府学、州学、县学的入泮诸生。诸生俗称生员，也就是考入进府学、州学、县学修学的秀才，因为这些人都是举人、进士的根苗，异日是有可能成为国家栋梁之材的，所以朝廷十分关心他们的学业，时常用多种级别的考核来督促他们。

在考核当中，俞樾发现了一个奇怪的现象，每当考过一郡的诸生之后，当地的学官便令手下的人给诸生分发空白试卷，当堂召请诸生们抄誊已经作好了的诗文。

按照规定，当堂所作的诗文应当原封不动地解送礼部，由礼部的堂官们考查评核。现在各个州县的学官为了自己的乌纱帽和颜面，竟然令所辖诸生将试卷重抄一遍，除了将所有疵瘰统统改去外，还将所作诗文尽量修饰得尽善尽美，并且抄誊得异常整洁美观。

这种事也许在中州才有，反正俞樾在浙江当诸生的时候没有遇到过，面对如此咄咄怪事，他不胜诧异地问当地学官："如此做法，不是近乎于欺吗？"

当地的学官竟然丝毫不以为意地笑道："学台大人容禀，故事如此，下官也只得乃亦听之了。"

学官的这么一番话，顿时说得俞樾瞠目结舌，因为俞樾不知道学官所言"故事"为何，所以也就不好当面严词驳诘。

其实由京城外放，这个实缺官也不是好当的，既要不失官家威严，又要有极灵活的处世之道。好多年后，俞樾在《俞楼杂纂》中记载了一个小故事：俗以喜人面谀者曰喜戴高帽。有京朝官出仕于外者，往别其师。师曰："外官不易为，宜慎之。"其人曰："某备有高帽一百，逢人辄送其一，当不至有所龃龉也。"师怒曰："吾辈直道事人，何须如此！"其人曰："天下不喜戴高帽如吾师者，能有几人欤？"师颔其首曰："汝言亦不为无见。"其人出，语人曰："吾高帽一百，今止存九十九矣。"

当时的俞樾还不懂得身在官场，还须得相互将就，互捧其场。

数日后，俞樾在灯下闲读《太平广记》，忽然发现这种事果然古已有之，书中所载阎济美事云："榜出，与状头同参座主，座主曰：'诸公试日，天寒景急，写札杂文，或有不如法。今恐文书到西京须呈宰相，请先辈等各买好纸重来请印。'如法写净送纳，抽其退本。"猝读之下，俞樾不禁弃卷叹道："想不到此等事，果然古已有之矣！"

一路风尘仆仆，走州过府地勤勉王事，虽然十分辛苦，但俞樾还是从中体察到了许多书本上面没有的东西，所以说这次甫到任，即出省城视学中州全境，所获还是不少的。

俞樾万万没有想到，这次自己下马接印之后，头一次主持的"岁试"，就给自己惹下了弥天大祸。

在清代科举考试当中所出的试题，基本上都是出自圣贤之书"五经"当中，按说出题的范围确实很广了。但是，可以说那些前来应试的诸生都是些"两耳不闻窗外事，一心只读圣贤书"的书蛀虫，早就已经将这几本书读得滚瓜烂熟了。为了使诸生们对试题猜无可猜，出题者往往故意强截句读，人为地割裂经文，在不该断句的地方断句，也就是另外造出一个句子来充当试题。在这次"岁试"当中，身为学政的俞樾便依照过去出题的规矩，从"五经"里的《孟子》当中截出了几道题目，以供课考诸生之用。

俞樾所出的几道题目当中有一道是从《孟子·梁惠王》中截取出来的，这道试题是："王速出令反"。这句话的原话本是："王速出令，反其旄倪"，俞樾将这句话下句的首字"反"截下来，连在了上句的尾部。另一道试题名曰："二三子何患乎无君我"，这道题目同样也是出自《孟子·梁惠王》，书中的原话是："二三子何患乎无君，我将去之"，俞樾将下句的"我"字截取下来，放在了首句的尾部。

可是，俞樾光注意到出题的方法，对题目的意思却没有多加联想和考究，"岁试"结束不久，俞樾就被御史曹泽（登庸）严参了一本，曹泽在参本当中指出："王速出令反"可以理解为"王出令使之造反"；"二三子何患乎无君我"，则可以理解为"无君而有我"。以如此荒谬的题目用来"岁试"一省诸生，岂不是大逆不道？俞樾身为提督一省学政的外放大员，其罪难缩。

曹泽的参本一递上去，立马就有了动静，奕訢披阅之后，顿时龙颜大怒，传下旨意来，责成刑部严办。到了此时，面对铁证如山的事实，俞樾已经是百口莫辩了，如果一旦铁镣加颈，被缇骑押解到刑部的大牢里去，单凭着曹泽的那通参劾文字，就是不弃市菜市口，也会被发配至远在天边的黑龙江的军台效力，以赎罪愆。

遇到了这种倒霉透顶的事，没有任何靠山作后盾的俞樾，也只能坐在书斋里束手无策地听天由命了。

正当俞樾忧心忡忡地等待着恶运降临的时候，忽然出现了一线转机，一些朝臣悯惜俞樾的文才，联名向咸丰皇帝具保，他们指出俞樾犯此过失，完全是出于无心，虽然误犯天条，其罪其实可赦。

奕訢虽然心里也明白大臣们说得在理，但是为了维护至高无上的皇权，他虽然降旨免去了俞樾的牢狱之灾，但还是给了这个倒霉的翰林一个革去学政一职，遣回原籍，永不叙用的处分。

一年之后，奕訢在召见河南巡抚英桂的时候，曾不无惋惜地说道："俞樾写作俱佳，人颇聪明。"

这位高高在上的君主虽然不肯赦免俞樾所犯的过失，但终究还是说了一句公道话。

吏部的公文很快就由驿骑送到了河南，百感交集的俞樾只得听从命运的安排，收拾起行装，灰头土脸地离开河南任所，踉跄南归。这一年，俞樾已经三十八岁，不惑之年已然在望。

咸丰八年，俞樾携家来到了苏州，隐居于牧马桥石琢堂的独学庐，终归是个读书人，舍不下的还是那几卷书。这年的夏天，俞樾忽然迷上了高邮籍的朴学宗师王念孙、王引之父子的书。俞樾在读了王氏父子的

《读书杂志》、《广雅疏证》、《经义述闻》等著作之后，胸中顿然间萌动起了治经撰著的念头。

第二章
留此老眼以阅兴亡

◎

蓬山乍到，风引仍回

说起来，俞樾与那位时称"中兴名臣"的李鸿章（少荃）还是甲辰年乡试的同年，但是李鸿章会试登第要较俞樾早数年，这位大佬是丁未科的翰林，系俞樾应试的庚戌科的前一科，殿试以后，李鸿章也是先入翰林院庶常馆为庶吉士，散馆之后授翰林院编修，留馆当了翰林官，所以李氏点翰林比俞樾又早了好些年，虽然是乡试的同年，李、俞二人却没有见过一面。当然，这也难怪，虽然这两位都是在京城翰林院里驻过脚的翰林公，毕竟不是同一个省份的人，再者他们也不是会试的同榜，所以，他们也只能是相互闻名而已。

同治元年，正是太平天国之役打得热火朝天的时候，五月初，因太平军的兵锋逼近上海，已由福建延津道升任江苏巡抚的李鸿章，奉曾国藩之命，督率六千五百名精兵顺江而下，进驻上海。

事有凑巧，到了上海不久，李鸿章遇到了一位甲辰年乡试的同年，这个人名叫商伯华，官拜知府，知府的官秩为从四品，即俗称"太守"者也。

李鸿章见商伯华是位从浙江出来为官的儒士，便动问道："浙江的同年当中有孙衣言、俞荫甫二人，不知足下与其二人是否熟识？"

商伯华道："同为乡梓中人，自然是相识的了。"

李鸿章连忙动问道："孙、俞二人现在何处？"

商伯华回答说："眼下发逆肆虐，地方糜烂，浙省素称膏润之地，如今已被连年战火涂炭得一片狼藉，儒林中人也早已远逸他方，委实难料其人踪迹。"

李鸿章听了商伯华的这么一番话，脸上顿时显现出怅然若失的神态来。

商伯华见这位已经官拜江苏巡抚的老同年如此挂念孙、俞二人，从李鸿章的衙署里面出来之后，便着意向儒林中人打听起这二人的行踪来。不久，商伯华就从由京城南下，绕道上海，前往福建就任学政的翰林章采南处，打听到了俞樾的消息。

"少荃前辈，"商伯华告诉李鸿章道，"在下适才遇见了章采南，此人亦是甲辰乡试的同年。采南兄说，俞荫甫现在天津闲住，平日里一意治经，此兄治学向宗高邮王念孙、王引之父子，以古文经学、诸子学和小学见称于儒林。"

李鸿章见商伯华终于将俞樾的下落探访了出来，不禁喜上眉梢地说："俞荫甫的学问我早已闻得一二，只是无缘相会，足下若有信给他，一定要替下官向这位年兄致意。"

商伯华道："这个自然，何须老前辈嘱咐，隔日晚生便寄一封快邮到天津，将老前辈的致意和在下的问候一并带到。"

俞樾接到商伯华的来信，在展读之余，心里不禁感到非常诧异，李鸿章竟然会非常诚恳地向自己致意，而且这位声名远扬的前辈翰林竟然还对自己这般的推崇。

俞樾在心里思量道："这位显达的安徽人，是怎么得知自己这个一介贫儒的名头的？"

同治三年，适逢六十年一遇的甲子年，世传每逢甲子年，铁树必然开花，元旦那日，准备南旋的俞樾在天津寓中满怀希望地赋诗道："喜逢铁树开花岁，应是银河洗甲年。"

同治三年七月，曾国荃统帅的湘军攻陷被洪秀全改称"天京"的金陵之后，曾国藩被清廷任命为两江总督，驻节于金陵，绥靖地方。此时，俞樾已以巾服游于曾国藩的幕中，时人称其"往来如处士"，仍然不失书生本色，直到此时，相互之间仰慕已久的李、俞二人，方才在金陵相见。

为了解开心中的谜团，一见面，俞樾就向李鸿章探问道："老前辈，以晚生之不肖，竟能够得到阁下的慧目垂青，实属三生有幸！只是乡试并非会试，甲辰一科，我朝于诸省取士不下数千人，老前辈何以能够记得芥豆之微的晚生的呢？"

"湘乡曾公一向对年兄赞不绝口，吾辈随侍右左，自然闻得一二。"李鸿章拈须微笑着说道，"湘乡曾公亦是下官之师，庚戌会试之后，下官问湘乡公今科得人否？湘乡公举足下之名以告之，因而记之不敢忘。去年下官充任江南乡试监临官，见湘乡公于金陵，吾师犹能背诵足下庚戌复试诗。"

俞樾听了李鸿章的话之后，心中不由得大为感动："以晚生之不肖，犹未见弃于师友如此，可感亦可愧矣！"

李鸿章的心中也为命运多舛的俞樾感到惋惜："丁未科只早庚戌一科而已，然而丁未科所点的翰林，或是入为朝臣，或是出任封疆大吏的已经不下数人；庚戌科就寂寞得多了，出将入相的似乎还没有一人，这岂不是与所谓的榜运有关吗？"

俞樾的心中顿时泛起了一片漪涟，他苦笑着应答道："榜则何运之有？存乎人耳，丁未科有老前辈一人，榜运安得而不佳？庚戌科有学生一人，榜运安得而佳？"

李鸿章与俞樾四目相对，凝视了片刻，忽然，两人不约而同地会心一笑，这阵陡然而起的笑声里混杂着豪迈和苦涩。

晚上，回到城中的寓所内，俞樾心中还在感到一阵阵的酸楚，望着在灯罩里面摇曳不定的灯苗，他又遥想起当年在京城应庚戌会试时的情景。

俞樾不由自主地喃喃道："既然是'淡烟疏雨落花天'，又何必说'花落春仍在'！"

俞樾叹了一口气，思想道："湘乡公出将入相，手定东南，勋业之盛，一时无两。而且曾师尤善相士，其所拔识者，名将名臣，指不胜屈。十数年来，曾师座下的诸士中，独我无状，真是有累曾师知人之明，河南一蹶，竟致沦弃终身，有负曾师殷殷期望，良可愧矣。"

想到这里，俞樾提起笔来，就着书案上面的昏黄灯光，给危坐在两江总督衙门里的恩师曾国藩写了一封信，在信中，他又提到了那首在保和殿作的复试诗，俞樾百感交集地写道："由今思之，蓬山乍到，风引仍回，泂符花落之谶矣。"

同治六年，在俞樾又一次来金陵的时候，曾国藩邀俞樾留宿于两江总督衙门内，以便于灯下与这位深得自己赏识的后辈作倾怀之谈。

曾国藩是位勇于任事的人，凡事均有见地，他曾在咸丰十年闰三月十八日的日记中叙说对世事的观察："君子之道，莫大乎以忠诚为天下倡。世之乱也，上下纵于亡等之欲，奸伪相吞，变诈相角，自图其安而予人以至危，畏难避害，曾不肯捐丝粟之力以拯

俞樾

天下。得忠诚者，起而矫之，克己而爱人，去伪而崇拙，躬履诸艰而不责人以同患，浩然捐生如远游之还乡而无所顾悸。由是众人效其所为，亦皆以苟活为羞，以避事为耻。"

此刻，面对方巾之士，曾国藩论说起古往今来的学问之道："学问之道有三，曰义理，曰词章，曰考据。书籍之浩浩，若江海然，非一人之腹所能饮尽也，要在慎择而已。吾择古今圣哲三十三人，命儿子纪泽绘其遗像，集成一卷，藏之家塾。后嗣有志读书，取足于此，不必广心博鹜，而斯文之传，莫大于是矣。"

俞樾笑道："吾师只凭一部《论语》便手定东南矣，此等功业，岂是我等俗儒所能效乎？吾辈所能为者，也只是搜读天下可读之书，以穷此生罢了。"

曾国藩摆手道："不然，古今圣哲无数，只须师其一人，读其一书，终身用之，犹有不能尽者。"

俞樾闻言，肃然颔首，对于老师的这么一番推心置腹的教导，自然要在心中谨记默识了。

在俞樾离开金陵的那天，曾国藩特地在妙相庵摆席为俞樾饯行。入席

前，曾国藩雅兴忽发，率领众位幕僚，偕俞樾登上距离妙相庵不远处的太平门城楼，观看同治三年六月间曾国荃率湘军地道攻城的故迹。

破城处名叫"龙脖子"，当年曾国荃督率湘军由紫金山天堡城而下，攻陷地堡城，然后在地堡城前的山坡上架炮百余尊，以密集炮火猛轰城上的守军，打得城中守军难以登城抵御，城下的湘军兵勇则在城下开挖地道，因为离城墙很近，所以挖掘速度极快，只用了五天的时间，地道便掘进到了城墙下面。湘军兵勇在地道里填满炸药，待机而动，同治三年六月十六日的黎明时分，蒙蒙细雨中的龙脖子显得出奇的宁静，地堡城外的湘军炮队也停止了轰击，城墙内外唯有簌簌的雨声，突然，一声天崩地裂般的巨响在城墙下面炸响，龙脖子上空顿时烟雾弥漫，砖石飞溅，等到烟雾散尽，湘军主力已经从崩裂二十余丈的城垣缺口攻入城中，在嘈杂的呐喊声中，天王府内已然飘扬起三湘子弟的旌旗。

赵惠甫是曾国藩幕府中的得力谋士，曾经参加了同治三年的攻城之役。此时，他为俞樾述说起破城时的情景，尤为动情。龙脖子处被炸坏的城墙缺口，已经被修补起来，在修补好了的缺口处立有一块纪事碑，碑文系曾国藩亲笔所书，曾国藩在碑文末尾感慨万千地写道："穷天下力，复此金汤，苦哉将士，来者无忘。"

下得城来，曾国藩又邀俞樾出城，来到紧傍着城墙的玄武湖中荡桨泛舟。登舟一望，俞樾唯觉波涛滚滚，湖天一色。

相传，古时候，湖的北面曾经有黑龙出没，所以名为"玄武"。眼下的湖面上荷花盛开，小舟在翠绿的荷叶阵中穿行，亭亭玉立的荷花依舟拂楫，清幽的花香沁人心脾。俞樾乘坐的小舟渐渐荡入湖心的荷阵深处，在阵阵湖风中，一叶扁舟随着湖波的起伏荡漾着，摇曳不定的荷花有如凌波仙子，簇拥着舟中的骚人墨客们。

俞樾忍不住在心里感叹道："这真是天人之乐了！"

曾国藩的小舟与俞樾和幕僚们所乘的一般大小，所不同的只是在舟上撑起了帷帐。毕竟是位封疆大吏，古制有云："使相之躯，不可露坐。"但是，这幅帷帐也给这位身居高位的权贵游湖带来了不便，因为舟上施以帷帐之故，曾国藩所乘的小舟只能绕花而行，却不能像俞樾等人所乘之舟一样，可以无牵无挂地直入荷香袭人的万花阵中。

俞樾回首遥望载着曾国藩的小舟，情不自禁地笑道："山人之乐，过于宰相，即此可见也。"

曾国藩素来喜欢与人谐谑，他见俞樾一意潜心著述，便戏之曰："李少荃拼命做官，俞荫甫拼命著书，吾皆不为也。"

俞樾听了之后，心里十分惶恐，连忙说道："少荃相伯系出将入相之辈，比年来功业灿烂，为我朝中兴之臣。晚生穷愁著书，乃酱瓿上物耳。况且，自从中州罢官之后，时光荏苒，倏忽十载，而所有著录不过一百余卷，制台大人拿晚生来与中兴名臣作喻，岂不是贵贱立见了吗？"

多闻则阙疑

金陵之游对于俞樾的一生来说，可谓至关重要，他不但又见到了自己的恩师，还结识了李鸿章这位手握江淮军政大权的甲辰乡试同年。以俞樾观来，这位老同年矜持而不失人情味，为人极讲交情，处事也极有眼光，无论是在朝在野都能够兜得转。

同治四年，因为科尔沁亲王僧格林沁在山东剿捻失败，僧格林沁本人也在曹州西北的高楼寨阵亡，清廷急调曾国藩为钦差大臣，驰赴山东剿堵捻军。于是，时任江苏巡抚的李鸿章便顺理成章地坐上了曾国藩的位子，暂时接署两江总督。至同治六年，曾国藩因为剿捻无功，奉旨离开山东又回任两江总督。而李鸿章则被清廷任命为钦差大臣，前往徐州指挥所部淮军堵剿捻军。

同治四年，俞樾在离开金陵不久，他的命运渐渐地开始有了转机，官运亨通的李鸿章为了关照这位运交华盖的乡榜同年，特意延聘俞樾主讲苏州的紫阳书院。

书院始于盛唐，唐开元六年，朝廷设丽正修书院，至开元十三年，改称为集贤殿书院，于书院内置学士，专掌校刊经籍，征集遗书，辨明章典，以备顾问应对。此风一开，历代沿袭，后来渐渐演变成了儒生研习学问，以应科举的地方学苑。书院的创办者通常为官府，间或也有私人出面开办书院的。书院一般采用个别钻研，相互问答，集众讲解等教学方法，来研习儒家经籍，书院的主讲又被称之为"山长"，这是因为五代时隐居衡岳讲学的蒋维东被弟子们称为"山长"，于是，由此沿袭而来，到了元代便成了书院主讲的正式名称。

老同年如此眷顾，真是令俞樾感激不已。此时，另外一位庚戌会试同年孙衣言恰好正在主讲杭州紫阳书院。于是，俞樾在答谢李鸿章的信中调侃道："庚戌有两紫阳焉，老前辈闻之，得无诧榜运之阔乎？"

说来也巧，俞樾与孙衣言是三榜同年，道光十七年的丁酉乡试，俞樾中副榜，孙衣言得拔贡（清制，每十二年由各省学政考选出德学兼优的生员，保送入京，是为"拔贡"）；道光二十四年他俩又同为甲辰科的举人；到了道光三十年，俞、孙二人一道从浙江来到京师参加会试，又成了同榜进士。俞樾曾经赠诗孙衣言曰："廿载名场同得失，两家诗派异原流。"

孙衣言亦为饱学之士，曾著有《逊学斋诗》，皇皇十卷，卷头只有俞樾一序。俞樾于咸丰十年亦刻印有《日损益斋诗》十卷，卷头也只孙衣言的一序而已。于此可知，这两位三榜同年的交情确实非同寻常。

如今，俞、孙二人又分掌苏州与杭州两处的紫阳书院，在俞樾看来，岂非是异数？于是，俞夫子兴之所至，又赠诗孙衣言道："廿年得失共名场，今日东南两紫阳。"

苏州的紫阳书院系新设，地址位于苏城梵门桥的吴氏旧屋。道光十七年，俞樾曾经到过苏州，其时，他的远房亲戚松田老人正好在苏州，并且与该屋主人吴氏有故，俞樾因此得以认识吴氏昆弟，承吴氏盛情相邀，俞樾还在吴氏家里的西厢房里用了一餐饭。道光二十一年，位于梵门桥边的这座大宅子又改归邵姓人家。到了咸丰十年，太平天国的军队攻占苏州，这座大宅子成了某位天国王爷的王府。太平天国覆国以后，这座无主宅第被官府改成了书院，这样一来，俞樾这位书院山长，反倒成了这座幽深的宅院的主人。

"当年的一饭之客，如今反倒成了此屋的临时主人，"俞樾感慨系之地想道，"前后不过二十九年，而此屋一再易主，梦幻泡影，大率类此。"

松田老人已经年过七旬，此时仍然寓居苏州，得悉俞樾被延聘为苏州紫阳书院的山长，便不时地到书院里来走动，谈起往夕事迹，仿佛如昨，俞樾望着嘘叹不已的松田老人，浮生如梦之感顿时在心头弥漫开来，他在心中暗暗自问道："留此老眼以阅兴亡，造物者其有意乎？"

清咸丰十年(1860)春，时俞樾主讲苏州紫阳书院，因太平军攻克江南

李鸿章手书——德清俞太史著书之庐

墨彩焕然的堂额系曾国藩亲笔所题

大营，俞樾避乱于德清新市镇半月有余，镇上有个学生名童米荪者，其间陪俞樾游览觉海寺，并对这座宋时所建觉海禅寺"雷书"旧迹及秩闻予以考证。因觉海禅寺于南宋时，雷震大雄宝殿，致使雕梁部分油漆剥落，显出酉、候、李、约等字，镇人不知为故，皆言雷神所书，数百年来无人能解此事，俞樾认为系伐木人所刻，且有岳阳楼佐证，非神仙所为，经年之谜由此得解。他在其著作《右台仙馆笔记》中曰："吴兴德清新市镇觉海寺殿宇宏壮，唐时所建，巨材髹漆，积久剥落"，见倒书迹曰："酉、候、李、约、攸、利、火、谢、均、思、通"十余字，与岳阳楼字大小一同积中，因曰："夹伐木于山者，其火队即则各刻其名以为别耳，凡记木必刻于木，本营建法，木在下故倒书，由是知仙之妄。"

俞樾早年曾经拜训诂名家段玉裁的学生陈奂为师，来到苏州以后，他又拜识了精于名物训诂的宋翔凤，说来也巧，这两位名儒都是乾嘉学派中的翘楚。

宋翔凤，字于庭，他因受其舅氏的影响，素来崇尚"公羊"之学。宋翔凤也是一位游于吴下的儒林中人，俞樾间或与其过从，于唱酬应答间获益良多。有一次，宋翔凤对俞樾论说道："近来士子不读经书，不通经义，有为学政者以'多闻阙疑'命题，有一蒙童在文中用'所闻异辞'、'所传闻异辞'二语，居然获得了宗师的佳评，这都是因为那位出题的大佬官自己也不知道'异辞'二字当作何解。"

俞樾不以为然地说："先生此论过于苛刻，引经不合本义者，古人亦或有之，传世已越千年的《公羊传》当中亦有类似语病，先生又何必深责尚未通为文三昧的蒙童。"

宋翔凤是常州名儒庄葆琛的外甥，早年就已深得庄氏所治"公羊"之学的精髓，他问俞樾道："足下读过《归藏》一书当中的《易》卷吗？"

俞樾答道："惭愧，在下还没有拜读过，只是听说是一通解说公羊之学的高论。"

宋翔凤满脸肃穆地缓缓说道："《说文》便是始一终亥之书，这部书就是《归藏》！"

俞樾没有读过宋翔凤提起的这部书，所以也就无法与之交流了，只得沉默不语，不再追问下去。后来，俞樾向亦是儒林中人的戴子高请教："于庭先生曾向在下提起过一部名叫《归藏》的奇书，兄台可知此书所述为何？"

戴子高不以为然地答道："无他，内中所记皆是常州庄氏之微言也。"

俞樾见其出语轻率，便正色道："不然，微言之中亦有大义，幸有《归藏》记其所言，不然先生一旦魂归道山，则微言亦绝矣。"

戴子高显然不是平庸之辈，笑道："芸芸众生，本如微尘，以仆论之，浮生梦断，微言自绝矣！"

曲园者，一曲而已

俞樾四岁时就离开了原籍德清南棣，随家迁居于仁和县的临平镇；进士及第之后，移家入住京师，后来又携家宦游于河南学政任所开封；俞樾在河南学政任上掌印不过一年，就遭到御史曹登庸的参劾，得了个革职南遣，永不叙用的处分。这位倒霉的翰林踉跄返乡的时候，洪、杨麾下的天兵天将们正如同狂飚般席卷长江两岸，整个江浙一带烽烟四起，炮火连天，铁骑纵横，房舍庐墓俱成灰烬。南归之后不久，俞樾为了躲避战火，只得四处漂泊，置业造房的计划也就成了泡影。

同治四年，受李鸿章之聘，执掌苏州紫阳书院，俞樾赁苏州马医科巷潘文荣家的旧屋暂住。当时，虽然曾国荃麾下的湘军已经攻占南京，但是洪、杨余部还在各地抵抗，所以俞樾仍然不敢怀有造一所宅院颐养天年的奢望。在此期间，俞樾应邀赴上海求志书院讲学，并且还就任了杭州诂经精舍的山长，于春秋两季到杭州讲学。

同治十三年，延续了十多个年头的内战才算暂时平息下来，这时，俞樾的母亲从其长子的任所福宁来到苏州，一时间，俞樾一家三代同堂，这样一来，赁居的潘氏旧宅就不免显得有点狭小了。在这一年的秋天，俞樾拿出自己聚攒多年的积蓄，在马医科巷西头买得潘文荣家的空地一块，大兴土木，营造起自己有生以来的第一座宅院。不到一年的工夫，黑瓦白墙的宅院终于在次年也就是光绪元年四月间落成了。

俞樾大概是想终老苏州了，这座宅院的规模很是不小，共筑室三十余楹，而且院门可供小车进出，水磨青砖砌成的门额特别引人注目，门额上镂刻着由文华殿大学士李鸿章书写的"德清俞太史著书之庐"九个大字。

进得门来，迎面便是一座宽绰的前厅，厅额曰：乐知堂，这几个龙飞凤舞的颜体字系湘军名将、太子少保彭玉麟所书，其后则为内室、书斋、客馆、下房等等。前厅的西面为"春在堂"，那面墨彩灿然的堂额系曾国藩亲笔所书。同治四年，俞樾在金陵客寓曾经写了一封信给这位拔识自己的恩公，俞樾在信中沮丧地抱怨自己时运不济，当年复试时的诗题"淡烟疏雨落花天"，岂非"洵符花落之谶矣"！一时间，怨懑之情尽落笔端。

在昏黄的灯光下，俞樾不禁长吁了一口气，默默地在心底自我安慰道："然比来杜门撰述，已及八十卷，虽名山坛坫，万不敢望，而穷愁笔墨，倘有一字流传，或亦可言春在乎？他日见吾师，当请其为敝庐题'春在堂'三字也。"后来，俞樾果然向曾国藩索得这三个字。这些俱成往事矣，抖尽了威风，同时也尝尽了人间甘苦的曾国藩已经于同治六年撒手人间，骑鹤西去了，每思及此，俞樾便悲从心来，嘘唏不已。

春在堂的后面还有一块自南而北的空地，这块约有五亩的空地形如曲尺，不能成方圆。俞樾因地就势，相度成园，令工匠凿池垒山，筑起亭轩阁馆数座。俞樾名其园曰：曲园。园名虽因地势而起，其中也同时寓有老子的名言"曲则全"之意。

望着面前这座幽静朴素的花园，俞樾心满意足地说："曲园者，一曲而已，强被园名，聊以自娱者也。"

俞樾的曲园虽然褊小，布局却很是精巧，颇有曲径通幽之妙。

达斋与认春轩坐落南北，隐翳于葱茏的花木之中，登上用太湖石垒砌而成的假山之巅，又可小坐玩月；山石之右筑有曲水亭，山石左边则有回峰阁，假山之下凿有曲水池，池中有金鱼出没，可供清赏。顺着石径走下石山，在浓浓的柳荫下面往东北行去，忽见一座围以竹篱的小屋，这亦是闲来读书之所在，俞夫子题其名曰：艮宦。

当有人与俞樾谈论起这座刚刚营造好的宅院的时候，俞樾于满足之中略带谦逊地说："吾用的是卫公子荆的筑屋之法，以一苟字为之。"

公子荆是春秋卫国的大夫，《论语·子路篇》中写道："子谓卫公子荆善居室，始有，曰'苟合矣'；少有，曰'苟完矣'；富有，曰'苟美矣'。"

不用说，俞樾对自己亲手营造出来的这座宅院是相当满意的，屋成之日，俞樾作五言五章长诗一首，以记其事，他在诗的末章里咏叹道："嗟余本无似，碌碌章句儒！年华逝水迅，往事抟沙虚，乾坤逆旅中，偶此留须臾，若复相炫耀，大可相揶揄。"

有了这么一座幽静雅致的花园，夫复何求？

俞樾于潜心授徒著述之余，便时常踯躅在花木扶疏、池水荡漾、蝶舞鸟鸣、亭阁翼然的小园之中，心里真是惬意极了。久而久之，这座他的生命旅途中的驿馆，渐渐地成了这位老人生命的一部分，在与人交往或书信往来的时候，俞樾时常自称"曲园老人"，一班儿儒林友朋也在与其唱酬应答之际，对其辄以"曲园"相称。

第三章

风雨小楼，大有终焉之志

◎

秉烛以耕

同治七年，俞樾出任杭州诂经精舍的山长，从此他往来于苏州与杭州两地，课士诂经达三十一年之久。

诂经精舍设在碧波滚滚的西湖岸边。诂经精舍其实就是书院，也就是儒生们为应科举钻研经书的地方，与苏州等地的书院没有什么本质上的区别。

精舍有楼一座，虽然号称三楹，其实只有两楹，在给就学于诂经精舍的儒生们讲授学问之余，俞樾时常推户而出，立于楼上的廊内，凭栏俯瞰面前这片烟波浩渺的西子湖，一时间，湖光山色尽入眼底，顿时令这位被贬斥于仕林之外的背运进士荣辱皆忘，乐从心生。

面对这片鱼跃鸥翔、漪涟丛起的茫茫大湖，俞樾忽然起了造一条小船，系之湖岸的念头，这个念头刚在脑子里面出现，他的眼睛里顿时就放射出欣愉的神色来："兴之所至，解缆起桨，纵其所如，晨曦暮景，随时领略，如此才不枉了傍湖而居。"

俞樾本系浙江人，杭州是其屡次过往之地，登扁舟一叶，遨游西湖，也已经有数度了，大抵都是匆匆一游。环湖一带的名山名刹，诸如天竺、韬光、灵隐等名闻遐迩的衔湖名胜，这位素来喜欢探幽访古的老学究竟然从未一游，如今受聘为诂经精舍的山长，累日伴湖而居，自然要将往日未游之地一一踏访一番。到了秋天，老伴姚夫人也来到了杭州，俞樾又携姚夫人同游错落在湖畔的诸名胜。一日，俞樾携姚夫人游至灵隐的冷泉亭，冷泉亭系灵隐一景，位于飞来峰旁，小亭飞檐斗角，古朴雅致，颇可供清赏，亭柱上悬有一联：泉自几时冷起，峰从何处飞来。

姚夫人长成于书香门第，自幼便娴于词章，她见此联问语十分隽永，颇耐寻味，便请站在一旁的夫君就此联诗意作答语。俞樾见夫人想考考自己，于是不假思索地吟道："泉自有时冷起，峰从无处飞来。"

姚夫人摇着头说道："不如竟道：'泉自冷时冷起，峰从飞处飞来'。"

俞樾听了姚夫人的答语之后，不禁抚掌，连声称赞夫人巧思过人。

过了数天，俞樾的二女儿绣孙到诂经精舍来看望双亲大人。喝茶的时候，俞樾提起前些天在灵隐冷泉亭下对楹联的事儿来，并命绣孙作答，绣孙低头思索良久，忽然笑吟道："泉自禹时冷起，峰从项处飞来。"

"'泉自禹时冷起'尚可解，"俞樾如坠五里雾中地问绣孙，"'峰从项处飞来'的'项'字究系何指？"

绣孙坦然相对道："不是项羽将此山拔起，安得飞来？"

正在啜茗的俞樾闻女儿如是说，笑得将嘴里含着的茶水都喷了出来。

"一联数解，此亦灵隐山中的一段公案矣！"俞樾不由得想起了左宗棠为此联所作的答语："在山本清，泉自源头冷起；入世皆幻，峰从天外飞来。"

在山本清，入世皆幻，左公所言，岂非世间真谛乎？

李翰章字筱荃，是那位已经成为朝廷重臣的李鸿章之兄，时任浙江巡抚，此公可能受其弟的影响，对俞樾的学问和人品也极为推崇，不但动辄向俞樾垂询有关浙江儒林中的事，而且时常与其唱酬往来，甚至为助这位海内宿儒的文思，动辄还以笔墨相赠。李翰章是个以贡生出仕的正途出身大员，在赠以笔墨的同时往往所附信函的语意也颇为隽永："长头羊毫笔，昔姚伯昂先生最善用之，弟苦不能用，管城子叹失所久矣，公精篆

"中兴名臣"李鸿章

隶，必能任意挥洒，为此子一吐其气也。"

投之以桃报之以李，俞樾在复信当中写道："承惠，笔极佳，然佳毫入拙手，仍未所得，公之位置此子，似小失之矣。"

同治八年春天，正在苏州私寓春在堂埋头著述的俞樾，忽然接到李翰章从杭州寄来的一封信，李翰章在信中向已经入主杭州书局的俞樾提议，杭州书局可与江宁书局、苏州书局协商，三家联合分刻一部二十四史。俞樾当即致信两江总督马新贻，恳请其玉成其事。时隔不久，马新贻复信俞樾，这位新上任的两江总督虽然对此事非常赞成，可是，为了协调苏、浙两省的关系，只允许杭州书局刻至《隋书》为止。此时浙籍人士得到一个消息，江宁书局得到允许刻印的书籍已有十五种之多，身为杭州书局总办的俞樾再也沉不住气了，只得找到江苏巡抚丁日昌，希望这位自己在曾国藩的幕府中就与之相识的旧友出面斡旋一下。但是丁日昌对这件事也感到为难，这位贡生出身的巡抚对俞樾说："江宁书局已经刻印了《资治通鉴》，不久前，应敏斋按察史又将购得的毕氏《续通鉴》书版归之于宁局，如此一来，自明以前的事迹具备矣，宁局只须再刻一部《明史》，三千年往事便灿然在目，何须再与诸书局谋刻《二十四史》？"

事已至此，俞樾只得力争道："阁下说得固然不错，但是您不刻《明史》则已，既然已经刻了《明史》，何不再加刻一二部，以成此美举？"

丁日昌见这位各地争相延请的宿儒如此执着，沉吟了片刻，只得颔首表示赞同："荫甫兄，此议甚好，辽、金、明三史在下就揽下来，交给宁局刻印，尚余的新旧《唐书》、薛欧两部《五代史》和宋元两史，就请荫甫兄另行商请他局承刻。"

听到俞樾带来的这个好消息，李翰章顿时喜出望外，当即与俞樾议定："吾浙刻印新旧《唐书》和《宋史》，所余两部《五代史》和《元史》则请吾弟少荃在湖北刻印。"

谁知时任湖广总督的李鸿章不愿意刻《元史》，大笔一挥，写了一封信给当年的老部下丁日昌，要求用《元史》换江宁书局承刻的《明史》，李鸿章同时解释说："元、明相交，无非前后，换刻当无大碍。"

岂知丁日昌当初承诺刻《明史》，心里是有打算的，一旦《明史》刻成，则于江宁书局所拥有的《资治通鉴》雕版、《续通鉴》雕版另外也能自成系列。如果抽掉《明史》，换成《续通鉴》当中已经有了的《元史》，这样一来，岂不是应当有的没有了，不该有的反而挤了进来。这种赔本的买卖，丁日昌这个办过洋务、当过江南制造局总办的精明人，是怎么也不会干的。

李制台与丁中丞意见相左，俞樾这个方巾儒士就要大大地为难了。正当俞樾不知所措之际，一位名叫吴平斋的四品道员寻到了他的门下，吴平斋朝着门外拍了拍手，一个跟随而来的家人躬身走进客厅，将一部厚厚的书稿摆在了俞樾的面前，俞樾拿起一册书稿定睛一看，原来这是一部名为《明纪》的书稿。

吴平斋道："荫甫前辈，此书系在下故友陈克家与其祖父陈鹤所著。陈鹤于宦游之余，经年著书不辍，仙游之前，已然草成《明纪》五十三卷，虽然全书未竟，但是已经足见全书的气势和规模。其孙克家温文儒雅，有乃祖之风，为了使乃祖遗著能成完璧，克家秉烛以耕，终于将全书续成。洪杨祸起，克家投笔从戎，不久即死于战阵之中，其家人携遗著奔来沪上，托在下寻机刻印，以慰其先人在天之灵。"

听了吴平斋的这么一番话，俞樾叹息不已，半晌也没有说出一句话来。

吴平斋见状，惴惴不安地说："荫甫前辈，在下闻得江浙两省有谋刻全史之议，此书堪可列入其中，此次江浙谋刻史书，老前辈系其中关键人物，如有可能，万望玉成。"

俞樾苦笑道："足下过誉了，老朽哪里算得上是什么关键人物，书版尚未开刻，我这个一介贫儒已经不知所措了！"

吴平斋莫名其妙地问道："老前辈身为名满九州的宿儒，儒林之中谁人不尊之为泰斗，难道还有人给老前辈闲气受？"

俞樾笑道："那倒也不是，只不过是有点尴尬罢了。"

吴平斋细问其故，俞樾只好将前因后果大略说了一遍。

谁知，吴平斋听说俞樾是在为李鸿章要与丁日昌更换所刻史书为难，不禁高兴地笑了起来。他一拍膝盖，说："老前辈何不对丁中丞说，与其与李制台争刻《明史》，倒不如刻我拿来的这部《明纪》了！"

俞樾拈须想了一会儿，微微点了点头，说："足下所言极为有理，不过，待老朽将这部《明纪》翻上一翻，再作道理如何？"

晚上，俞樾在灯下将《明纪》大略翻看了一遍，《明纪》一书尽括洪武开国至崇祯倾覆的各项事典，体裁明密，采择严谨，著者颇具史才。

第二天俞樾就给丁日昌写了一封信，俞樾在信中写道：

> 公欲刻《明史》，以补毕氏《通鉴》所未及，使学者不必读二十四史，而数千年事犁然大备，此意甚盛，但《明史》与《通鉴》体非一律，若刻陈氏此书，则与《通鉴》体例相同，合成全璧，洵可于二十四史外，别张一帜矣。

丁日昌接到俞樾的信之后，拜读之余，大为感佩，当即拍板，将《明史》让给李鸿章治下的武昌书局，除承诺刻印《元史》之外，又将《明纪》一书交由江宁书局雕版印行。

在俞樾的撮合之下，二十四史顺利地由四家书局共同雕版印行，这件事在当时的儒林当中产生了很大的影响。俞樾在总办杭州书局期间，精刻了大量的子书，这些经过精心校勘的古代著作，被时人称誉为"善本"。

俞樾与兵部右侍郎、太子少保彭玉麟本不相识。同治八年春天，俞樾从苏州来到杭州诂经精舍给诸生授课，恰巧彭玉麟正借寓于诂经精舍的小楼内。一位是被时人称之为海内大儒的白衣秀士，一位则是身经百战的湘军宿将，如今二人同住在一个屋檐下，少不得要相互拜访。会面的时候，文武两宿真是一见如故，大有相见恨晚之慨。

彭玉麟字雪琴，湖南衡阳人，府学诸生出身，洪杨起事之后，弃文就武，投效于曾国藩的麾下，从其训练水师，后以战功被擢为湘军水师主帅，太平天国覆国之后，他又与曾国藩一道厘定了长江水师营制，此次是其因病告假回老家衡阳，顺路驻足杭州，借西子湖秀丽的山光水色以养积疴的。

彭玉麟虽然久历行伍，但其人温文儒雅，善画墨梅，有儒将之风，因借寓于俞樾授课的湖楼，彭玉麟便画墨梅一幅赠给居停俞樾，权当房租。俞樾亦挥羊毫，回赠一联曰："一楼甘让元龙卧，数点梅花万古春。"

这次相识，便是俞、彭二人的订交之始。后来彭玉麟上疏坚辞两江总督一职，筑退省庵于湖中三潭印月旁的小岛之上。因退省庵临湖筑有一座牌坊，牌坊的题额曰：小瀛洲；诂经精舍的后山则有吴煦之孙吴寿臧为俞樾修筑的一室，徐琪为此室取名曰：小蓬莱。一日，俞樾诗兴大发，戏题一联赠给彭玉麟，诗云："说与老彭应一笑，小蓬莱对小瀛洲。"

如此说来，眼下这两位退隐林下的文武双宿，都成了虚无飘渺的琼瑶仙境中人了。

这两位无牵无挂的世外桃园中人，饮着用西子湖水沏的龙井茶，寄情于山水之间，相互不时地唱酬往来，以诗为媒，不但成了至交，而且后来还结了个通家之好。

俞樾在诂经精舍诂经授士达三十一年之久，曾经在其门下受业的弟子不计其数，连不少日本的学者也深慕其名，不远千里，浮海而来，拜倒在其门下，成为受业弟子。

同时，经年著述也使这位老人收获累累，自他从河南学政任上被罢官之后，穷愁著书数十载，累计已有《群经平议》三十五卷、《诸子平议》三十五卷、《古书疑义举例》七卷。除此之外，还有《第一楼丛书》、《曲园杂纂》、《宾荫集》等等，总计有近五百卷，俞樾总其名曰《春在堂全书》。

望着书架上那层层累累的亲笔所著书籍，俞樾不由得想起了当年的会试同年谢梦渔来。谢梦渔学问淹雅，才智过人，庚戌会试得中第三名，被赐进士及第。可是，这位老兄自从散馆引见之后，便在京师当了二十多年的京官，一直郁郁不得志。他曾经对俞樾说过这样一段话："学问是一回事，科名是一回事，禄位是一回事，三者分而不合。有学问者不必有科名，有科名者不必有禄位也。"

谢梦渔的这一番洞彻世情的话，俞樾深以为是，有一次他将谢梦渔的这些话转述给了何绍基，这位老前辈点着头，给这番话又补上了一句：

"传不传，又是一回事。"

以俞樾的成就和名望来论，应该说，他是可以"传"的了。

这位当年丢了官的学台大人还是幸运的，在他恢复了书生本色之后，从此沉溺于莘莘学瀚之中，做起了书生的本色文章，终于成为一位名播海内的末世大儒，这也就应了他在无意之中给自己下的那句谶语：花落春仍在。

惟日读书，著述充栋

俞樾自从河南学政任上罢官南归之后，先是闭门读书、著书，继而执教于江南一带的各大书院，虽然从此告别了仕途，却还不失书生本色，不仅成了名满儒林的一代宗师，同时还有充架充室的著作流布于神州内外，令天下的读书人一闻其名便敬而慕之。在当时，能以方巾之技做到这一点的恐怕真可以说是一时无双的了。

俞樾的孙婿宗子戴科场得意之后，出仕于常熟。某日，他给卜居于苏州"春在堂"的俞樾捎来一封书信，宗子戴在信中言说了一件令俞樾感到有点发谑的事儿。常熟城内有一家钱庄，老板是一位名叫徐木君的江宁人。常熟本是一片富甲四方的鱼米之乡，其间多缙绅富室，想来这些人家传藏搜罗的字画宝货自然不会少。徐木君因宅中要操办喜庆之事，为张观瞻，辗转打听得城中的顾姓人家藏有俞樾所书楹联一副，恰好这户人家不久之前刚向钱庄借了三十元洋钱，也算得上是个打过交道的人家。于是徐木君上门赔了小心，将这副楹联借回宅来，高悬于宅中客厅的楹柱之上。

到了办事的那日，俞樾手书的这副银钩铁画、精气四溢的楹联，果然十分惹人眼目。有当世大儒的墨迹悬堂镇宅，自然为徐宅增色不少。徐木君一时高兴，便将这副楹帖多挂了一段日子。

谁知宅中因为操办喜事，来来往往的人多而且杂，不知是宅中的哪一位在端茶送客的时候，不慎将茶水溅到了悬于楹柱的楹联上面。归还时，顾姓人家在验看楹联时发现纸色黯淡，墨迹剥落，顿时变了脸色，以为肯定是徐木君为了谋利，在私下里与沪上的石印局接洽照印，以至损坏了真迹，怒而拒收楹联。徐木君到底是个买卖人，蛮有办法，他打听到沪上有售卖俞樾楹联的，便以两枚洋钱购得装裱至臻的一联，捧至顾宅抵还。谁

俞樾著书处

知顾宅的主事之人以此联非原物为由，将徐木君拒之门外。顾姓人家还传出话来："此联是吾辈转托人求得的，价值何止百金！除去抵销欠你的三十元洋钱之外，还需补足七十之数。否则吾与你公堂上相见！"

如此这般一来，徐木君真是有点不知如何是好了。就在这位钱庄老板方寸大乱之际，好在家中的人脑子转得快，提醒了一句："宗子戴不就是荫甫先生的孙婿吗？你与宗子戴素有过从，何不去求他帮个忙呢？"

家人的提醒令徐木君茅塞顿开，连忙前往纸笔店购得上好宣纸一刀，径奔宗子戴的住处。宗子戴却不过徐木君的再三央求，只得给苏州的"春在堂"写信，请俞樾为徐木君补书一副楹联，以息讼纷。俞樾在复宗子戴的信中，不无风趣地写道："为地不过百里，为时不越十年，而拙书已几肇讼端。然则数百年后，不大可虑乎？是亦足一大噱也！"

连商贾缙绅都以能有曲园老人的点墨片纸悬堂为荣，也就可以想见这位被逐出了仕途的前学政，当时的名气有多大了！

董作模字梓庭，邹县人，为道光三年进士。

1840年第一次鸦片之役爆发，其时，供职吏部的董作模随靖逆将军奕山与英人战于广州。壬寅战败之后，被削去官职的董作模侨寓于扬州，一住便是十年，极尽烟花三月之乐。也许是有感于战败之辱，董作模对传播新知识很感兴趣，不时从开风气之先的沿海地带运书至内地贩卖。七十七岁那年，他竟从广州运书数万卷至苏州求售。董作模的这么一番惊人之举，令苏州太守李薇生大为感动，这位姑苏的地方官当即筹款将董作模运来的书如数购下。颇有所获的董作模得知俞樾所著的《群经平议》已经雕板，立即向曲园主人索购百余部，准备带回客寓以飨扬州的读书人。俞樾对这位老前辈笑道："杨子草《太玄》，同时有尚白之嘲，覆酱之议。今鄙人杀青甫竟，而公即以奇货居之，胜古人多矣。"

俞樾是以文墨之技名满四海的，其著书多而且杂，《春在堂全书》有五百卷之巨，个中又以治经校读类最有价值。张之洞曾经这样说过："通经贵知大义，方能致用。义理必出于训诂，于是因训诂而事考据，因考据而务校勘。"

《清代七百名人传》中称俞樾从河南学政任上罢官之后，便开始一意治经，书中称其：

> 读高邮王氏书，善之，其《群经平议》则继《经义述闻》而作；《诸子平议》几与《读书杂志》抗衡；《古书疑义举例》条理毕贯，视《经传释词》变而愈上，且益恢廓矣。逮后《俞楼杂志》、《曲园杂纂》诸书出，析疑振滞，更能学随年进。尝受学长洲陈奂，罢官侨吴，犹及见宋凤翔，得闻武进庄氏之说，故治经颇右公羊。然学无常师，好改经字，末年稍自敛，成经说十六卷，比前异矣。治小学，不摭商周彝器，谓多后世所伪托，辨形体，识通假，当止于秦汉碑铭。

高邮王氏指的是清代朴学大师王念孙、王引之父子。

王念孙字怀祖，出身于显宦之家，其父王安国曾任乾隆朝的吏部尚书。王念孙自幼就有"神童"之誉，八岁即能作文，十岁已能通览十三经，并旁涉史鉴。乾隆南巡时，这位显宦之家的"神童"以大臣子的身份，迎接乾隆的銮驾，同时还敬献了文册。那位高居于行宫銮殿上的圣主当即传旨，赏给了这位面貌不俗的少年一个举人出身。乾隆四十年，王念孙"春闱"得售。不久，这位新科进士又经过朝考成了庶吉士，进入翰林院庶常馆继续研修学问。三年散馆以后，由工部主事累官至永定河道，后因事罢官回原籍。王念孙自从罢官回高邮之后，便以闭门著书自娱。其子王引之字伯申，王引之在仕途上比其父要得意一些，由翰林院编修官直坐到礼部尚书的位置上，可谓春风得意，不输乃祖安国。

王念孙自幼便受业于训诂名家安徽休宁人戴震，后来他又广搜博采，终于形成了自己的训诂风格。他曾经对王引之论说训诂之道："训诂之旨，存乎声音。字之声同声近者，经传往往假借，学者以声求义，破其假借之字而读本字，则涣然冰释。"

王引之幼承庭训，深得其父之学的精髓，于勤勉王事之余，撰成《经义述闻》十五卷、《经传释词》十卷。

俞樾是因为读了朴学大师王念孙、王引之的著作，起而治经的。很显然，这位心气颇高的翰林并不肯拘泥于这两位前辈的学说，用一种几乎近于精微的目光，又在这个领域内孜孜不倦地发掘起来。

俞樾的那个很有胆魄的弟子章炳麟，曾经将乃师与那两位高邮籍的学问大家作了一番比较。章炳麟师从俞樾以后研习的就是治经，他在读了俞樾与高邮王氏的书之后，认为《群经平议》比之王氏的《经义述闻》要稍逊一筹；而《诸子平议》就与王氏的《读书杂志》难分伯仲；《古书疑义举例》则比王氏的《经传释词》高出了不少。

从章炳麟对老师的评说中，不难看出，俞樾确实已得高邮王氏之学的个中三昧，因为王念孙曾经有言："说经者期得经意而已，不必墨守一家。"

这几部书都是实用型，《群经平议》主要校正了《周礼》《诗》《易》《书》《礼记》《仪礼》《大戴礼》《尔雅》《孟子》《公羊传》《左传》等数十部古籍的句读，并且还对诸典籍中的一些疑难问题进行了解读。

《诸子平议》这部书也颇见俞樾训诂子书的精深功力，从周至汉的子书如《管子》《晏子春秋》《老子》《列子》《商子》《春秋繁露》《贾子》《淮南内经》《扬子太玄经》等等无不涵纳其中，俞樾对这些因流传的年月过于久远，从而产生了不少讹误的子书，进行了十分审慎的校勘和注疏。俞樾曾经提起过自己著书的缘由："罢官以后，无所事事，既不敢高谈经济以干时，又不敢虚言心性以欺世，杜门息辙，惟日读书，不自揣量，妄有撰述。"

在他的众多著述当中，又犹以《群经平议》和《诸子平议》着力最著，用心也最专。后来，俞樾在致文友沈吉斋的一封信中，叙述了草竣诸书的经过：

> 《群经平议》三十五卷已镂版武林，《诸子平议》亦三十五卷，拟开雕吴下，未知果否。仆所撰述，此二种最用力，卷帙亦较繁。其外尚有《字义载疑》四卷，去岁曾录副本寄京师，就正祁春圃相国，适相国薨逝，今未知所在矣。又有《金石琐谈》一卷、《春秋名字解诂》二卷、《汉史杂志》二卷。其《易贯》一书，未定卷数，不知能卒业否？《宾萌集》亦未定卷数，随时尚有增益。外集四卷，皆骈体文，已刻于吴市。

观其信中所言，即可知荫甫先生伏案耕耘之勤、著述之巨了。

《清代七百名人传》中称俞樾："性不好声色，既丧母妻，终身不肴食，衣不过大布；遇人岂弟，卧起有节，保真持满，故老而神志弗衰；读书著作守常程，每竟一岁，辄以写定之书刊布于世；晚年声名扬溢海内外，居林下，阅四十余载；光绪癸卯，大吏以重宴鹿鸣请，得旨复编修原官。"

借湖山之胜地，养樗栎之散材

俞樾自从罢官南归之后，除了一意治经著书外，在执掌诂经精舍的三十一年间，门下出士无数。他的教学方法走的是汉代的许慎、郑玄那一路：从训诂入手，在治经中增长学养，从而打牢弟子们的知识基础，使之日后能够成为通才。孝廉潘鸿，字仪父，曾在诂经精舍师从俞樾三年，是一位令乃师颇为看重的高才生。潘鸿在给俞绍莱的一封信中深有感触地说："士必通经，方致足用。六艺虽不完，大旨皆是。汉初师儒，渊源不远。其所推暨，复有以补益之。若贾之于《礼》，董之于《春秋》，皆原本经术，为荤荤大者。"

俞樾作为一位从科场拼杀出来的儒士，堪可称之为八股大家。他的女婿王康候曾经来信请教八股文字的做法。但是，在复信当中，这位海内大儒发出的一段议论真是要令王康候耳目一新了，这当然是过来者发自肺腑之言：

凡人欲立言传后，不必作八股文字；凡作八股文字，不过乡、会两试借作敲门砖耳。仆从前治举业时，每代阅文者设想，夫闱中阅文，犹走马看花，想其夜阑人倦之后，烛光摇荡，朱字麻荼，且又同此题目，同此文字，千篇一律，其昏昏欲睡久矣。故作文者，须用呼寐者而使觉之法，使一展卷，眼目一醒，精神一提，觉此卷文字，与千百卷不同，自不觉手之舞之矣。

俞樾在信中痛诉了八股文章的弊病之后，作为一位八股文的大师，他还是少不得要点拨王康候几下，因为，八股文在当时仍然是每一位儒生赖以存身立世的看家本领，只要想在科举道上往前闯，就不能不将这几下子玩得精熟。在这里，俞樾又显示出了他在八股文上的精深功力。

其法第一在命意，同一题目，而我之所见深入一层，高人一筹，读者自欢欣鼓舞而不自知。次之在立局，虽意思犹人，而局阵纵横，有五花八门之妙。又次之，在造句。虽格局犹人，而字句精卓，有千锤百炼之功，亦足以逐去睡魔，引之入胜。凡此皆是代阅者设想。所谓古之学者为己，今之学者为人，虽非圣贤之道，而作八股文字，不得不尔。若徒向纸上捉摸，不向闱中揣摩，此是古者为己，不求人知之学，竟不如闭门著书为妙也。

显而易见，俞樾对王康候说的都是大实话，但是，估计这位海内大儒在执鞭课士的时候，是决不肯就这样说出作这种天下最难作的文章的诀窍的。所以也就难怪俞樾在信的末尾小心地嘱咐道："率书所见，为足下揣摩之一助，幸勿示人，恐为高明笑也。"

俞樾虽然很早就铩羽仕途，以一介布衣儒士之身，息影林下，凭藉着著书课士寄托终身，这样一来，反而应了那一句古话，"塞翁失马，焉知非福"。毕竟，自古至今在世间真正可以传扬的还是学问。这位来自浙省山乡的儒士似乎很明白这一点，经年来无论是著述，还是课士都孜孜以求，终于使其以硕儒之名沸扬九州，享誉海外。当时，同操汉字，并且对儒术深有了解的日本文士对俞樾也深为仰慕，如竹添光鸿、冈鹿门等人更是浮海而来，登门执弟子礼求教。

竹添光鸿字渐卿，在日本时他已久慕俞樾的文名，后来他缘机渡海来到了清国，在游历了京城、河南、四川等地之后，便一径来到滔滔西湖边上的诂经精舍，拜访这位声播九州的大儒。但是时不凑巧，这时俞樾已经返回苏州的宅第。竹添光鸿又买舟直驶苏州，终于在曲园的"春在堂"内见到了这位神情恬淡的老者。

竹添光鸿当即赠诗俞樾："神仙若使玉堂老，辜负湖山晴雨奇。"

俞樾见这位日本文士颇有文采，所作汉诗也深得其道，便兴致勃勃地与之笔谈。

竹添光鸿首先向俞樾介绍了日本的汉学情况："十年以前，封建为治。列国皆有学宫，而诸国之士，皆是世爵禄者。自幼入学宫肄业，从其学之浅深而列之位，故文学颇盛。自封建废而诸侯失国，士亦削禄。列国学宫，多用西学，以谋仕进之捷径。孔孟之道，几乎扫地，一时殆有焚书之议；近时风俗愈薄，庙堂亦颇悔悟，稍知圣道。而西洋诸国，源源而来，交际之道，非通西情，则受彼侮。故圣学洋学，混为一途，终不能复昔时之盛。"

这位日本文士所说的异邦景况，与当时中国国学与西学发生碰撞的情况有着不少相同之处。俞樾对日本的汉学发展一直很关注，他向竹添光鸿打听道："贵国有位安井平仲，曾经著有《管子纂诂》，足下是否与之相识?"

竹添光鸿面色黯然地答道："在下曾经师事其人，可惜安井君已经在去年九月病逝了。此公一去，吾国读书种子绝矣。所幸治古文者，尚有其人。"

竹添光鸿的这么一番话，虽然令俞樾感到有些遗憾，但同时又为汉学仍然能够在同文同种的异域传扬感到欣慰。

竹添光鸿对中国的儒学极为叹服，他接着说道："此番归国后，必当再来中国，然吾国当局许与否尚不可知。如不能再踏中土，惟有退而授读

俞樾老人信札

田间，以避西风之逼人也。"

俞樾闻其所言，不禁在心中嘉许道："味此生之言，盖亦彼国有志之士矣！"

竹添光鸿归国之后，对俞樾这位海内大儒仍念念不忘，特意拜托到苏州问学于俞樾的国人冈鹿门捎去书信，以示问候。高卧在"春在堂"内的荫甫先生，一见这封海外来鸿，自然十分高兴，扶杖临案，欣然命笔作回书以副远意。在信中俞樾首先表达了谢意并告知自己的近况：

> 冈鹿门来，得手书，并承惠《玉篇》一册，高句骊参二斤，足见在远不忘之意，感谢之至。并知仙槎暂返东瀛，起居多福幸甚。仆比年以来，宿疴频作，精力益衰，著述之事，殆将辍笔。去年勉从贵国友人之请，撰《东瀛诗选》四十四卷，未知已呈邺架否？

说完了客套话，俞樾便与竹添光鸿讨论起了政治问题，这些问题都是一些很现实的问题。虽然俞樾身为林下儒冠，但也不能完全超脱于现实之外，成为在野之鹤。读书是为了经世致用这句老话，总是会在潜意识中敦促读书人从不同的角度去忧国忧民。俞樾到底是治经学的，抱的仍然是古理，虽然是颠扑不破的真理，但是要想在当时，或是以后的百余年间施行仍然为时尚早。因为人类的心魔已经放了出来，非得经过几个酷烈的轮回，经过磨难的人心才会由浮躁归于恬淡。真到了那个世道，人世间的一切也都好说了。俞樾到底是一位科场中的过来人，在回复这位扶桑文士的信中，他在无意之中又作了一通"策论"：

> 来书云，崇论闳议，非时流所及梦见，以西法盛行，欲修周、孔之遗法以胜之，大哉言乎！鄙意则谓居今之世，只须《孟子》七篇，便是救世良药。盖孟子时，有善战者，连诸侯者，辟土地者，人人自以为得富强之策，亦今人之争言西法也。使孟子操此说，则无以驾乎其上矣。故尽扫而空之，曰：盍亦反其本矣。所谓反其本者，无他，省刑罚也，薄税敛也，使耕者愿耕于其野，商贾愿藏于其市。久之，并能使邻国之人仰之如父母。诚如是也，在孟子之世，不过朝秦楚，而莅中国。若在今日，则海外大九州，莫不来享，莫不来王矣。

老夫子的脑海里浮想联翩，信马由缰地勾画着复兴中华上国的宏伟蓝图，当他收笔移目窗外，一眼便遥望见阴霾四布的天空，令人沮丧的国内现实蓦地又浮现在他昏花的眼底，老人胸中充溢着的豪气顿时冰消雪解。他无可奈何地叹了一口气，提起笔来在信笺上又添上了几笔：

迂阔之见，因尊论而一发之，聊博万里一笑。

到底是个文人，发完了议论，才明白自己对眼前的这个世界实在是太无能为力了，所以俞樾一再声明自己主讲诂经精舍是："借湖山之胜地，养樗栎之散材，风雨小楼，大有终焉之志。"

俞樾还自诮道："如樾者，文不足以陈俎豆，武不足以执干戈，徒以遭逢圣世，忝窃科名。"

坐拥节旄的方面大员曾国藩，曾于羽檄交驰间致信俞樾，邀其出山再展鸿图之志。这位傲骨嶙峋的老夫子立即回书加以谢绝：

昔年曾充先皇帝虮虱之微臣，今兹犹称太史公牛马之下走，封疆大吏许作宾氓，后生小儒谬推为祭酒，私自循省，为幸多矣。兼之穷愁，著述已及百卷，虽不足以传后，而颇足以自娱。设再入长安而索米，则阿婆老矣，其能与三五少年争东涂西抹哉。若乃改弦更张，易内而外，则无论素乏吏才。且鄙人脱略形迹，笑傲公卿，为日久矣，一旦持手版而来，曲跽雅拜，自称下官，有不惊而且笑者乎？穷达，命也，固不足言。吾生有涯，姑从所好，阁下霄汉凤鸾，鄙人江湖鸥鹭，虽升沈异路，尚无伤乎。昔日接翼同飞之归，若必与鸡鹜争食阶除，则凤鸾其必羞之矣。

俞樾从苏州到杭州西湖边上的诂经精舍讲学时，一直寓居于诂经精舍内的第一楼。此楼因山长俞樾居内，所以亦称为俞楼。而俞樾却因此楼临湖，于是，称其楼为湖楼。湖楼内多鼠，每当入夜时分，鼠辈们跳蹿于几案之上，如漫步于康庄大道，好不逍遥。如若书案上的烛台内插有余蜡，则鼠们无不啃食之。一开始，俞樾对此等鼠辈心里十分厌恶。后来，这位老儒见自己的衣服书籍一无所损，心头又不禁慈念顿生："想此鼠辈定然是饿了。"

于是取面饼一枚置于案头以饲饥鼠。第二天清晨，老夫子起而观之，鼠们得饼之后，果然不再嚼咬烛台内的蜡烛了。有一次，俞樾取饼自食，入口之后，察觉此饼不佳，连忙吐出，与好饼一枚一并饲鼠。第二天，案上的好饼已被食尽，而俞樾吐弃者仍在。此时的俞樾像一位西洋的动物学家似的笑道："鼠子亦狷介乃尔。"

于是，这位迂阔的老夫子于这日夜里取饼二枚置于案上以谢之。到了次日，鼠们居然只食其一，另一枚饼竟然完好无损，了无齿痕。俞老夫子目睹眼前的这么一番光景，在讶异之余，叹道："不惟狷介，乃亦有礼。"

自古就有以物喻人之说，在这里，看来俞樾是以自己的心态来推及自然界中生灵的行为了。俞樾也是常以狷介自况的，尽管他藉硕儒之名誉满天下，但是对那些沸溢儒林的推崇之词，一向是漠然对之的。后学王彦威曾经致信俞樾，在动问安好之余对老人称颂备至。俞樾阅信之后并不领情，他在复信当中劈头便说：

> 久不相晤，忽奉手书，兼锡箴言，善哉言乎，皆俞楼诸子所未闻也。俞楼之筑，本是诸君子借老夫以妆点湖山，华而不朴。职此之由，欲识山中真面目，请至右台仙馆观之。否则，登吴中春在堂，亦可见鄙人之质朴古人风也。

质朴的古人之风当中渗透着文人的狷介；身为传承孔孟之道的当世名儒，注重名教礼义又成了他处世的行为准则，这两点也就构成了俞樾的人格基础。如此一来，每日三省其身的俞老夫子也就难免经常会有贤者之忧了："得无相待过高与，满壁腴词分谤乎？"

俞樾长于篆隶，颇有金石气，曾得宋砖一块，上有福寿二字，字极古朴。弟子王廷鼎用高丽纸拓印为扇面，一面红印"福寿"二字，另一面用素绢，名曰"福寿扇"。俞樾曾在扇面题诗一首："别馆山中草未滋，寓楼仍榜蒋公祠。何来福寿残砖字，得自宾朋雅集时。叠韵仍教依石鼓，制笺不必界乌丝。如今搴人齐纨扇，好与蒲葵一例持。"

既禀称事，"阔"夫子执扇登楼，指点湖山，好不惬意，尝自题俞楼联曰：

> 合名臣名士为我筑楼，不待五百年后，此楼成矣；
> 傍山北山南沿堤选胜，恰在六一泉侧，其胜何如。

一日，与门生王梦薇喝茶闲聊，王说："杭城有学生弟子三六桥，不知可否以小弟子之礼前来谒见？"三六桥系蒙八旗人，名三多，字六桥。曾著有《柳营百咏》等描绘旗营景象的诗，其人曾为杭州太守。

俞樾点头应允。次日午后，王梦薇便携三六桥从涌金门旗营的埠头赁船赴俞楼而来，登岸后，两人即往俞楼拜谒。

三六桥气宇不凡，礼数周到，俞樾很是开心，见三六桥所执团扇尚是素面，便索过濡墨挥毫，即兴题写"七绝"一首于扇上：

> 里外西湖两六桥，
> 相传一十二吊桥。
> 诗人别有六桥在，
> 三君居然十八桥。

此诗一出，巧思在俞樾，得益却是团扇主人，依傍俞楼，二六桥从此在杭州亦有文名。

第四章
风云激荡的时代

◎

门生章炳麟

诂经精舍是一座浙江省官办的书院，有着严格的管理制度，执事人等均为儒林中人。在俞樾出任诂经精舍的山长期间，有一位名叫章濬的监院曾经与其共事数年。章濬字轮香，浙江余杭人，是一位乡闱七荐不售的廪生。这位老廪生原先饶有家财，后经太平天国一役，所有家财丧失殆尽，以至成了"家无余财，独田一顷"的小户人家。章濬为人耿介，曾经在示之其后人的家训中痛诉谄媚之辈："妄自卑贱，足恭谄笑，为人类最佣下者。吾自受业亲教师外，未尝拜谒他人门墙，汝曹当知之。"

章濬抚有三儿一女，长子早殇；次子系戊子乡试举人，曾充嘉兴儒学训导；三子便是那位后来成了大革命家、大学问家的章炳麟；其下则为女公子，长成后嫁给了同邑的光绪癸卯科进士张荫春。

章炳麟字叔枚，后因羡慕顾炎武的为人，遂改名为章绛，别号太炎，章炳麟出生于1868年，也就是太平天国覆国后的第四年。章炳麟从十一二岁开始，便受业于其外祖父朱有虔，朱有虔有着极其强烈的民族主义情感，一日，他见这位年少的外孙在读蒋良骐所著的《东华录》，便与之说道："夷夏之防，同于君臣之义。"

《东华录》是清廷的官方记事，在卷五顺治元年条下赫然记载："不随本朝制度剃发易衣冠者，杀无赦。"

在《清世祖实录》中则有："自今布告之后，京城内外，直隶各省，限旬日尽行剃完。若规避惜发，巧词争辩，决不轻贷。"并且宣称："所过州县地方，有能削发投顺，开城纳款，即与爵禄，世守富贵。如有抗拒不遵，大兵一到，玉石俱焚，尽行屠戮。"

顺治二年（1645），江宁巡抚土国宝宣布："剃发、改装是新朝第一严令，通行天下，法在必行者，不论绅士军民人等，留头不留发，留发不留头！南山可移，此令不可动！"

镇江知府的告示："一人不剃发全家斩，一家不剃全村斩！"

以此可见改朝换代、江山更替之酷烈。

章炳麟问道："外公，前人有谈论过您说的这个道理的吗？"

朱有虔道："王船山、顾亭林早已有其言，其中，尤以船山先生之言为甚，船山先生有言：历代亡国，无足轻重，惟有南宋之亡，则衣冠文物，统统与之俱亡。"

章炳麟听了外祖父的一番高论之后，心中若有所悟地想道："依外祖父所言，汉人推翻异族统治的思想，原来一直深藏于汉民族的心中，只是隐而不现罢了。"

于是，这位少年学子的心中顿生逐满复国之志。

在当时的中国，具有像这位浙江少年同样思想的人并不在少数，有一位出生在广东香山县翠亨村的少年，就有着与他同样强烈的民族主义情绪。

这位比章炳麟大两岁的少年名叫孙文，此时他正在檀香山的意奥勒尼男子中学读书，数年后，十七岁的孙文回到了祖国，在已经沦为英国殖民地的香港继续求学，与此同时，他还秘密从事着反清宣传。

章濬曾经训戒诸子道："精研经训，博通史书，学有成就，乃可称之为名士，徒然工于词，尚且不能立足于儒林，况且书画之末技乎？如果真能专心研习一艺，亦足自立。倘若脱易为之，招摇媚俗，便成了令儒林侧目的斗方名士，慎勿坠入。"

因为章炳麟开蒙颇早，十六岁时，章濬便命他赴县学应童子试，谁

穿和服的章炳麟

知，这位初应入泮考试的少年，刚走进设在县学里的考场，竟然晕厥了过去，以至没有能够取得入泮就学的资格。章只得命儿子暂时停止习练作八股文章的功夫，章炳麟如蒙大赦，逍遥地在书房里涉猎起史传和《老子》、《庄子》来。同时，他也开始尝试着学习治经之术，在屡次尝试之后，发现自己习练的治经方法，颇近俞樾一路。

光绪九年岁末，中法战争爆发，次年正月，时年十七岁的章炳麟上书李鸿章，请求以外交手段，怀柔西人，以息灭战祸。

紧张的中法战事也牵动着孙文的心，他密切地关注着战争的发展，同时他还考察了清王朝的武装力量和军事编制，新闻舆论也是他关注的一个方面，从报纸上他可以洞察到许多信息，这样可以使自己对战争的发展有一个较为准确的判断。

这天早晨，孙文趁着吃早饭的工夫，拿起一张香港出版的《循环日报》，边喝咖啡边阅读报纸。报纸上的一则评论文章吸引了他的视线，这篇评论写道："中法自开战之后，华人心存敌忾，无论商贾役夫，亦义切同仇。由此可见我华人一心为国，众志成城，各具折冲御侮之才，大有灭此朝食之势，人心如此，法夷尚不知难而退，岂欲败亡而后已？"

中法战争的结果几乎出乎所有人的预料，由于清军将士的英勇奋战，在镇南关等战场，给予法国远征军沉重的打击，数千法国军人被冯子材将军的部队击毙，连法军统帅尼格里少将也负了重伤。战败的消息传到巴黎之后，舆论大哗，立即导致了茹费里内阁的倒台。

在战场上取得重大战果的清王朝，因为通讯手段落后，没有即时得到战斗胜利的消息，加之缺乏外交谈判经验，统治者昏庸颟顸等种种原因，在法国特使巴德诺虚张声势的恫吓下，连忙下令停战。不久就派头等钦差李鸿章在天津与巴德诺签定了《中法新约》，这个不平等的条约又让中国丧失了巨大的国家利益。

这场战争的结果，给了孙文很大的刺激，法国不胜而胜，中国不败而败，这岂不是咄咄怪事？

孙文感到清王朝已经彻底腐朽，完全不可药救。他在对同学分析清王朝失败的原因时说："政治不修，纲纪败坏，怎么能令国家不陷于危难之中呢！"

就从这个时候开始，孙文下定决心要倾覆满清王朝，建立一个自由民主的共和制国家。

为了便于从事革命活动，他决定离开香港回到内地去，这样既可以更方便地了解清王朝的动态，也可以联络各界的反清力量，为了方便自己能够灵活地与各行各业的人接触，他为自己在将来选择了医生这个职业。

1886年，孙文从香港中央书院毕业之后，随即转入了美国基督教会所办的广州博济医院附设的南华医校攻读医科。

广州博济医院是一所教会医院，创办于1835年，是亚洲最早的西医院。南华医校就设在这所医院里面，这样可以使学生边学习边实践，尽快地掌握医学知识。孙文入学后，就住在医院内的哥利支堂十号宿舍。

孙文一进入这座医学的殿堂，就引起了同学们的注目，他聪明过人，博学多才，记忆力极强，平常不苟言笑，一讨论起问题来便谈笑风生，议论滔滔，是一个和各阶层的人都能谈得来的奇人。

在学医之余，他仍然坚持对中国传统的儒家学说进行探讨，为此，他特意聘请了名儒陈仲尧为自己讲授儒家理论。在学习过程中，他不时地与陈先生展开学术讨论，为了澄清一个问题，师生二人有时辩论到深夜，仍然乐此不疲，真可谓学生锲而不舍，老师诲人不倦。

陈仲尧虽然学富五车，但有的时候也不免会被面前这位天赋极高的学生难倒。

有一次，陈先生讲解"知之非艰，行之惟艰"这个实践命题。

孙文马上表示了反对意见："先生，我以为应当将这个命题改为：行之非艰，知之惟艰，古人不是有'知难行易'一说吗？如果对事物还没有深刻的了解，就去盲目实践，怎么能够干好事情呢？"

陈仲尧听了孙文的这么一番议论，不禁叹服地说："古人云：三人行必有吾师，今日可谓教学相长矣！"

光绪十五年，章炳麟的父亲病故。生前其父曾经留有遗言："吾家入清七八世，殁皆用深衣敛，吾虽得职事官，未尝诣吏部，吾即死，不敢违家教，无加清时章服。"

父亲的遗言在章炳麟的心中引起了极大的震撼，驱除鞑虏，光复汉绩之心，如同火焰般地在他的胸中燃烧起来。

章濬对那位在诂经精舍里诂经课士的大儒极为敬重，时常念叨道："曲园老前辈设教席于诂经精舍之初，吾有幸充任监院一职，得以与其相处数年，今闻老前辈茹蔬念佛，贤士晚节，往往至此。"

章炳麟在其父死后不久，便遵从父亲的遗愿，前往西子湖畔的诂经精舍，欲拜那位名满海内的大儒为师。

尽管章炳麟是竭诚而来，而且在堂下唇焦舌敝地陈说了半天，高居堂上的俞樾非但没有点头允其所请，反而不厌其烦地考问起章炳麟来："《礼记·明堂位》有虞氏官五十，夏后氏官百、殷二百、周三百、郑注周三百六十官，此云三百者，《礼记》问世时《冬官》已经佚亡，《冬官》佚亡于汉初，周末尚存，何以郑注谓亡乎？"

章炳麟坦然答道："《王制》中有三卿五大夫之说，孔疏中载，诸侯不立冢宰、宗伯、司寇之官，有小司徒、小司寇、小司空、小司马、小卿而无小宗伯，所以大夫之数为五而非六，依《周礼》，当减三百之数，与《冬官》存否并无关系。"

俞樾点了点头，又问道："《孝经》有先王有至德要道，先王为谁？郑注谓先王为禹，何以孝道始于禹时？"

章炳麟侃侃答道："《经》中有云：'先王有至德要道以顺天下者，明政治上之孝道异寻常人也。'夏后世袭，方有政治上之孝道，所以孝道始于禹时。且《孝经》之制，本于夏后；五刑之属三千，语符《吕刑》，三千之刑，周承夏旧。以此推论，先王确为禹也。"

俞樾频频颔首，满意地微笑着道："小子可造！小子可造！章生确有根柢，如能顺此途径砥砺以求，异日造诣不可限量！"

俞樾在诂经精舍给诸生们传授学问的方法，很是别致，常常是在与弟子们谈话或是问答时，便将学问传授给了弟子们，后来章炳麟回忆说："曲园先生，吾师也，然非作八股，读书有不明白处，则问之。"

他又深有感触地接着说道："学问只在自修，事事要先生讲，讲不了许多的。"

有人想造反了

由于广州不但是一座省城，而且还是清廷在南方沿海地带的政治军事中心，两广总督衙门就设在广州。因此，广州城里的清廷耳目众多，随着时间的推移，孙文传播新思想、提倡革命的举动，渐渐地引起了官府的注意。

为了安全起见，孙文又回到了香港，在这个被英国人侵占，清廷势力又难以触及的地方，继续他的学业和革命活动。

孙文的脑海里经常都在琢磨着改造社会的方法，他曾经给香山县的致仕（退休）官员郑藻如写了一篇社会改革的文章——《致郑藻如书》，在这篇文章里他提应效法西方来改革社会，在以此为契机的同时，兴办农桑、禁绝鸦片、兴办学校。这是他的第一篇关于社会改造的文章。

在此期间，孙文还结识了具有资产阶级改良思想的洋行买办郑观应。郑观应曾任上海轮船招商局帮办，他是一个眼界十分开阔的资产阶级改良主义者，他鼓吹改良社会的言论，集中体现在《救时揭要》这本风行当时的书中。

郑观应对孙文的胆略和气魄都很赏识，尤其对这位年轻人写出来的切中时弊的文章赞不绝口。后来，在1894年，他将孙文在1891年左右写出的《农功》、《商战》等几篇文章，以孙翠溪的笔名编录进了自己主编的《盛世危言》这本书里。

《盛世危言》一问世，就引起了各个方面的瞩目，礼部尚书孙家鼐立即将这部书呈送给了光绪皇帝。光绪将这部书披阅之后，下令速印两千部，分送王公大臣习读。郑观应自己又将这本书加印了五百部，立即就被友人索取一空，真可谓一时洛阳纸贵。

此时，诂经精舍内的章炳麟也在俞樾的指导下，与其他同窗一道做了大量的"课艺"。俞樾将这些受业弟子们的作业汇集成册，定期付梓印行，章炳麟的"课艺"收入进了《诂经精舍课艺》第七集当中，这套"课艺"共有十二卷，章炳麟包揽了全部的校对工作。

从香港西医书院毕业后，孙文改用教名孙逸仙行医于澳门、广州一带。时隔不久，他就决计放弃悬壶济世的医人生涯，转而想要从政治上改变中国不堪入目的现状，医治国家多年来患着的痼疾。

说来也巧，孙逸仙与章炳麟一样，也有一次上书李鸿章的经历，不过，孙文在他的这通条陈当中反映出来的思想，要比章炳麟的那通引经据典，考究时务的条陈眼光要开阔许多。

大约在1894年的3月底，孙逸仙偕同好友陆皓东从广州乘坐招商局的轮船沿海路北上，轮船靠驳上海的金利源码头之后，他俩招了一辆马车，直驶三洋泾桥的名利客栈。

稍事休息之后，他们首先去拜访了香山同乡郑观应先生，事有凑巧，在郑公馆他们遇见了香港《循环日报》的总编辑王韬。

王韬其人，孙逸仙久慕大名。这是一位有着传奇经历的人物，王韬曾应过科举考试，后来在金陵乡试中失利后，于1849年进入了著名新教传教士马礼逊、麦都思开办的墨海书馆，从事编校翻译过来的西方图书的工作。太平天国之役兴起，他与太平天国将领李秀成等人曾经有过书信往来。后来他写给李秀成的信件，被曾国藩的部下缴获，因此被清廷视为通贼，遭到通缉。迫不得已，他逃上洋人的轮船，出洋游历东西方各国，在数十年间，他造访了日本、英国、法国等国家，写出了三卷本的《漫游随录》和《扶桑游记》，使世人从这两本书当中看到了另外一个精彩的世界。

孙逸仙听郑观应介绍说这就是那位大名鼎鼎的王韬，连忙拱手致意："原来是王老前辈，晚生久慕先生的大名！您老编译的欧美图书，晚生几乎都拜读过，真是受益匪浅！"

"这位是鄙人的香山同乡，孙君逸仙，他多年来留心海外的事物，久怀抱国之心。"郑观应笑着将孙逸仙介绍给了王韬。

"我观孙君气宇轩昂，此次从广州北上必有目的？"王韬含笑问道。

"晚生写了一篇济世救国的条陈，想到天津去呈送给李中堂一阅，不知此文写的是否妥当，还请两位前辈指教一二。"

孙逸仙将那通"上李鸿章书"取了出来，恭恭敬敬地递给了面前的王韬。

王韬戴上老花眼镜，展开孙逸仙递过来的文章，仔细阅读起来。

王韬的双目一接触到这篇文章上面，立刻就感到有一股不凡的气势迎面扑来。文章开宗明义地提出要"人尽其才，地尽其利，物尽其用，货畅其流，是治国之大体"。如果只是单纯地"仿行西法，以图自强"，"而不急于此四者，徒惟坚船利炮之是务，是舍本而图末"。然后，孙逸仙又一一精辟地阐述了实施文中提出的各项主张的办法。

"孙君的这篇文章真是字字珠玑，句句都切中时弊啊，要是当今的皇上能看到这篇文章，国家也许还会有振作图强的机会！"王韬摘下眼镜，感叹着说道。

"孙君首先想将这个条陈呈送给李中堂，想法是很好的，因为现在主办洋务的就是李中堂，只要他认可了这个条陈，就有可能采纳孙君在文中提出的主张。"郑观应说。

孙逸仙博士

"晚生正在思索能用个什么法子面见中堂大人，顺便将这道条陈呈上去，两位前辈能在这方面为晚生帮帮忙吗？"孙逸仙恳求道。

"这种图强救国的事，我等当然责无旁贷。"王韬想了一想，说："李鸿章有一位管文案的老夫子，名叫罗丰禄，此人不仅精通西学，而且还能说得一口纯正的英语。他与我打过交道，还曾经代表李鸿章邀请我前往天津总理各国事务衙门主持翻译事务，连'不惜千金买骏骨'这样的客气话都说了出来，但是我终究已经老朽了，哪里还能出山远行？这样吧，我介绍你到天津去找罗丰禄，请他帮帮你的忙吧！"

孙逸仙偕同陆皓东揣着王韬写的介绍信，又匆匆登上轮船赶赴天津，在离开上海之前，他们在郑观应的家里，还结识了具有反清思想的基督教传教士宋耀如、水师军官陈廷威。

等他们来到天津的时候，恰逢中日甲午战争即将爆发的前夕，孙逸仙和陆皓东在法租界的佛照楼客栈放下行李之后，一路打探询问，好不容易在直隶总督府找到了罗丰禄。

罗丰禄是个热心人，但是因为战争爆发在即，李鸿章现在已经移往总理衙门办公，他只好对孙逸仙说："两位远道而来，况且还是王韬先生介绍来的，鄙人理当效力，只是中堂大人现在在芦台督师练兵，你们可持我的名片去找总理衙门的徐秋畦先生，请他为你们引见一下。"

徐秋畦对孙逸仙的这份条陈也十分赏识，特别是"天下之事，不患不能行，而患无行之人；方今中国之不振，固患于能行之人少，尤患于不知之人多"，这几句话令他感触良多，徐秋畦不敢耽搁，马上就起身赶往芦台，面见李鸿章。

这时，李鸿章正驻节在芦台的北洋陆军的统领衙门里，他接过徐秋畦呈上来的那份署名"孙文"的条陈，只是草草地翻阅了一下，就放在了书案上。

徐秋畦小心翼翼地请示道："中堂大人，是否见一见这位上条陈的人，此人曾经游历过檀香山等地，对西学颇有研究，是一个难得的人才。"

"如今军务繁忙，哪里抽得出空来，还是等打完了仗再说吧。"李鸿章皱着眉头，心烦意乱地答道。

"中堂大人，那我怎么回复他呢？"徐秋畦不甘心地又追问了一句。

"从条陈中看，这个孙文不是有志于农政吗？文中那句'农政之兴尤为今日之急务'，这话说得很切实际，那就让罗丰禄到农桑会给他代领一纸护照，让他出洋为农政筹款去好了。"

徐秋畦见再说什么也无济于事了，只得喏喏而退。

孙逸仙听徐秋畦诉说了李鸿章对自己披肝沥胆写就的条陈的态度，面色凝重，久久没有发出一言来，等到送走了徐秋畦，他对陆皓东长叹一声说："看来实行和平手段改造中国的道路走不通了，就让他们继续昏聩下去吧，也许否极泰来的时日不远了！"

"那我们就从平地里发出一声惊雷来，让他们目瞪口呆吧！"陆皓东会心地笑着说。

面对无可救药的清王朝，他已经因为上书李鸿章的失败，不再抱有用和平方式来医治这个垂死的封建帝国的希望，而清王朝腐朽的统治机构对列强的卑躬屈膝，对国内民众的残酷压榨等等，都令这个封建王朝摇摇欲坠。孙逸仙意识到，也许在这个日薄西山的王朝的某个穴位上点一下，这座存在了数百年的封建统治大厦就会轰然倒塌。

中日之间的战争牵动着几乎每一个中国人的心，奋发图强，挽巨厦于既倒的信念，在每一个有志之士的心头蓦然而生。此时，老而且衰的俞樾，仍然抱着"守先王之道以待后学者"的宗旨，带着一班儿弟子躲在诂经精舍里，闭门读书。

俞樾自有他的道理："时局一变，会风大开，人人争言西学矣，而余与精舍诸君子犹抱遗经而究终始，此叔通所谓鄙儒不通时变者也。为当今计，不过曰盍亦反其本矣，为吾党计，不过曰守先王之道以待后学者。"

也许是回光返照，也许是潜意识令满清的统治者不放过最后一次狂欢的机会，就在清军与日军作战失利的消息像雪片般地飞向京城的时候，慈禧太后的六十寿辰庆典也在紧锣密鼓地筹备着。各地向紫禁城贡献礼品的贡使络绎于京门，北京城的内外也透露着虚假的繁华，在从京城的西华门到为祝寿修缮一新的颐和园的官道上，仅牌楼、戏台、乐亭就修建了六十处，为了祝寿，总共花去了库平银二百一十九万两。

1894年11月24日，在檀香山首府火奴鲁鲁卑涉银行经理何宽的家里，正在举行一个秘密集会，会议的主席是孙逸仙，会议的主题是成立反清组织——兴中会。

在宽敞的客厅里，宋居仁、何宽、邓荫南等二十多人济济一堂，听被推举为大会主席的孙逸仙阐明发起兴中会缘由的报告。一片掌声过后，孙逸仙宣读了由他起草的《兴中会章程》，会章开宗明义地指出"中国之积弱，非一日矣！上则因循苟且，粉饰虚张；下则蒙昧无知，鲜能远虑"，章程中一一列举了由此给中国带来的种种恶果，因此，"有心人不禁大声疾呼，亟拯斯民于水火，切扶大厦之将倾"。

在这次兴中会的成立大会上还选出了正副主席和会中的各级干部，健全了兴中会的组织机构，会议最激动人心的时刻是集体宣誓，全体到会人士，庄重肃立，他们面色凝重地抬起右手，在主席孙逸仙的带领下，同声宣誓，誓词的核心内容是"驱除鞑虏，恢复中华，创立合众政府"。

兴中会是中国民主革命的第一个政治组织，她的成立就像一串串惊雷从天边滚滚而来，当这声春雷在神州大地上炸响的时候，将对这个有着悠久历史的国家带来绵延百年的影响。

1896年，《中外纪闻》、《强学报》在慈禧太后的压迫下先后被封禁。梁启超、黄遵宪、汪康年、夏曾佑等人又在上海创办了《时务报》。

当时，《时务报》的主笔是梁启超，经理是汪康年。这份报纸实际上是维新派的舆论阵地。

章炳麟一期不漏地阅读《时务报》，有一次，他读完新出的一期，觉得有许多话要说，于是提笔给汪康年写了封信。在信中，他除了充分肯定《时务报》的办报特点外，又直言不讳地提出了一些建议，希望《时务报》能真正成为宣传变法的有力工具。

章炳麟的信被送到了时务报馆，汪康年阅后深受启发，立即请梁启超一起来读，尔后又向夏曾佑打听章炳麟的情况，他们均被其才学吸引，惺惺惜惺惺，于是当下拍板，请章炳麟到上海来，共同办《时务报》。

说干就干，汪康年立即派一个叫叶瀚的人赴西子湖边与章炳麟联系，邀请他加入《时务报》，并担任撰述。听叶瀚说完，章炳麟不加考虑，一口答应下来。

然而，当章炳麟把这件事告诉俞樾时，老先生满脸不高兴。俞樾尽管与维新派领袖康有为是旧交，也不反对变法图强，但当他的弟子们要撂下学业，一心去搞政治时，他却不赞成。尤其是国学底子深厚的章炳麟，将来在学术上的成就是不可限量的，他曾在心底把章炳麟当成是自己的衣钵传人。然而，眼前的得意门生却要改行了。他强压住心头的不快，又一次问道："你真的主意已定？"

章炳麟回答得很肯定："先生，我已经决定了。"

见弟子主意已定，老先生也不好再勉强了。

而康有为等人发起的"公车上书"运动，则颇见成效，在光绪皇帝的支持下，逐渐演变成了推行新政的维新运动。章炳麟也投到了这个以变法求得自强的维新运动当中，他再次上书给那位俞樾的老朋友李鸿章，提出："自古强国之势，远交近攻，而弱国则反之。夫今日本非有深怨于我也，以深怨言，英、法尝犯蹂矣。曩者衔之次骨，至于今则交际犹是。夫同种之国，孰能表东海者，此易知也。"看来，这位书生还没有完全从书斋里面走出来，不但食古不化，而且还有点儿迂气在身。

推寻国性，识汉、虏之别

1895年初春，被孙逸仙派到上海活动，伺机召集同仁回广东参加武装起义的陈少白，与恰巧住在洋泾滨全安客栈的康有为、梁启超等人，不期而遇。

康有为师徒数人是进京参加会试的，路过上海，陈少白是知道孙逸仙早就想将他们纳入到反清阵营里来的，于是便前去登门拜访康、梁二人。陈少白首先介绍了兴中会的一些行动纲领，又将孙逸仙的政治观点向他们做了较为详尽的解说。陈少白最后向康、梁二人明确表示："如今中国已经走到了悬崖峭壁边，满清王朝也已经完全腐朽，气数已尽，真正到了非变革不可的时候了！"

康有为等人只是频频点头，而不明确向陈少白表示自己的政治态度，谈了几个钟头，也不得要领，陈少白只得怏怏告退。

同年四月，丧权辱国的《马关条约》在日本马关签定，中国除丧失了包括台湾岛在内的大片国土之外，还赔偿日本帝国军费二亿两白银。消息传到北京之后，举国哗然，北京的城门上竟被人写上了"万寿无疆，普天同庆，三年败绩，割地求和"的对联。

十八省用公车送到京城参加会试的举人，在康有为、梁启超的倡议下，一千三百人齐聚北京城外的松筠庵举行集会，反对与日本议和，并且上书光绪皇帝要求"拒和"、"迁都"、"变法"，这就是著名的"公车上书"。但是请求都察院代为转呈光绪皇帝的疏文，被压在了都察院，并没有转呈给光绪皇帝。

而这时，孙逸仙领导的兴中会在广东的武装行动已经如同利箭在弦，控弦待发了。

经过紧张的准备，孙逸仙领导的第一次武装暴动，于是年下半年在广州展开，由于事机不密，起义军尚未潜入市区，就被两广总督谭钟麟派兵一网打尽。

已经加入了康有为发起的强学会的章炳麟，于1897年初应汪康年、梁启超之邀，离开诂经精舍前往上海，任职于时务报馆，这位从书斋里走出来的书生开始睁大眼睛观察世界，从此，逐渐地走上了政治舞台。

到了上海不久，章炳麟从西人所办的报纸上面，读到了孙逸仙蒙难伦敦的消息，他向梁启超打听道："孙逸仙究系何许人也？"

梁启超回答道："此人蓄志倾覆朝廷，主张革命，陈胜、吴广之流罢了。"

章炳麟道：“如果孙氏真的主张革命，那就不必计较他的人品高下了。”

好景不长，维新运动也只维持了百十来天，就在以慈禧太后为首的保守势力的镇压之下，宣告失败。谭嗣同、康广仁等六人被清廷捕杀，康有为、梁启超为了躲避清廷的缉捕，亡命海外。章炳麟亦被牵连在内，为了躲避牢狱之灾，章炳麟渡过台湾海峡，逃到了日本占领下的台湾暂栖其身。不久，这位喜动不喜静的书生又乘海轮前往日本游历。在横滨的一个朋友家中，章炳麟碰巧遇见了那位大名鼎鼎的孙逸仙，他俩彼此仰慕已久，顿时一见如故。孙、章都是有志之士，三言两语之后，便谈到了排满复国的方略上，性情中人说起话来都很直率，初次会面两个人谈得就极为投机，大有相见恨晚之叹。

国内的事端渐渐平息之后，风声也就没有那么紧了，1899年5月，章炳麟离开日本返回上海。此时，他的发辫已经剪去，所以不时地会受到惊扰。1901年初，章炳麟返回余杭老家过春节，刚至家中不久，就有人奔来报信：“官府中人已经追踪而至矣！”情急之中，章炳麟只得逃到了一座寺庙里，在禅房内躲了十来天，待到风声稍缓，他才乘船回到了上海，前往章炳麟的寓所慰问的友人宋恕劝说道：“当今之世，全无公理可言，君不闻明哲保身乎？”

章炳麟不以为然地说道：“我将发辫都抛诸东海了，事已至此，还有什么好说的！”

宋恕笑道：“阁下不过是一介书生，却想倾覆满人的三百年帝业，岂不是不自量力？我看，这大概是明室的遗老魂魄缠上了贵体所至吧！”

宋恕见章炳麟笑而不答，转而又建议道：“苏州东吴大学正在招聘教员，这是所教会学校，阁下到那儿去栖身，我看倒是蛮不错的。”

章炳麟深以为然，与其这样一夕数惊地躲避清廷的缉捕，倒不如找个安稳的地方先待着，然后再作打算。时过不久，他便应聘于东吴大学，赴苏州教书去了。

到了苏州，自然要到俞宅的春在堂去向老师请安，一见到章炳麟，崇尚三纲五常的俞樾马上就板起了脸，声色俱厉地责问道：“听说你跑到台湾去了，你小子要当隐士，不事科举，竟然玩起了梁鸿、韩康们的那一套！台湾现为日本人所占，你小子背弃父母的庐墓跑到异域去，是不孝！

而且你还屡出犯上之言，是不忠！不忠不孝，非人类也，小子鸣鼓而攻之可也！"

章炳麟见先生督敕甚严，只得忍住满心的恼火，辩解道："弟子是以治经就教于先生的，今日所传之经学，其渊源在顾炎武，顾公苦心为此，正是欲使国人推寻国性，识汉、虏之别，先生，您怎么能以靦颜事虏之辈来期望弟子呢？"

见这小子非但不伏地认错，竟然还喋喋不休地狡辩，俞樾登时被气得脸色发白，摆着手连声说："轰出去，轰出去！"

回到住处之后，章炳麟一想起白天在春在堂谒见老师的事，心里就感到窝火："先生往日在与人交往的时候，从没有发过这么大的脾气，先生系海内大儒，治经宗师，所览典籍图书难以计数，戎狄豺狼之说，岂有不知道的！今天老人家怎么为满虏辩护起来了？难道他还想出仕为官，或是食满虏的廪禄？"

他转念又一想："先生系一介贫儒，如今又已是风烛残年，我等壮年之人在外面纵横蹦跳与满虏周旋，尚且被清廷的爪牙撵得东躲西藏，一旦我等惹出事来，缇骑临门，一个皓首老儒如何能够应付得了？罢了，罢了，从此我与他划清界线，这样一来，凡是我的事以后就不与他相干了，让先生清清净净地安度晚年吧！"

于是，章炳麟在灯下展纸提笔起来，没一会儿就写出一篇贬多于褒的启事来，以示从此与俞樾分道扬镳，各行其事，从此不再存有师生之分。这篇名为《谢本师》的启事，后来发表在《民报》第九号上面，在反满人士当中引起了一片称颂之声。

章炳麟在东吴大学教了大约一年书，这位率性之人每临课堂，必以种族大义启示学生，章炳麟惊世骇俗的言论，在学生当中引起了极大的反响。有一次，他竟出了一道名为《李自成、胡林翼论》的论文题目，此种胆大包天之举，使闻者无不惊诧失色，江苏巡抚恩铭听说此事之后，立即派遣得力干员面见东吴大学的西人校长，严词指出："据报，现有乱党章某借贵校煽惑学生作乱，盼能协助捉拿归案，以肃纲纪！"

章炳麟闻讯之后，只得拔脚逃往上海，从吴淞口出海，东渡日本，再一次过起了流亡生活。

在横滨，章炳麟再一次遇见了孙逸仙，此时，孙逸仙亲自培养起来的革命势力已经有了很大的发展,恰巧自立军首领唐常才的部将秦力山也来到了横滨,孙逸仙特地在中和堂宴请章炳麟和秦力山,当章、秦二人被孙逸仙延请至中和堂的阶下时,军乐声大作,在中和堂内聚集的一百多名革命党人纷纷起立,热烈欢迎这两位来自国内的反清志士。

从此,章炳麟和孙逸仙为了推翻清王朝这个共同目标,长期战斗在一起,他们之间既有愉快的合作,也时有争吵,但是,他们的共同目的始终是一致的。

1903年,章炳麟在上海的外国租界内从事反清活动,为了从舆论上打击清王朝,他为邹容所作的反清作品《革命军》作序,并且与邹容等人一道在《苏报》上面发表反清言论,引起了清王朝极大震撼,美国领事馆应清朝廷之请,派出中西捕探逮捕了章炳麟等五人,未经讯问即关押入美租界四马路的老捕房,随后又查封了《苏报》。邹容闻讯之后自动到案,昂然入监。这便是震惊海内外的《苏报》案,经此一案,章太炎的名头传遍了全国,同时,他也从此成了革命党人中的翘楚。

克绍箕裘

东南第一长联

俞樾的夫人系长其一岁的表姐姚文玉，也就是他素所敬重的舅舅姚平泉的女儿，道光十九年，在长辈的操持下，俞樾与姚文玉喜结良缘，俞樾与姚夫人育有两儿两女，长子绍莱，次子祖仁；长女锦孙，次女绣孙。

俞绍莱年未弱冠即应科举，同治三年秋，绍莱与河南府太守樊玉农的长女成婚。

同治十二年正月，同治帝亲政，这位身处艰难时世之中的君主，为了稳定民心，首次行使皇权便颁布了大赦诏书。四月间，时任山东大名府同知的俞绍莱上书朝廷，为蹉跎了大半生的父亲求封一个二品封典，没过多久，竟然天如人愿，俞樾得了个二品封号，姚夫人则为二品诰命夫人。

自从中州罢官南归之后，俞樾以获罪之身，在悒郁中挨过了数十年的光阴，如今居然能够重沐圣恩，也就难怪这位老人在接到皇帝的诰命时要感激涕零了。在姚夫人生日那天，俞樾与姚夫人都穿上了二品命服，向端坐在堂上的姚太夫人行礼，并且陪伴着那位年逾古稀的老祖宗，兴致勃勃地玩乐了好一会儿。

长女锦孙所嫁之家颇为显赫，是当年与俞樾同馆的翰林王凯泰之子王康候，那位表字补帆的翰林比同年俞樾的官运要好得多，后来竟当上了福建巡抚。王凯泰为官颇得其道，他曾经说过这样一番话："居官之道，清、慎、勤而已，惟俭也，故清而不瞭；惟明也，故慎而不葸；惟简也，故勤而不烦，是三者，清、慎、勤之本也。"次女绣孙嫁给了杭州的武林望族之后许子原，许子原后来官至苏州太守。

绍莱曾任北运河同知，光绪七年，逝于任所天津，无嗣续后。俞樾的次子祖仁自幼就体弱多病，学业不继，也就难应科举。用俞樾的话来说也就是"以心疾废事"。祖仁就婚于姚氏，生子陛云。俞樾曾经在浙江按察使署看见一副楹联："看阶前草绿苔青，无非生意；听墙外鹃啼雀噪，恐有冤民。"

猝读之下，俞樾大为感叹，在心中将此联表达出来的意蕴，推为仁人之言，陛云将来总是要做官的了，当官就要勤勉王事，为小民做主，于是，俞樾又提起笔来，依着那副楹联的意思，为陛云起了个"阶青"的表字。

同治八年，彭玉麟寓居诂经精舍，自从与诂经精舍的山长俞樾相识之后，交往日益密切，后来竟相约将来以孙辈婚姻为媒，结个通家之好。光绪六年十二月十六日，俞陛云与彭玉麟的长孙女彭见贞结婚，彭玉麟亲自将孙女从湖南送至苏州的俞第，老朋友的这么一番情意，真是让俞樾感激不已。

彭玉麟去世后，清廷为他的饰终之典甚隆重，并在西湖为他建立专祠。祠联由俞樾撰写，长达三百三十四字。此联为曲园平生最长之作，也是清代著名长联之一。联云：

伟哉斯真河岳精灵乎！自壮年请缨投笔，佐曾文正创建水师，青燐一片，直下长江，向贼巢夺转小孤山去，东防歙婺，西障溢当，日日争命于锋镝丛中，百战功高，仍是秀才本色，外授疆臣辞，内授廷臣又辞，张林泉猿鹤，作霄汉夔龙，尚书剑履，回翔上接星辰，少保旌旗，飞舞远临海，虎门开绝壁，巉崖突兀，力扼重洋，千载后过大角炮台，寻求遗迹，见者咸肃然动容，谓规模宏阔，布置谨严，中国诚知有人在；

悲夫今已旅常俎豆矣！忆畴昔倾旧班荆，藉阮太傅留遗讲舍，明镜二潭，勤营别墅，从珂里移将退省庵来，南访云栖，北游花坞，岁岁追随到烟霞深处，两翁契合，遂联儿女因缘；吾家童孙幼，君家女孙亦幼，对桃李秾华，感桑榆暮景，粤峤初还，举步早怜樊壁，吴阊七至，发言益觉，鸯水遇归桡，俄顷流连，便成永诀；数日前于右台仙馆，传报噩音，闻之为潸然出涕，念风物不殊，琴歌顿杳，老夫何忍拜公祠。

梁羽生品评此联曰："俞曲园是站在清廷这边立论的，但撇开'观点与角度'不谈，此联洋洋洒洒，却是堪称以文为联的代表作。"

德清历史上的第一位"探花"

因为陛云父亲祖仁的身体一直不好，俞樾便亲自担当起了教授孙子以儒术的责任，在这个聪颖的孙子很小的时候，俞樾便给他开了蒙。光绪十年，俞樾不顾年事已高，亲自送陛云回原籍德清应县试，应完了县试又至湖州应府试。一路上以船为家，舟居达两月之久，船家因慕其为当世儒宗之名，索题联额一幅悬于船舱内，俞樾挥笔为船家写了四个字：六旬泛宅。

到了第二年，俞樾仍乘此舟送陛云至湖州应学院试，又在泊于岸边的舟中住了个把月，俞樾见上次所书的联额仍然悬于舱内，虽然纸色已经有点泛黄，但仍完好无损。前两次浮舟来浙，先应县考，后应府试，陛云迭战迭捷，博了个县考第二，府试第一，一想起上次应试的光景，俞樾的心头真是乐滋滋的，兴之所至，他又为船家写下一联：昼夜六时大安乐，翁孙两月此句留。

第二年的四月，录有中榜名单的红案一在学宫门下悬出，便传来了佳讯，陛云院试得售，取得了生员的资格，从此可以秀才的身份入学游泮了。俞樾闻讯后，真是喜不自胜，这位老儒少不得要赋诗以示庆贺，其所赋诗入的是"昆"字韵，一时门生故旧中步其诗韵和诗趋之若鹜。其中也有用"玉"和其诗的，有读诗者论道："《千字文》中有载'玉出崑冈'，是崑而非昆，也就是《尚书》中所言：'火炎崑冈'，此字亦从

乐静公於清光绪時在
京什刹海主子重印付
剞见保存之平

俞陛云出行照

山，不得作昆也。"俞樾以训诂大家的目力解释道："《盐铁论·力耕篇》中有云：'美玉珊瑚出于昆山，珠玑犀象出于桂林'，则玉出昆三字，正自有本。"

虽然这位老人在这里表现出来的认真态度，难免会给人以有计较之嫌，但从这里面折射出来的他对孙子的钟爱和期望，亦可略见一斑了。

可以说是捷报频传，俞樾六十五岁的时候，陛云赴省城杭州应乡试，三场考毕，下得场来回寓静候。待到重阳放榜，报子一路嚷着来报喜，陛云竟得了个中式正榜，而且还是这次浙省乡试的第二名。

斩将过关，终于捱成了举人，少不得还要再接再厉，蟾宫折桂方才称得上是儒林好汉。光绪十五年，陛云与妹夫宗子戴一同赴京应会试，这一次就没有像上几回在省里应试时那样幸运了，陛云和宗子戴均铩羽而归。沂水籍考官刘次方是俞樾的仰慕者之一，曾经说过："荫甫前辈，文学冠于一时，久以未得读其著述为憾。"

陛云乡试的朱卷曾经刘次方之眼，刘次方对此卷有"笔气疏爽，潇洒出尘"之誉，这次己丑会试，刘次方也是会校朱卷的考官之一，在阅卷时，他发现有一份朱卷的文笔与他人相比迥然不同，给人清尘脱俗之感，刘次方禁不住对阅卷诸君道："此卷必是俞君陛云所作！"

刘次方又检出浙江省应会试者的三份朱卷，与此卷一并荐呈给阅卷总裁之一的尚书潘伯寅。及至填榜，刘次方发现作那三份卷子的应考者的名字赫然在目，而唯独遗落下了此卷，后来，刘次方查看了这份荐卷应考者的名字，果然如其所度，正是浙省德清的俞陛云所作。

也许是此时俞陛云和宗子戴的文运欠佳，朱卷都已经推荐到了礼部尚书潘伯寅处，但是两卷都因为中式的名额已满，不能够入榜而作罢，陛云的朱卷上的批语为"惜之"，宗子戴的朱卷上的批语是"惜哉"。

在京师充任京官的门生徐琪就此事写了一封信给俞樾，他在信中将这段事的前因后果细说了一番，阅信之后，俞樾懊伤不已，愁怅万分地赋诗道："惜之一叹惜哉又，恼乱尚书老郑庵。"

俞樾也算称得上是长寿的了，人到了老年经历的事相应也就多一些，因此往往痛苦也比常人多了好几分。自从长子绍莱于光绪七年故去之后，第二年次女绣孙继其兄之后亡故，到了光绪十六年，女婿王康候逝于盛年，光绪二十年，正值华年的孙媳彭见贞也亡故了。十来年间，俞宅连遭无常光顾，真是令俞樾的老怀哀伤，他自谓道："鳏寡孤独一家俱。"

光绪二十四年，陛云赴京师应礼部会试，在苏州俞宅春在堂的窗前翘首北望的俞樾，终于盼来了好消息，先是会试中式，这位俞氏后人又在殿试中名列第一甲第三名，以探花及第，这是德清历史上的第一个探花。邑中曾经出过状元蔡启尊、蔡升元，榜眼胡会恩、徐天标，如今俞陛云又以探花及进士第，小小的德清县居然"三鼎甲"俱备，这个逸闻顿时轰动了儒林，成了他邑县尊称羡不已的事儿。真是"一士登甲科，九族光彩新"。

于此家声重振之际，俞樾顿时将心头的忧伤忘了个一干二净，喜气洋洋地赋诗志喜道：

　　　　靘笔才题淡墨香，又听胪唱九天长，
　　　　未符吾邑戌年盛，已放先茔丙舍光，
　　　　梓里补全三鼎甲，棘闱阅历久科场，

微名回溯真堪笑，云路无风鹢退翔。

　　因为陛云之妻彭见贞已经故去，家里又为其迎娶了松江知府许子原女儿许之仙为妻。俞陛云与许之仙先育有三女，在光绪二十六年也就是公历1900年，许之仙又产下了一个男孩，俞家为这个男孩取名为铭衡，字平伯，因其母曾经在梦中望见似有僧人登门化缘，又给他起了个小名：僧宝。1932年9月8日，俞平伯在《戒坛琐记》中写道："四五岁入寺挂名为僧，对于菩萨天王有一种亲切而兼怖畏之感，甚至于眠里梦里都被这些偶像所缠扰，至今未已。这个童年大印象，留下一种对于寺庙的期待。"

　　年届八旬的俞樾大喜过望，以为俞门有后，烟火就此得传矣。铭衡满月的时候，已经当了曾祖父的俞樾，亲自抱着铭衡剃头，并且赋诗一首以记其事。

　　俞平伯在1948年所撰《我生的那一年》一文中这样写道："我生在光绪己亥十二月，在西历已入1900，每自戏语，我是十九世纪末年的人，就是那有名的庚子年。追溯前庚子，正值鸦片战争，后庚子还没来，距今也只有十二个寒暑了。故我生之初恰当这百年中的一个转关，前乎此者，封建帝制神权对近代资本帝国主义尚在作最后的挣扎，自此以后便销声匿迹，除掉宣布全面投降，无复他途了。这古代的机构毁灭了，伴着它的文化加速地崩溃了，不但此，并四亿苍生所托命的邦家也杌陧地动摇着。难道我，恋恋于这封建帝制神权？但似乎不能不惦记这中国（文言只是个'念'字），尤其生在这特别的一年，对这如转烛的兴亡不无甚深的怀感，而古人往矣，异代寂寥，假如还有得可说的，在同时人中间，我又安得逢人而诉。"

　　光绪二十八年六月，时年三十五岁的俞陛云，被吏部简放为四川副考官，奉命典试蜀中。宫门谢恩之后，陛云便于第二日出彰仪门至天宁寺稍事休息，然后踏上横跨在桑乾河上的芦沟桥，拍马西行。此次奉命入蜀公干，费时三月有余。

　　蜀道自古被称为畏途，但一路亦有无限风光，所谓"自向峰顶觅奇观"是也。一路上，陛云不失文人本色，不畏鞍马劳顿之苦，于路亭、茅店、野渡以至山巅沟底屡屡觅得诗材。晚间宿在客栈里的时候，再在烛光下用诗律加以部勒，然后挥毫书于纸上，便成了诗作。一路上如此这般地竟作了许多诗，待到公干已毕，回到京师复命的时候，居然攒下厚厚一叠诗稿，后来他将这些诗作汇集成册，题名为《蜀·輶诗记》。

朴学大师的百年预言

自从陞云以探花及第之后，俞樾便以年事已高之故，辞去了诂经精舍的讲席，在苏州的家里读书赋诗自娱。曲园虽不宏阔，但足以让其颐养天年。俞樾旧时曾撰有一联描述居家的生活状态：园乃其小，山亦不深，颇得真意；食尚有肉，衣则以布，自称老人。老人有时也逗逗曾孙铭衡，拉着这个有着一双灵活大眼睛的孩子，在曲园的花前树下散散步，有一天，他甚至特意让人给自己和铭衡照了一张像。

待到铭衡稍大了一些，许之仙便开始教他读《大学》的章句，到了晚上，俞樾则亲自教铭衡写字，曲园老人的《补自述诗》中曾诗记其事：

> 娇小曾孙爱似珍，怜他涂抹未停匀。
>
> 晨窗日日磨朱矸，描纸亲书上大人。

俞樾还作注云："僧宝虽未能书，性喜涂抹。每日为书一纸，令其描写。"

多年之后，已经成了文化名人的俞平伯在诗中回忆当时的情景道："九秩衰翁灯影坐，口摹笪帖教重孙。"俞平伯回忆道："余于诗未有所受。群经咕哗之暇，日课一对，时有拙言，共引为笑。"还说："我小时候还没有废科举，虽然父亲做诗，但并不让我念诗；平时专门背经书，是为了准备科举考试。在我八九岁时废除了科举，此后古书才念得少了。不过小时候背熟了的书，到后来还是起了作用。"

俞樾先生毕竟老了，终于在光绪三十三年（1907），以八十六岁的高龄走完了人生的旅途，葬于西湖三台山东麓。临卒前作留别诗9首，代讣辞行。据《陶庐老人随年录》记载，俞樾老人去世时的情形非常特殊，在临终前忽然叫取笔、墨、纸，写了九首七言绝句，并说道："今后两百年的国家和世界大势，都在这九首诗中了，第一首是总论，第二、三、四首是前一个100年，后面的五首是后100年。"

这九首诗在抗日战争爆发前后曾广为流传，然而1949年以后，俞樾的这九首诗几近湮没。如今时秩已历第一个百年，兹录这九首预言诗于下，看看有无灵慧之君将这后一百年将要发生的事略解一番。

一

历代成败与兴衰，祸有根苗福有基；
不过循环一甲子，酿成大地遍疮痍。

二

无端横议起平民，从此人间事事新；
三五纲常收拾起，一齐都做自由人。

三

才说平权便自由，谁知世界起戈矛；
弱者之肉强者食，膏血成河满地流。

四

英雄竞逞各图强，各自分封各自防；
道路不通商贾绝，纷纷海客整归装。

五

大邦齐楚小邾滕，百里提封处处增；
郡县穷时封建起，始皇废了又重兴。

六

几家玉帛几家戎，又见春秋战国风；
叹息当时无管仲，茫茫劫运几时终？

七

蜗触蛮争年复年，天心仁爱亦垂怜；
六龙一出乾坤定，八百诸侯拜殿前。

八

人间从此又华胥，偃武修文乐有余；
壁水圜桥观废礼，山岩屋壁访遗书。

九

天地原来张弛弓，略将数语语儿童；
悠悠二百余年事，都付衰翁一梦中。

俞樾的这9首诗意因与后来一段时期的社会状况有模糊暗合之处，引起了不少人的关注。1928年，应俞平伯之请，陈寅恪为俞曲园的《病中呓语》写了一篇跋。原文还刊载在一九三二年三月五日出版的《清华周刊》上。陈寅恪在这篇"跋"中写道：

左起：俞平伯、俞樾、俞陛云

曲园先生病中呓语不载集中，近颇传於世。或疑以为伪，或惊以为奇。疑以为伪者固非，惊以为奇者亦未为得也。天下之至赜者莫若人事，疑若不可以前知。然人事有初、中、后三际（借用摩尼教语），犹物状有线、面、体诸形。其演嬗先后之间，即不为确定之因果，亦必生相互之关系，故以观空者而观时，天下人事之变，遂无一不为当然而非偶然。既为当然，则因有可以前知之理也。此诗之作，在旧朝德宗皇帝庚子辛丑之岁，盖今日神州之世局，三十年前已成定而不可移易。当时中智之士莫不惴惴然睹大祸之将届，况先生为一代儒林宗硕，湛思而通识之人，值其气机触会，探演微隐以示来者，宜所言多中，复何奇之有焉。

尝与平伯言："吾徒今日处身於不夷不惠之间，托命於非驴非马之国，其所遭遇，在此诗第贰第陆首之间，至第柒首所言，则邈不可期，未能留命以相待，亦姑诵之玩之，譬诸遥望海上神山，虽不可即，但知来日尚有此一境者，未始不可以少纾忧生之念。然而其用心苦矣。"

钟离意别传略云："意为鲁相，孔子教授堂下首悬瓮中素书，文曰，后世修吾书董仲舒"。所言记名字，失之太凿，不可必信。而此诗末首曰："略将数语示儿曹"。然则，今日平伯之录之诠之者，似亦为当时所预知。此殆所谓人事之当然而非偶然者欤？

今世，有一位名为"孤独壹人"的隐士是这样解读这九首预言诗的，姑妄录之，以助索骥者灵光一闪。

因为中国在清朝灭亡后，历法改变，民国时期用民国纪元。民国纪元实质上就是西历纪元，只不过其年份是从民国成立的那一年算起。解放以后更是直接照搬了西历纪元。然而中国老百姓一直没有忘记中国的传统历法，也就是老皇历。这样一来中国老百姓每年都过两个年，一个是阳历新年，也就是现在人们常说的"元旦"；另一个就是皇历新年，即现在常说的"春节"。民国以来的近一百年，中国人实质上过了近两百个年。这样就可以知道，九首诗预言的是清朝灭亡后的一百年里的事情，其中第一首是总论，第二、三、四首是前50年，后面的五首是后50年。下面再来看看这九首预言诗。

第一首诗，正如俞樾先生所言"第一首是总论"，其中开篇就讲明成、败、兴、衰、祸、福皆有原因，万事万物都在一种特定的循环之中。其实按佛家讲就连过去的宇宙都在"成、住、坏、灭"之中，那么人间的王朝、政权更迭自然也都有其规律。而且善恶到头终有报，随着人越来越不信神，越来越背离古老的道德人伦，人的业力也越来越大。因为宇宙走到了"成、住、坏、灭"的最后，再加上人也变坏了，道德败坏，业力变大等因素，导致了人间将要出现巨大的灾难。

关于以上论断，"孤独壹人"心里也没有底，他最后说："今日，晚辈小子不才，斗胆略解俞樾先生临终预言诗，以供读者一观，全做抛砖引玉之用，我之所解全为个人观点，如有疏漏及不妥之处，恳请大家不吝赐教。"

时光荏苒，距这几首扑朔迷离的诗问世已经将历百年，如读者中有索隐爱好的，不妨步"孤独壹人"隐士之后尘，对曲园老人的这九首预言诗索隐一番，撷诗中所含之微言大义，乃至历史密码，以飨后来者，岂不是功在当代，利在后世？

俞樾先生是位通达之人，生前便给自己写下了挽联：

> 生无补乎时，死无关乎数，辛辛苦苦，著二百五十余卷书，流播四方，是亦足矣。

仰不愧于天，俯不怍于人，浩浩荡荡，数半生三十多年事，放怀
一笑，吾其归乎。

　　清末经学家孙诒让，同治六年举人，五应会试不中。官刑部主事，
旋归不复出，专攻学术，精研古学垂四十年，融通旧说，校注古籍，著书
三十余种，被誉为有清三百年朴学之殿，其作《哀世丈俞曲园》挽联云：

　　一代硕师，名当在嘉定、高邮而上，方冀耄期集庆，齐算乔松，何因
梦兆嗟叱，读两平议遗书，朴学销沉同堕泪；
　　卅年私淑，愧末列赵商、张逸之班，况复父执凋零，半悲宿草，今又
神归化鹤，拈三大帙手墨，余生孤露更吞声。

　　斯联斯人，敬而崇之。在这位国学泰斗告别了人世之后，神州大地越
发动荡不安了，同时历史也慢慢地翻开了新的一页。
　　在一次又一次武装起义的打击之下，内外交困的满清王朝像一只日益
衰弱的老虎，伏在地上痛苦地呻吟、喘息着，眼看就要寿终正寝了。1908
年，初冬的头一股寒流袭击北京的时候，光绪皇帝在幽禁他的瀛台涵元殿
含恨辞别人世。慈禧太后传懿旨立醇亲王载沣之子溥仪为帝，醇亲王载沣
以摄政王的身份担纲监国，同时改次年年号为“宣统”，这一年溥仪刚刚
只有三周岁。也许是巧合，光绪驾崩后的第二天，慈禧太后这位王朝的铁
腕人物，也在清宫中的仪鸾殿撒手西去。
　　1910年4月21日，檀香山的《广告者报》发表了一篇记者对孙文（逸
仙）的访谈录，这篇文章里写道：“孙博士相信，彻底改变庞大的中华帝
国政体的时机已近成熟，他判定，并且明确指出，满洲王朝正在削弱，在
很有限的几年内，……在王朝宝座的废墟上，孙博士希望看到，建立一个
共和政体。”
　　时隔不久，孙文就以百折不挠的精神，开始筹划广州起义，这已经是他
亲自组织的第十次武装起义了，历次起义失败的经验提醒他，战前的准备工
作务须周密，容不得半点疏漏。首先，他在香港跑马地35号设立了统筹部，
由黄兴与赵声分别担任正副部长，胡汉民为秘书长。孙文由于有殖民当局针
对他的驱逐令，不能进入香港，便亲自前往海外的各大华侨聚集地筹款，不

久就筹得了二十万元的军费，为武装起义打下了厚实的物质基础。

但是，这次准备周密的武装起义，还是被干练的两广总督张鸣歧镇压下去了。

这次广州起义，是孙文组织的最大一次起义，也是牺牲人数最多的一次，喻培伦、林觉民、方声洞等人都在这次起义当中牺牲，事后，《平民报》主笔、同盟会员潘达微冒着生命危险，动员慈善机构，将牺牲的七十二位烈士安葬在东城外的红花岗。等到烈士的遗体都妥善地掩埋入土，热泪满面的潘达微忽然想到，忍寒耐霜的澄黄秋菊不是比娇艳的红花，更能体现出烈士们百折不挠的风骨吗？于是，他提笔将面前的这座小山岗改名为黄花岗。

后来，孙文在评价这次壮烈起义的时候，曾说："是役也，碧血横飞，浩气四塞，草木为之含悲，风云因之变色，全国久蛰之人心，乃大兴奋，怨愤所积，如怒涛排壑，不可遏抑，不半载而武昌大革命以成。"

广州起义失败的消息传到了湖北，原本准备在武昌起来响应的同盟会外围组织共进会，立即在武昌胭脂巷的秘密机关里召开了紧急会议。在这次会议上，孙尧卿、焦达峰等人提出承接广州起义的余威，联络湖北的新军，在武昌进行一次大起义，他们的建议得到了与会的居正和共进会军事部长孙葆仁等人的赞同。他们决定和武昌的另一个反清团体文学社联合起来，组成一个共同的起义领导机构。

文学社的领导人是蒋翊武，他完全同意共进社提出的建议，不久，这两个反清组织成立了以蒋翊武为临时总司令、孙葆仁为参谋长的起义指挥机构。

1911年10月9日晚上，武昌城内的新军第八镇工程营的营房内发出一阵杂乱的脚步声和吵闹声，紧接着传出一声枪响。

随着这一声清脆的枪声，载入中国历史的武昌起义爆发了，这次起义的准备工作并不充分，在进行过程当中又屡出差错，但结果却出乎人们的预料，其中的原因在于，满清王朝这座统治大厦已经彻底腐朽，终于在革命斗士们掀起的再一次反抗怒潮的冲击下，开始分崩离析、轰然倒塌。起义军迅速攻占了武汉三镇，于11日成立了湖北军政府，改国号为中华民国，新军第二十一混成协协统黎元洪，被急于找到一位有名望的领袖的起义者们推举为都督。

在湖北军政府的急电邀请下，孙文的同志黄兴乘江轮赶到战火纷飞的武昌，被军政府任命为革命军总司令，担负起率领起义军抗击袁世凯麾下清军猛烈反扑的重任。

武昌起义成功，给了全国的反清力量以极大鼓舞，在不到两个月的时间里，陆续已有十五个省份宣布与清廷决裂，成立了独立的军政府。

12月25日，刚刚光复了一个多月的商埠上海又迎来了新的一天，天还没有透亮，十六铺的金利源码头上，就挤满了人群，从前一天就下起的蒙蒙细雨，到了此时还没有停息的意思，仍然在细密地下着，人们的情绪丝毫没有被这如织的细雨所干扰，纷纷怀着兴奋的心情，引颈朝着雾气弥漫的吴淞口方向张望。

"来了，来了！真的来了！"

在码头上等待的人群沸腾起来，军乐队的鼓号齐鸣，奏出的西洋军乐声顿时冲霄而起，声遏行云。

巨大的英国邮轮"地湾夏"号在沪军都督府派出的军舰"建威"号护卫下，从吴淞口方向冲破浓雾，朝着黄埔江边的金利源码头破浪驶来。

这时，军府政府的要员和各国领事、国内外的记者都走上了码头的碰船上，"地湾夏"号巍巍地朝码头靠来，人群中忽然发出一声惊呼："孙中山，快看，中山先生出来了！"

孙义从船舱里走出来，仪态和霭地登上了船楼，他身穿黑色的礼服，头戴一顶罗宋帽，在料峭的江风中，挥动手臂，朝着岸上欢迎的人群频频致意。

在江岸上放列的山炮，连续轰鸣二十一响，以国家元首的礼节，向这位为了推翻专制统治奔波了几十年的革命家致敬。

四天后，已经宣布脱离清王朝的十七省的代表聚集南京，在黄兴和宋教仁等人主持下进行了总统选举，孙文以十六票的绝对多数，当选为临时大总统。当宣布过选举结果之后，会场上立刻欢声雷动，代表们纷纷起立，连续同声高呼"中华民国万岁"，军乐队也肃然起立，高奏军乐以示庆贺。

1912年1月1日，孙中山乘坐沪宁铁路专车，在胡汉民和外国顾问荷马李等人的陪同下，由上海赴南京。

下午五时，专车抵达南京下关火车站，停泊于江面的军舰和狮子山炮台，同时鸣礼炮二十一响，以示敬意。这时的南京城一片欢腾，到处张灯结彩，许多道路上还建起了五彩牌楼，人们拥到大街的两旁，争着一睹共和国第一任总统的风采，可谓万人空巷，极一时之盛。

孙中山头戴军帽，身穿黄呢军服，步出火车，登上扎着彩绸的四轮马车，在骑兵的护卫下，穿过石城的大街，在夹道欢迎民众的欢呼声中，朝着由江宁总督府改作的总统府驶去。

当晚11点钟，庄严的就职典礼在总统府举行，总统府内的大公堂布置得庄严而又不失奢华，堂内坐满了各省的公民代表和海陆军的代表。当孙中山在黄兴等人的陪同下，健步走上主席台的时候，刹那间，从台下爆发出了震天动地的"中华民国万岁"的欢呼，军乐队奏出的雄壮的军乐伴随着欢呼声，打破了石城沉默的夜空，在钟山脚下的这座古城上空，久久地萦绕回荡。

由十七省公民代表推举出的山西代表景耀月走上主席台，他向全体到会人士汇报了选举情况之后，心情激动地说："今日之举，为五千年历史所没有，我国民所希望的，就是成立共和政府和推倒满洲专制政府，使人人得享自由幸福。孙先生为近代革命创始者，富有政治学识，各省公民选定后，今日任职，愿孙先生始终爱护国民自由，毋负国民的期望，现在请大总统向全国国民宣誓，以示至诚！"

孙文朝前走了两步，肃穆地举起了右手，向全场大声宣述誓词："颠覆满洲专制政府，巩固中华民国，图谋民生幸福，此国民之公意，文实遵之，以忠于国，为众服务，……，谨以此誓于国民！"

孙文话音刚落，台下立时爆发出一阵热烈的掌声，向中国的第一位共和国临时大总统祝贺，景耀月双手将大总统印绶授予孙文。

胡汉民将已经拟好的《临时大总统就职宣言》放到孙文面前的案台上，孙文当即启用印绶，将鲜红的总统大印加盖在这纸宣言的右下角。

就职典礼结束之后，代表们纷纷上前握住孙文的手表示祝贺，孙文思绪万千地对面前的代表说："这里原来是当年的天王府，今天距太平天国失败已经有半个世纪了，我们一定要发奋努力，好好地巩固民国，千万不要重蹈前辈英豪的覆辙。"

孙文边说边向大公堂的门口走去，礼送代表们走出会场，景耀月对孙文劝说道："孙先生，请留步吧，您现在毕竟是我们中华民国的大总统了。"

孙文微笑着说："我是人民的公仆，诸位是人民的代表，也就是主人，我理当送诸位到大堂台阶之下。"

从这位刚就职的大总统的话语里，代表们真切地感到自己选出了一位朴实无华的平民总统，这正是他们和他们所代表的国民热切期望的。

1911年，俞陛云出任浙江图书馆馆长。陛云在铭衡八岁的时候便开始教他对对子，稍长，陛云又将他送到上海的亲戚家里学习英文和算术。以此观来，陛云还是蛮开通的，这位前清探花在时事的影响下，难免会有这样的想法：新的时代开始了，也确实应当让将要走向未来的后辈学一些新的东西。1915年，俞平伯十五岁那年，陛云先生将他送进苏州的新式学堂——平江中学读书。从此，这位儒门子弟在被时人视为洋学堂的学校里，开始接受从欧洲传入中国的新式教育。

第六章

一方明月可中庭

◎

东华门箭杆胡同

俞平伯在苏州平江中学只念了不到一学年的书，就于是年，也就是1915年的秋天，孤身北上，负笈京华了，这一年他刚好十六岁。

作为一个文学世家的苗裔，自然还是要在祖辈探掘索微过的文学上历练，于是，俞平伯这个江南学子的名字，出现在了北京大学中国文学门的录取名榜之上。

陛云先生大概是有感于庭中少了僧宝的谑笑，而许夫人的心中自然少不得要牵挂儿子，恰好此时北地有函来招，聘其入北京清史馆任提调，编写逊清史籍。于是将那座已经显得有点颓败的曲园托付于人，合家束装入京，卜居于北京大学不远处的东华门箭杆胡同。

许夫人初居北地，不免要得点思乡之恙，其兄许引之（汲候）为逊清旧僚，此时正率其全家寓居天津，许夫人为了聊解乡愁，便带着俞平伯登上火车前往天津，走亲戚去了。

其时，许引之的家还在天津河北的三马路，许公馆体面而又宏敞，正适合许氏夫妇和他们那一大群天真活跃的公子和小姐们居住。除了大表姐许宝驯因为已经与俞平伯订了婚，要遵"放定"之后便要与未来的官人不得碰面的闺门规矩，避往后宅的深闺之中外，其余的表兄妹们没过片刻工夫，便与俞平伯打得火热，尤其是那个小表弟许宝骙更是缠着这位刚从南方来的表兄，问东问西，形影不离。

许宅中还寄居着两位亲戚的子侄，一位是表兄王肇祥，一位是许家的族侄孙以栗，许宅的长子许宝驹和俞平伯与这两位年龄相仿，于是这四位小学士便互相唱酬应答起来，意趣颇为相投。

俞平伯见侪辈文思敏捷，妙语如珠，钦佩之余，岂甘示弱，也倾胸中才情以应，他在和孙以栗的赠诗中便有了"豪气纵横挥笔陈，未遑答和益惭惶"这句似守实攻的妙答。

俞平伯这位偏居江南十余载的儒门世家子弟，一朝得录京城最高学府之学籍，书生意气充盈胸间，文胆也渐渐地壮了起来。他见小表弟宝骙手中执有一柄玳瑁骨折扇，折扇的做工精美绝伦，扇面的一面用工笔绘有枝条婀娜、花叶清丽的石榴花，另一面却雪白如故，似乎在寂寞待主。

俞平伯从宝骙手中取过折扇，擎在手中把玩了片刻，不禁技痒难挨，将那柄折扇摊放于书桌之上，命宝骙磨墨伺候，自己揎袖执笔，稍加凝思，便投笔于墨池之内，将羊毫舔饱，笔走龙蛇地在那雪白的扇面上题上一联，粗放的字迹间透露出这位少年书生的意趣和虎虎生气。

俞平伯举起笔满意地瞧了一眼自己的杰作，又锦上添花地在扇面的一角题了个单字名款"衡"，其时俞平伯尚没有以其字"平伯"行世，于信笔挥洒的时候，常常以名与字夹杂题款，来到北京之后，他还自字"直民"，号"屈斋"，大有走上街头顶天立地，躲回书斋又能屈能伸的大丈夫气概，似乎已经颇有一副自主沉浮的肝胆了。

黄季刚的门生

俞平伯入学不久，就得到了名师的指导，这位名师就是大名鼎鼎的黄侃黄季刚先生。说来也巧，这位北京大学的教授便是那位脾气古怪的章炳麟先生的入室弟子。如此一来，若要论起班辈，黄侃恰好高出俞平伯一辈。

提起黄侃做太炎的学生一事，还有一段趣闻。他俩是在日本相识的，这两位都是有名的怪人，年龄相差也不大，那时，黄侃家中资财颇饶，再加上这位仁兄心高气傲，一副富家公子的派头。而章太炎此时似乎世间该玩的都玩过了，什么名士的穷讲究、文人的派头等都不屑再玩了，而是进入化境地玩起了旁若无人、我行我素的高层次的精神玩意儿。

有一次，这两位学林中的金钱豹窄路相逢，不知怎么的相互之间越瞧越不顺眼，于是一言不合便风鼓云动，两相对骂起来，而且越骂越起劲，真是电闪雷鸣，好一场恶斗。不愧是学林中人，相斗之下，也有斯文，也有学问流露和点缀，两个家伙在心中相互掂量了对手之后，不禁都起了惺惺惜惺惺之心，于是，吵骂到了分际处，两个人托地跳至圈外，相互间请教起尊姓大名来。

——原来是章炳麟章太炎先生，久仰！久仰！

——原来阁下就是黄侃黄季刚，闻名久矣！

——得罪，得罪，不恭之处，还望先生海涵！

——哪里，哪里，彼此都是性情中人，适才一幕，阁下与吾可谓文人无行矣！

于是，两位书生禁不住相视一笑，化干戈为玉帛，顿时由针尖对麦芒化为莫逆。

也不知是从骂语中流泄出来的学问令黄侃钦佩，抑或是章先生那豪放不羁的气质的确有魅力，黄侃当下迂气大发，执意要拜章太炎为师，而大大咧咧惯了的章太炎也不十分推辞，便认了这位刚才还与自己吹胡子瞪眼睛的学林剑客为弟子。

后人是很难掂量出这场双雄会之后的这场拜师是否公道，大约这就和武林高手比试武艺一般，外人是很难分出仲伯的，只有两位高手自己才心知肚明，只要章太炎不认为是俯就，而黄季刚不觉得吃了亏，这段公案就是天公地道。

日后，这两位学林大侠便唱酬往来，座谈学问，钻究经史，彼此都很相得，章太炎对这位及门弟子的才学极为赞佩，说："季刚清通练要之学，幼眇安雅之辞，并世未见有比也。"

黄侃对章太炎这位师尊也执礼甚恭，张口必称吾师太炎先生，后来他在北京大学教授国学的时候，对弟子在师礼上的要求也颇为苛刻。有一次黄侃过生日，几位中国文学门的弟子前往黄宅登门拜寿，他们一进黄宅就恭恭敬敬地给黄侃行了三鞠躬礼，哪知寿星见状，顿时勃然大怒："我是太炎先生的学生，我给太炎先生拜寿都是磕头的！你们却给我鞠躬，真真岂有此理！"

听了寿星这么一番怒气冲冲的怪论，弄得那几位乘兴而来的弟子一个个面面相觑，连忙伏地磕头了事。

章、黄之交，大概也算得上是儒林中的一段逸事吧。

黄侃在北京大学开的主要是"文心雕龙"等几门古典文学课，他到校给学生上课时，时常穿一袭蓝缎子团花长袍，黑缎马褂，头戴一顶黑色瓜皮帽，唯于腰间系一条白绸带，确实别有一番气度。

章太炎的另一位弟子周作人论黄侃道："因为他不但是章太炎门下的大弟

黄侃说：胡适之不是真心提倡白话文，否则，何不改名为"到哪里去！"

子，乃是我们的大师兄，他的国学是数一数二的；可是他的脾气乖僻，和他的学问成正比例，说起有些事情来，着实令人不能恭维。"

要想听得懂这样一位先生的课是不容易的，黄侃不仅有乃师之风，而且讲起课来确实艰深晦涩得很。好在俞平伯幼承庭训，于此旧学之道，早已浸淫有日，无论是诗文还是曲赋都已略有涉猎。

黄侃于正课之外，忽然高兴，给满堂的莘莘学子又加授了一点词，黄侃之于填词上的造诣自不待言，作为一个词格与词风的讲授和辨析者来说，首先注重的是教材的选择。黄侃对周济的《词辨》十分推许，盛赞周济独具慧眼，《词辨》中选录历代词作之精，令这位眼光颇高的文学教授赞不绝口。他从《词辨》一书当中选出了二十二首颇具代表性的词作佳构编刻成册，分发给学生们充作讲义。

同时，黄侃又扳着指头开列了一连串的必读书目，这里面讲词的源流的有张炎的《词源》、周济的《介存斋论词杂著》；讲做法的有万树

的《词律》、叶申芗的《天籁轩词谱》；词家的选本则有张惠言的《词选》、董士锡的《续词选》、周济的《宋四家词选》和《词辨》，还有冯煦的《唐五代词选》和《花间词》、《绝妙好词》。

黄侃不愧是位学问大家，一口气就说出了一连串的书名，而且部部都是精当之作。满堂学子刚刚在红格子的毛纸簿本子上面记录下来，黄侃又缓缓报出数部填词大家的专集来，而且还都是要细细品味、反复琢磨的经典之作，这里面有柳永的《乐章集》、周邦彦的《清真词》、吴文英的《梦窗甲乙丙丁稿》等等。

堂下的俞平伯等侪辈的胸中不禁有些惶惶然，书目虽然简约，但是却得当难改，可谓要言不繁，看来真格要入此书页字海之中浸泽淘洗一番了。

俞平伯心中暗忖道："读者若寝馈于此数书中，欲为词家已绰有余裕矣！"

填词自来是俞平伯的弱项，就是曲园老人的一生所作也是诗赋多过于填词。关于这一点正如俞平伯自己所说："我小时候于词毫无了解，最大的困难为'读不断'。诗非五言定七律，词却不然了，满纸花红柳绿的字面，使人迷眩惊奇，有一些词怎么读都成，也就是怎么读都不大成，这个困难似乎令人好笑，却是事实。"

黄侃于所例举的词家当中拎出来大讲特讲的还是北宋词人周邦彦，不知为什么他对这位一生坎坷的一代词宗特别关注。

周邦彦字美成，浙江钱塘人氏，生逢北宋末年，晚年自号清真居士。周邦彦早年入东京太学为太学生，二十八岁时作长达七千言的《汴都赋》进献宫门，因而受知于神宗，从诸生一擢而为太学正，从此走上了仕途，在浮世里几起几仆数十年之后，在六十六岁那年卒于河南商丘鸿庆宫提举任上。关于周邦彦在诗文上面的功夫，楼钥在《清真先生文集序》中说其："乐府传播，风流自命，又性好音律，如古之妙解，'顾曲'名堂，不能自已，人必以为豪放飘逸高视古人，非攻苦力学以寸进者，及详味其辞，经史百家之言，盘屈于笔下，若自己出，一何用功之深而致力之精耶！"

元人沈义父在论及作词时谈道："作词当以清真为主，下字运意，皆有法度，往往自唐、宋诸贤诗词中来，而不用经史中生硬字面，此所以为冠绝也。"

而黄侃则断言:"词中清真可比诗中杜甫。"

这个论点让俞平伯印象很深,尽管他知道这并非是老师的创见,但仍然是时说时新。

黄侃在讲堂上只讲释了三首周邦彦的词,分别是《兰陵王》、《六丑》和《浪淘沙慢》,在这三首词当中,给俞平伯印象最深的还是那首《六丑》——蔷薇谢后作。

客里丧春,惜年华之易逝

秋日的北京是爽燥的,路旁的马樱花已经倦懒得快要萎谢了,在蔚蓝的天空下面飘着的薄云被鸽哨吹散了的时候,俞平伯臂弯里夹着书本,正缓行在北大长而幽暗的廊厅里。这个时候,沙滩的那座著名的红楼尚在建造当中,北大的校本部此时还在景山东街马神庙的四公主府。在这片楼屋衰败,古树荫郁,昏鸦群起的校园内缓行,他的心情已经完全被周邦彦词作所融化,沉浸在了两千年前那春逝如白驹过隙的意境之中,尽管眼下的北京还是暮秋呢。他原先清澈的目光也变得迷茫之中带有些许怅惘了,不由自主地嘴角微微嚅动着吟哦道:

> 正单衣试酒,恨客里光阴虚掷,愿春暂留,春归如过翼,一去无迹,为问花何在?夜来风雨,葬楚宫倾国,钗钿堕处遗香泽,乱点桃溪,轻翻柳陌,多情为谁追惜?但蜂媒蝶使,时叩窗隔。

上阕吟尽,余韵仍然袅袅,虽然并非是齿颊留香的那种风致,俞平伯心里分明感受到了一种难以言喻的浸染力。这首词是周邦彦的自度曲,词格是取各宫调的声律纠合成一曲,使商宫相犯,以增加音律的变化,因为这首自度曲犯了六个宫调,所以谓之"六丑"。

犯调之曲,早已有之,唐人柳永就叠犯宫商,后人为其纂辑的《乐章集》中,就有好几首犯调之作。但如这首《六丑》沉郁顿挫、流珠泄玉般的,却罕有其匹者,黄侃引蒋敦复在《芬陀利室词话》中的评语说:"清真《六丑》一词,精华深妙,后来作者,罕能继踪。"

俞平伯最感兴趣的还是词中流露出来的那种客里丧春，惜年华之易逝，借咏物寄情，发微言以抒大义的意蕴，以如此心态再默诵下阕，俞平伯的心中便有了一种惊心动魄的感觉，回首江南，凝思姑苏城中的寥落故园，尽管他还年轻，胸中难免也要有一种沧海桑田般的感慨吧，他嚅动的唇角定然有如春蚕吐丝般地要令内心感到一阵阵的痛楚。

东园岑寂，渐蒙笼暗碧，静绕珍丛底，成叹息，长条故惹行客，似牵衣待话，别情无极，残英小，强簪巾帻，终不似，一朵钗头颤袅，向人敧侧，漂流处，莫趁潮汐，恐断红尚有相思字，何由见得。

黄侃在讲堂上向莘莘学子们评说道："清真此作法度严密，文思细腻，音律精审，堪称字字珠玑的佳作。"

虽然俞平伯对"诗无达诂"这句评论诗词的遁语也奉为圭臬，但此时却真的被清真居士的这首词作折服了。

黄侃大概因为俞樾是自己的师爷，所以对俞平伯也就有些另眼相看，课堂以外还给这位俞氏传人加了一点"小灶"。

黄侃家中藏有一本郑文焯校刊的《清真词》，也就是为世人所称道的"大鹤山人校本"，这部专集在当时是难得一见的善本，黄侃平时视若拱璧，深藏于书斋之中，寻常是不肯付人一睹的。此时也将此书不吝取出，借与俞平伯研读揣摩。

俞平伯是第一次见到整部的《清真词》，而且这个版本还是著名的善本，不禁心中大喜，终日阅看，爱不释手。大约这种版本的《清真词》确实珍贵，隔了不多日子，黄侃又从俞平伯的手中将这本大鹤山人校勘的《清真词》索要了回去。

还书的时候，俞平伯还很有点舍不得，但是一想到季刚师平日里总是散散漫漫的，世间万物似乎都不以为意，现在却对区区一本书情有独钟，心里知道此事急慢不得，连忙将那本《清真词》包好，准备择个日子，恭恭敬敬地去棉花七条的老师府上，原璧奉还。

尽管黄侃如此郑重地指导俞平伯去研读《清真词》，但是对于初涉词律的俞平伯来说，于个中三昧还是所知不多，用后来他自己的话来说，就是："那时我所赏识的都是周词中极漂亮而又浅显的雅俗共赏之作；换一句话说，即非代表作。"

即使如此，他还是对黄侃在讲堂之上论说的"词至清真乃有其宗，后人为词亦难脱周词之窠"一说，印象甚深。

这一阶段可以说是俞平伯对于词的启蒙时期，后来他对词尤其是周邦彦词的热情达到了痴迷的程度，以至于在这个领域也进行了一番潜心探索。

后来，对清真居士的词作多有阐述的俞平伯，也成了注释研究清真词的一大权威。

虽然黄侃已经仙逝多年，但他所作的"词中清真可比诗中杜甫"的比况，对俞平伯来说一直是记忆犹新，他在所撰《清真词释》的序言中，不无怀念地写道："两宋多少词人，我独选美成的作释，就这点论，不妨说是'受之于师'。"

当然，这都是若干年以后的话头了，当年的俞平伯还是一位少年老成的大学生，读读古人的词作，抑或依着词牌填上几首"临江仙"或是"南乡子"，也不过只是塞责师命，或者为了抚平少年闲愁，遣兴罢了。

当其时也，摆在俞平伯面前的主要节目还是结婚成家这桩人生大事。

天作之合的婚事

家里为俞平伯择定的媳妇是舅舅许引之的女儿许宝驯，这个姑表亲确实是一个天作之合。

宝驯字长环，自幼便生长在北方，她虽然有着江南女子的妩秀，但却说着一口纯正的京腔，故乡的吴侬软语尽管只能模仿着说上几句，但一出昆曲仍然能够唱得字正腔圆。

作为一位生长于书香门第的大家闺秀，宝驯不仅精于女红，而且弹琴、度曲、吟诗、作画样样都能来得，尤其是她在书艺上的功夫，更是令到许宅走动的官绅士人刮目相看。因为两家是亲戚，京津相距也不太远，俞平伯和宝驯虽然没有那种青梅竹马、两小无猜的情缘，但相互之间还是了解的，是否在两家走亲戚的时候有过眉目传情，以至两心相印，就不得而知了，不过这一对姻缘，确实是天设良缘。

许引之字汲候，作为一个累世簪缨的世家子弟，他走的还是那条读书当官的老路，只是有异先人的是他当的是外交官。

光绪二十六年辛丑，许引之出任朝鲜仁川领事，彼时，朝鲜已经在甲午一役当中沦为日本的殖民地，而在甲午一役当中遭受巨创的大清帝国，此时正被浮海而来的八国联军，侵扰得举国震动。所谓弱国无外交，想来这位来自清国的外交官也只能勉力为之了，其时尚处幼年的宝驯，也随赴任的父亲一同入朝，缘机饱览了一番异域风光。

俞平伯十八岁那年，也就是1917年10月31日，北京东华门箭杆胡同的俞宅门前红灯高悬，礼班的吹鼓手高奏迎亲喜乐。

俞平伯按着舅舅，也就是岳父大人许引之的关照，头戴红绒缨帽，胸插金花过顶，大红绸带交叉背胸，身着旧称"蟒袍"的五彩绣服。许引之要佳婿兼外甥如此装扮，大有深意，因为这套行头是清代的大礼服，三鼎甲赐宴游街时就着的是这套华衮。俞平伯既窘迫又兴奋地站在院门内等待着新娘彩轿的到来。

因为是世家子弟，在西风东渐的岁月里，仍然以旧式婚礼成婚也就不足为奇了。宝驯是在双亲的陪伴下进京成亲的，年方九岁的小弟宝骙，也从天津跟了来，有幸目睹了姐姐和表兄的嘉礼。

火车从天津站开出，呼哧呼哧地在两条迤逦的铁轨上开了大半天，才安抵北京。许引之唤来了一辆载人载物的手推独轮车，让宝驯和宝骙姐弟俩分坐两旁，吱呀吱呀地推行出站外，然后登上马车，在清脆的马蹄声中径奔临时寓所而去。

临时寓所在大取灯胡同，是俞平伯的大姐夫家的旧宅，大取灯胡同距俞宅并不远，俞平伯曾经有诗咏道："转角无多路，西头阿姐家。"

新娘的轿子在大街上颤颤地走了快有一个时辰，伴轿而行的彩亭、顶马、对马、子孙灯等婚仪，使整个婚礼还没有进入高潮，就显得不同凡响。乐班吹奏出的喜乐声遏行云，最引人瞩目的是迎亲队伍前面的那两只被人抱在怀里的长颈白鹅，这一对被红绸缠颈的白鹅，不时地引颈屈项嘎嘎有声，世传有所谓奠雁之意，如此成婚大礼，可谓至隆至重，难怪要惹得路人纷纷驻足观看。

俞宅的婚礼执事刚刚隐隐听到飘渺入云的喜乐声，便连忙命早已候在宅子门口的吹鼓手奏起迎亲乐，同时喝叫仆人们噼里啪啦地点放起炮竹来。

轿夫在红烛高烧的厅堂前面歇下轿来，凤冠霞帔的宝驯从轿子里面款款地走了出来。

在司仪的赞礼声中，俞平伯和宝驯先拜了天地，这对新人又在红氍毹上拜了和合神马，然后将这个喜神的牌位在天井里焚化了，俞平伯红着脸，迷迷蒙蒙地在司仪的提示下，慢慢揭下了新娘的盖头，于是，这对新人将执事人等端上来的送神以后必饮的散福之酒，一饮而尽，款款相对拜了八拜，行了百年夫妇的大礼。

黄侃的脾气素来孤傲，名士派头十足，而且一向懒得出门同人应酬，这次俞平伯的新婚大礼，他不仅略备薄礼亲自前来俞宅致贺，而且还将许德珩、傅斯年等一班儿学生也一并携了来，同贺良辰嘉礼。这么一番情谊，于黄侃来说，真可谓是上及师门，下及弟子了。

许宝驯长俞平伯四岁，这按照当时的习惯是很吉利的，再加上亲上加亲，这一对新人真是情浓意洽，十分投缘，如果用一句老话来形容这一对月老刚牵就的小夫妻，那便是："天造地合，才子佳人。"

此回俞平伯与许宝驯喜结连理，二姑夫王欶缑因宝驯在闺中喜弄翰墨，便相赠以旧拓王居士砖塔铭帖作为添妆之物，于归之期得此名帖，宝驯真是爱不释手。从此日夕临摹，仔细揣摩，持之有日，不久，她的簪花小楷又添了砖塔铭的圆润古茂之意。

隔天，许宝驯在整理书桌的时候，拣出了一张洋纸，雪白的洋纸上面用淡墨录着一首周邦彦的《意难忘》，宝驯以为这是夫君日间所作，连忙捧在手中，默诵数遍。

前面说过，宝驯的才情自是不凡，虽然她对作词之道不甚了了，但鉴赏的目光还是有的，现在她见录在洋纸上的这首词作，笔力劲，跌宕转折，胸中不禁欣喜异常，对夫君的笔下功夫真是钦佩不已。

俞平伯见宝驯拿着自己抄录的那首《意难忘》来问自己，连忙不好意思地说明道："我会作这个倒好了！"

俞平伯话虽这样说，于《清真词》上的研读，便更加不敢懈怠了。

按照德清的风俗，新人过门满一个月之后，还要在郎君的陪伴下回娘家，小住一段日子，这个名曰"住对月"。

长环的家在天津，许引之虽然此时已经不再为官，但家道还是殷实的，许宅所在的位置也颇好，是上流人物的聚居地——德国租界的特别一区。

好在老泰山是自己的亲舅舅，许宅以前也经常走动，所以俞平伯陪妻子回娘家的日子，可说是过得潇洒自在。但是他毕竟是个习惯于与书为伴的人，歇了好几天的课，他竟感到百无聊赖起来，于是便又温习起季刚师不久前教授的《清真词》来。

这时的季节已值隆冬，从挂满冰霜的大玻璃窗朝庭院里望去，朔风从遥远的北方吹来的雪花已经覆盖了庭石，涂覆了秃裸的树木。凛冽的寒风呼啸声像鸽哨一般，在大街小巷里游荡，好在许宅内的取暖炉烧得颇旺，红红的炉火将室内烤得十分温馨。俞平伯斜靠在铺了毡毯的椅子上，就着如水的灯光掀开《清真词》，舒心畅意地读起周邦彦好似江南丝绸一般柔滑的词来。

这时候的俞平伯尚沉浸于新婚燕尔的欢娱之中，加之少年意气方殷，读起周词当中的那些极漂亮而又浅显的雅俗共赏之作来，意趣甚浓。周邦彦的另一首表露情爱之作也令俞平伯咏之再三，这便是那首《南柯子咏梳儿》，此时的这位俞氏传人真是处在"恰有一方明月，可中庭"的境遇之中了。但是时过不久，他便开始偏离传统的文学道路，也充当起一位拓荒者的角色来，所谓"飐下扇儿拍手，引流萤"了。

毕竟有学业在身，俞平伯在天津的岳丈家里盘桓了一段日子，便依依不舍地惜别了宝驯，赶回北京重聆师诲。

离别前的那天晚上，小两口真是有说不尽、道不完的离别之情，宝驯更是将夫君的行装整了又整。因为订的是早班火车票，第二天一大早，俞平伯便踏着晨霜将行李拎上了黄包车，登车往火车站而去。

宝驯默默地依在楼前的栏杆上，目送载着夫君的黄包车渐渐远去。黄包车夫哪里能体会得了这对月老刚刚牵就的新人的心情，只顾迈动两条劲捷有力的腿踏踩着在晨风中打旋的残枝败叶，像山鹿一样奔跑着。

坐在车上的俞平伯努力抑制着心头的眷恋，木愣愣地端坐着，任凭扑面而来的凉嗖嗖的晨风吹刮着裸露的面颊，他不敢回头，是因为不忍心再看到宝驯那充满依恋的目光。他心里明白，宝驯那双脉脉含情的眼睛还在依依不舍地注视着自己的背影。为了不让宝驯那单薄的身子在寒风里久挨，俞平伯连连催促车夫速行，没一会儿，黄包车就疾奔上了德租界边缘的威廉路石桥。

俞平伯的心中又像打翻了五味瓶，黯然神伤起来，因为昨天自己与宝驯曾经在散步时到过这里，而且还并肩依着桥栏伫立良久，一同默默无语地望着缓缓流动的河水。此情此景，令这位初浴爱河的年轻人更加触景生情，心头不禁泛起一阵阵的酸楚来。

宝驹的哥哥许宝驹与俞平伯一同进京，许宝驹比俞平伯早一年成婚，所同的也是亲上加亲，女家是宝驹二姑夫家的王氏表姐，也就是王肇祥的姐姐，对俞平伯而言，许表兄大喜之日，也就是王表姐于归之期了，大喜之日，俞平伯诗兴大发，挥毫立就一联志喜："鹦鹉衔来红豆子，凤凰栖到碧梧枝。"

火车上十分拥挤，俞平伯和表兄各自觅得了一个座位，在挤挤挨挨的人窝里只得正襟危坐。大概是昨夜既要整理行装，又要话别宝驹，因而此时俞平伯感到既倦又困，列车开行后没过多久，他便昏昏沉沉地垂头假寐起来。过了廊坊，许宝驹买来汽水，递给表弟一瓶，俞平伯此时正感到口干舌燥，一口气将汽水喝了下去，清凉爽口的汽水此时无异于琼浆玉液，顿时令他感到神清气爽，脑子里又开始惦记起学校里的功课来。

火车在丰台没有停车，直驶城里的正阳门车站。下了火车，拎着行李走出车站，俞平伯扭过头去看了一眼车站上的罗马大钟，那钟也恰好敲响了，钟面的那像短剑似的指针正好指在十二点上。

回到箭杆胡同的家中，向双亲问了安，匆匆吃了点儿饭，便夹起书本朝着学校赶去，因为下午有黄侃的一堂课，已经因婚事误了这位老夫子的不少课，如果再误掉这堂国故课岂不可惜？

即便是这样兼程数百里赶回来以赴学业，还是忘带了日文课本，以至于听完了黄侃的课之后，下一堂日文课无法再上，只得怏怏地打道回府。吃完晚饭之后，便迫不及待地在灯下展纸研墨，提起笔来给远在天津的宝驹写了一封报平安之外兼有绵绵嘱咐的长信，如此挂怀，正应了那句老话：近在咫尺，无如天各一方。

◎

霜风呼呼的吹着

俞平伯是幸运的，他踏进的不仅仅是当时中国的最高学府，而且还是中国新文化运动的摇篮。

民国初年的中国，具有现代教育思想的大学还为数甚少，高等教育的历史与欧美相比，尚处在幼年期，即使是北京大学这所官办的最高学府，从逊清的京师大学堂更名为北京大学也不过只有寥寥数年。

创办于1898年底的京师大学堂设有师范和仕学等馆，第一任管学大臣是咸丰状元孙家鼐，他的继任者便是那位在庚子之变中掉了脑袋的许景澄。

民国元年，京师大学堂更名为国立北京大学，被大总统袁世凯委任为校长的则是严复，就是那位将"物竞天择，适者生存"介绍到中国来的《天演论》翻译者。

因为北大的前身是京师大学堂，这座皇家学苑于创立之始所收学生大都是官绅子弟，虽然迭经岁月的磨洗，郁积很深的官僚习气，不但不能削磨些许，日积月累的骄奢之气又融入文人的放荡不羁，以致国立北京大学的腐败之名播扬神州。

1916年，教育部将蔡元培从法国力邀回国，委以北大校长的重任。蔡元培字鹤卿，浙江绍兴人，曾经做过光绪朝的翰林院编修，他于清末投身于反清运动，在日本东京被推举为光复会的会长，无论是其道德文章，还是九州皆知的声望，于北大校长一职而言，都是一时之选。未就任之前，不少友人都劝蔡元培万万不可接手这个烫山芋，但也有少数热心教育的友人劝驾的："腐败的总要有人去整顿，不妨一试。"

北京大学文科门学长陈独秀

甫膺校长之任，蔡元培便在第一次讲演中对学生们揭破："大学学生，当以研究学术为天责，不当以升官发财之阶梯。"

蔡元培认为："我对于各家学说，依各国大学通例，循思想自由原则，兼容并包。无论何种学派，苟其言之成理，持之有故，尚不达自然淘汰之运命，即使彼此相反，也听他们自由发展。"

北大的整顿和改革是从文科开始的，原有教员沈尹默、沈兼士、钱玄同等人早已启革新之绪端，蔡元培从壮大这股勃起的新思潮的动力入手，又不拘一格地将风靡当时的《新青年》的主办人陈独秀请了来，肩负起北大文科学长的重任。陈独秀字仲甫，安徽怀宁人，清末也曾应过科举，他的新文学的思想大约是他早年留学日本之后，才逐渐形成的。

与陈独秀一道被聘进北大执鞭的还有胡适、刘复、周树人、周作人，这几位都是在当时已经崭露头角的学人，而且个个都是饱学之士。自从这么一股新生力量注入了北大之后，学校里的文学革命、思想自由的风气日浓一日，大有漫溢整个校园之势。

蔡元培的可贵之处并不在于此，尽管他是以引进新的学风自任的，但并不排斥传统的旧学，于是在北大校内出现了一个颇为奇怪的现象，旧学名家陈汉章、黄侃、辜鸿铭，甚至拥戴袁世凯称帝的刘师培，也与那些思想激进的新锐们同校执教，各抒己见，而不被校长蔡元培所见责。

陈独秀后来曾经感叹道："这样容纳异己的雅量，尊重学术思想自由的卓见，在习于专制好同恶异的东方人中实属罕有。"

当时校内曾有学生作柏梁体诗谐谑诸师长，黄侃得句为"八部书外皆狗屁"；陈独秀则得句"毁孔子庙罢其祀"。这种自由的学术氛围，正如蔡元培所说的："一己之学说，不得束缚他人；而他人之说，亦不束缚自己，诚如是，则科学、社会等等，均将任吾人自由讨论矣。"

正是这种崇尚学术自由的治学思想，令沉闷了多年的中国文化领域里终于开始洋溢起一股新鲜而又突兀的空气。这股与旧有的传统文化格格不入的新学风，传播出来的新文体和口语化的白话表达方式，不可避免地要影响到那些正在如饥似渴地吸吮知识乳汁的莘莘学子们。

1917年1月，在上海滩主编《新青年》的安徽人陈独秀在蔡元培的坚邀之下，出任北京大学文科学长，陈独秀在进北大执教的同时，将他主编的《新青年》也一同带到了北京。这位前清的秀才不仅不是一位食古不化的旧式文人，反而是一位倡导文学革命的急先锋，他曾经在给胡适的一封约稿信中迫切地写道："文学改革，为吾国目前切要之事，此非戏言，更非空言，如何如何？《青年》文艺栏意在改革文艺，而实无办法，吾国无写实诗文以为模范，译西文又未能直接唤起国人写实主义之观念，此事务求足下赐以所作写实文字，切实作一改良文学论文，寄登《青年》，均所至盼。"

时隔不久，正在美国留学的胡适就给陈独秀寄来了名为《文学改良刍议》的文章。在这篇文章里面，胡适阐述了自己对文学革命的"文学改良八事"：一曰，须言之有物；二曰，不摹仿古人；三曰，须讲求文法；四曰，不作无病之呻吟；五曰，务去烂调套语；六曰，不用典；七曰，不讲对仗；八曰，不避俗字俗语。陈独秀当即将这篇洋洋洒洒的宏文在1917年1月的《新青年》2卷5号上面登载出来。

胡适这篇文章犹如掷向本已不再平静潜流四伏的湖面的石头，顿时击起了一朵水花四溅的浪花，纷繁激扬的水珠在空中自由飞窜，又如水银泄地般地洒到本已走到穷途末路，有如久渴待哺的中国文化这片广漠的土地之上，这便是刚到北大的陈独秀给北大乃至整个中国的学人带来的一份令人眩目的礼物。

陈独秀是位胸有块垒的人，胡适的这篇文章虽然在社会上引起了强烈的震撼，但对他这位具有超前意识的人来说，仍然感到不太过瘾，于是他

花落春仍在——德清俞氏家族文化评传

又亲自提枪上马，紧接着胡文之后，在《新青年》2卷6号上，堂堂正正地亮出了文学革命的旗号，于是那篇号角般的《文学革命论》登台亮相了。

陈独秀在这篇文章当中开宗明义地写道："文学革命之气运，酝酿已非一日，其首举义旗之急先锋，则为吾友胡适。余甘冒全国学究之敌，高张'文学革命军'大旗，以为吾友之声援。旗上大书特书吾革命军三大主义：曰：推倒雕琢的、阿谀的贵族文学；建设平易的、抒情的国民文学。曰：推倒陈腐的、铺张的古典文学；建设新鲜的、立诚的写实文学。曰：推倒迂晦的、艰涩的山林文学；建设明了的、通俗的社会文学。"

这篇愤世嫉俗的文字可谓剑拔弩张，破立分明，不啻一篇檄文式的宣言，确是石破天惊之举。为达文中所提之目的，陈独秀慨然表示："予愿拖四十二生的大炮为之前驱！"

不久，时任北京大学文科教授的沈尹默、钱玄同、刘半农、李大钊和周作人等人都成了《新青年》的骨干作者。名流荟萃，自然佳作迭出，引起了社会各界的强烈反响，特别是青年学生更是对这个充满活力的文学刊物投入了极大的热情和关注。到了1918年，《新青年》为了实现自己提出的口号，刊登的已经全部是白话文文章，而且还在每期都推出用白话文写的白话诗，此时的诗坛健将自然是非沈尹默、胡适、刘半农等人莫属。

在这片春光突露、百草竞荣的校园里，分明有一缕有如天籁之声的魔音，在这学术的殿堂里游荡，而且迭出不绝，让来自江南一隅的俞平伯真切地感到了有一股由那魔音挟带而来的呼吸吐出的气浪，让他感到心荡神驰而又惴惴不安。

身处这片崇尚学术自由，又颇有人文主义思想的百草园里，俞平伯在倏忽之中得到了一个蓬勃发展的契机，在这个理想的王国里，他那原来被书虫蠹蚀着的青春陡然焕发出火一般的激情，被唐宋词赋、诸子典籍磨砺得有点鲁钝的个性也由此得到锐露和张扬，思想也从此插上了翅膀，在这片并不广阔的思想王国上空尽情地翱翔起来。

说来让人发噱，这位江南显儒后代的文化活动，竟然是从改变自己在学校里的名字开始的，这大约也是其开始张扬自己的个性之始。从天津回校复课后不久，他便将写在考勤册上的与学籍登记本上相符名字——俞铭衡，挥笔改成了"俞平伯"，这便是他以字行世之始了。

即使是这个小小的近乎随意的举动，在当时也是要令保守的师长们瞠目结舌的，这还了得！这岂不是在神圣的学堂里面玩起了名士的派头吗？震惊之余，学校的教务处决定给那个什么"俞平伯"以相应的惩诫，以儆效尤。于是，第二天，俞平伯便在学校的布告栏上看到了自己因擅改名册被记过一次的通告。这位闲散惯了的大学生对这个来之甚速的惩罚在奇怪之余，还感到十分的迷惑，原来个性解放也是要有选择地来玩，并不包括将代表自己的那个文字符号随意改变等游戏。

俞平伯透过这座各个学术流派各逞其能的学术殿堂的窗口，看到了一个个令他眼花缭乱的文化现象，白天他除了要在课堂上听黄侃的国故学说、周作人的"欧洲文学史"、刘半农的"中国文学史"等正课之外，还参加了北京大学国文门研究所小说研究会的活动，到地处二道桥的北京大学国文门研究所听文学研究会的胡适、陈独秀等诸师长关于新文学的讲演。晚上，读完日文语法之后，便一头靠在榻上，从堆在枕旁的那叠风靡京城的《新青年》当中抽出一本来，捧在手中，就着昏黄的灯光如痴如醉地读起来，往往已届深夜仍然不忍释手。

有一天，他甚至在到棉花七条黄侃先生处还了那本郑校本的《清真集》之后，还专门跑到二道桥研究所借听"老庄哲学"之机，拜见了仰慕已久的陈独秀先生。

晚上，心旌摇荡的俞平伯还在日记当中特意将这天的行踪略记下来：

> 初九日，赴校，无课，至松公府遇以亨，偕赴捷先处，晤李君。午后知"文字学"下礼拜六。
>
> 见季刚师，还郑校本《清真集》。至二道桥研究所听刘少讲"老庄哲学"。晤陈仲甫。
>
> 晚翻书，床上稍阅《六四法海》。十一时余睡。

俞平伯是有诗人气质的，这当然与甚有渊源的家学不无关系，不过这也与他入北大后，系统地听了黄侃的古典诗词课有不少关系，尤其是周邦彦的《清真词》，大大地激发了他胸中抒发和排遣的欲望，但是真正让他要将心中的感受写下来的触发点，却是《新青年》上面所载的那些朴实无华的白话诗。

说起白话诗的发源，胡适在美国留学的时候就开始尝试了，但因为是在探索尝试阶段，那些诗作都还有一点古风或者是打油诗的味道。第一首具备白话诗特点的新诗是1917年登在《新青年》4卷1号上的《月夜》，作者是北京大学的教授沈尹默，以后来的眼光看，这是一首散文诗式的白话诗，诗云：

> 霜风呼呼的吹着，
> 月光明明的照着，
> 我和一株顶高的树并排立着，
> 却没有靠着。

晋人谢灵运的诗意，白话文的表现方式，传承了旧体诗可以意会而不可以言传的韵味。

但是后来朱自清在选编新诗《诗选集》时又是另一种评说："但是我吟味不出，第三行也许说自己的渺小，第四行就不明白。若说是遗世独立之概，未免不充分——况且只有四行诗，要表现两个主要意思也难。"

俞平伯不敢说这些用浅显易懂的大白话写的诗没有学问，因为这些诗都是自己素来敬仰的老师们写的，这些师长们可都是些学富五车、淹通古今、融贯中西的著名学者呀！于是他便细细地去反复品味，同时用敏感的心灵去体会，渐渐地他发现，这些诗作虽然少了些许韵律，但却多了几分真挚，那种意蕴，那种隽永，真的是被格律束缚住的旧体诗难以抒发出来的，比如北大的文学门教授兼图书馆长李大钊那首名为《山中即景》的小诗，读起来不但意蕴深远，而且还铿锵上口：

> 是自然的美是美的自然，
> 绝无人迹处空山响流泉，
> 云在青山外人在白云内，
> 云飞人自还尚有青山在。

当然，这首诗要完全算作是白话诗也无不可，以俞平伯的旧学功底是会读出来这里头有谢灵运的意蕴，还有些日本俳句的味道，当然也有五言律句的踪影。但是，这确实是摆脱了旧的格律的诗作，用来表达作者思想情感的语言也十分的平白易懂。

那么真正意义上的而且是纯粹的白话诗是什么样的呢？当时的那些文学革命的前驱们为此也绞尽了脑汁，因为这些人都是些饱学之士，对中国的经藏典籍早已浸淫有日，这时候要像娃娃学步般地写用大白话凑成的诗，确实要小心翼翼地将那满腹经纶当作"拙"藏将起来，因为一不小心，那旧日苦学得来的学问就会蹿将出来，溜进诗里，将那文学革命的产物——白话诗，弄得像个混血儿，或是四不像。他们这种刻意藏掖起象征斯文和学问的长衫，穿戴起引车卖浆者流的短衫和毡帽的作派，立即就被白话诗文的反对者们讥为"装疯卖傻效愚氓"！

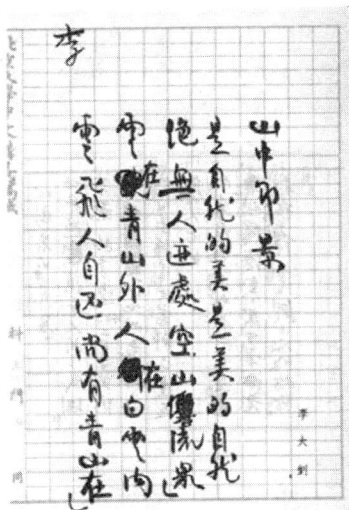

文中李大钊诗原稿

俞平伯饶有兴味地将《新青年》上面的白话诗作，读了又读，沈尹默的什么《刘三来言子毅死矣》，周作人的《两个扫雪的人》，胡适的《唯心论》，陈衡哲的《人家说我发了疯》等等，都令他大开眼界，当他读到周树人化名唐俟写的白话诗《他们的花园》时，不禁眼睛一亮，又感受到了一股质朴拙稚的清新气息。写这首诗的时候，在教育部当佥事的周树人还居住在绍兴会馆里头，当时周树人在北京的几所大学里兼着课，整天忙得脚底生烟，其弟周作人将乃兄的这首诗重新抄录了一遍，交给了陈独秀，没有过多久，便在《新青年》上面刊发了出来：

小娃子，卷螺发，
银黄面庞上还有微红——
看花意思是正要活；
走出破大门，
望见邻家：
他们大花园里，

有许多好花。

用尽小心机，

得了一朵百合；

又白又光明，

像才下的雪。

好生擎了回家，

映着面庞分外添出血色，

苍蝇绕花飞鸣，

乱在一屋子里——

"偏爱这不干净的花，是糊涂孩子！"

这首诗是反映儿童生活的，所用语言与儿童的思维方式非常的吻合，诗文也十分的典雅大方，甚至还有点民间顺口溜的味道。原来这就是白话诗，这就是那个文学革命的胎儿！俞平伯讶异之余，不禁跃跃欲试，也想紧随在诸师长之后，登上这座崭新的诗坛，引颈抒怀吟咏一番。

在寂寞中奔驰的勇士

想当一位白话诗人，在当时来说并没有那么简单，那是需要勇气的，很需要有那么一点拜伦诗中的那位任侠独行的唐璜的气概，用刘半农的话来说："在民国六年时，提倡白话文已是非圣无法，罪大恶极，何况提倡白话诗。"

作为一个在校的大学生，自然不能像大教授们那样我行我素，俞平伯首先遇到的阻力就来自那位以国故学名震学界的黄侃。这位老先生是最最看重传统的，而且因为学问太大，本身就在对许多有悖经籍的东西耿耿于怀，现在又看到不知从哪里跑出来的用白话俚语分劈成的诗，这些称作"白话诗"的玩意儿，不但让他感到平淡如秋水，味同嚼蜡，而且有时怎么读都感到莫名其妙，看似有什么机巧，但细读又是一篇道地的大白话。所以，让这位老夫子感到匪夷所思的倒不是那诗了，而是那个躲在道林纸后面的写诗人，他在跺脚诅咒之余，直接将那股无名之火首先发泄在了胡适身上。

胡适初任北大教授（1917年，26岁）

当年胡适在美国纽约曾经作过一首白话诗，据说那是在一个仲夏的中午，胡适正坐在寓所的窗口吃自己做的午餐。那窗口下面是一大片长林乱草，纵目远眺的话，可以望见横流如练的赫贞江。

胡适边咀嚼着嘴里的食物，边悠闲地欣赏着窗外的盛夏景致，忽然，他看见一对黄蝴蝶从树梢上面翩翩飞来，两只蝴蝶上下翻飞了一会儿，一只蝴蝶朝着茵茵如毡的草地飞去，另一只蝴蝶独自舞蹈了一阵，也扑扇着娇媚的翅膀朝着草地盘旋而下，去寻找它的伙伴去了。这时候，胡适的心头涌上了一股莫可名状的感触，细细地品味起来，这是一种寂寞的难受，绵缠遐思的胡适感到心头有一股涓涓的神韵在往嘴边流泄，于是，他连忙抓过笔和纸，将这股奇妙的感觉化作了一首小诗：

> 两个黄蝴蝶，双双飞上天。
> 不知为什么，一个忽飞还。
> 剩下那一个，孤单怪可怜。
> 也无心上天，天上太孤单。

因为胡适在这首诗当中有"两个黄蝴蝶"之句，于是黄侃从此不再呼其姓名，而是称这位适之老弟为"黄蝴蝶"。即使是这样，季刚先生仍然难解心头之恨，又在他所编的《文心雕龙札记》当中将白话诗文讥为"驴鸣狗吠"。

生性平和的胡适对这位国故大师的指摘倒是不甚在意，仍然如故地大作特作其白话诗文。但是黄季刚的这番举动还是惹恼了那班儿作白话诗文的朋友，刘半农在多年之后还愤愤不平地说："胡适之诗中用了黄蝴蝶就该称为黄蝴蝶，黄季刚文中用了驴鸣狗吠，就不该称为黄驴鸣黄狗吠么？"

白话诗——这个文学革命的宁馨儿，好似从崩裂的地狱里冒出来的一缕青烟，在胡适之博士的鼓吹之下，穿越重洋飘忽而来，这缕青烟在神州上空悬浮摇荡，在无数张脸庞的仰望中，这缕青烟渐渐地收缩凝固，化成了一位背负靠旗，头戴荆棘冠，手执三尖两刃刀的诗魔。这位眉目还清秀的诗魔嘴里哼着用大白话凑成的戏词，腾身跃上了沉寂已久的诗坛，冲着万目睽睽的坛下迸力喝了一句咒语"呵"！

坛下的人群当中顿时混乱起来，吓得掩面跌撞而逃者有之，惊愕呆立观望者有之，当然，抚掌欢呼者自是不乏其人。这时，风沙陡起，从地角拥来一群人，他们边跑边除去身上穿戴着的儒冠儒服，仿效着那位诗魔的打扮，戴上树枝编成的帽子，披挂起用桂树叶子连缀成的大氅，手舞羊毫笔，雀跃欢呼着围绕着那个走下坛来的诗魔，舞蹈吟唱起来。

毕竟是年轻人，身上总归充盈着旺盛的血气，当这股血气聚集到十分膨胀的时候，便会迸发喷涌而出，在他们的头顶之上划出一道绚丽灿烂的彩虹。在当时的青年学生当中还流传着这样一句话："在二十岁以前总是要疯一疯的，过了二十岁就疯不起来了！"所以，每当有新鲜的玩意儿横空出世的时候，青年人总是会率先拾起那只还没有煮红的"螃蟹"，高高地举在头顶上面，在熙熙攘攘的大路上疾跑。

黄侃门下有着几位号称"黄门侍郎"的得意门生，俞半伯就是这其中的中坚分子，也就是这座旧学冰山的一角，竟出乎所有人的意料，首先崩塌下来，将自己那快要被经史子籍、唐诗宋词浸染透了的身心，投入到了新文学那片微温的大海之中，接受着海浪的扑击和亲吻。

俞平伯接受的是一种崭新的艺术形式的召唤，这种名叫"白话诗"的艺术形式与被格律五花大绑的旧体诗词相比，几乎完全是两回事，一种是在蓝天中飞翔的鸟儿，而另一种则是在地面上蜗行，背甲上刻满格子的千年巨龟，两者完全不可等量齐观。

年轻人天生就是爱好自由的，喜欢无拘无束地在晴空下或是暴风雨中徜徉。当然，于俞平伯而言，这也是他身上潜在的诗人气质使然，令他神差鬼使般地投入到那位从天而降的诗魔怀抱；同时，时代的车轮挟带起的狂风也会令这位年轻人在茫然顾盼的时候，难免会心旌摇动，心头忽念起历史赋予的责任来。

俞平伯的第一首白话诗终于出炉了，这是1918年春天的事。

刚刚开始用白话文写东西，俞平伯的心里感到既新鲜又惶惑，也许还有邯郸学步的顾虑，事情确实是这样的，当他捉起笔来准备将脑海里的那片形象化的东西，提炼一下，写下来的时候，忽然发觉自己还不会使用标点符号，显然，写白话诗用旧式的断句方法——句读来断句，那还叫什么白话诗？

既然要往这片陌生的海洋里跳了，就要赤条条地跳将下去，然后在那片深深的海底遨游之后，再穿上一件里外三新的袄子浮出海面。于是，俞平伯请了朋友来帮忙，终于在一张红竖格子的练习纸上，尝试着作起白话诗来。后来俞平伯回忆道："同小孩学走路一样，语法调子都很招笑的，那时新诗正在萌芽，不但没有法则也没有很多的模范；所以我不知道什么作诗应守的戒律，但我很感谢欣幸这个机会，使我能离开一切拘牵，赤裸显出诗中的自我。"

诗终于写出来了，这是一首即景式描写春天和社会环境的诗，虽然完全是用白话写就的，也没有用典，但还是有些许白乐天的那一路诗风夹杂其间，只是在对题材的处理上面更平和一点罢了。

北方的春天迥异于南方，在俞平伯这位南方人的眼里，也就难免不会显现出许多鲜亮的特点来。那日，放学回家的俞平伯像往常一样走出了学校大门，和煦的阳光被微风吹在脸颊上，就好像一块温温的绸巾拂过，令他的心头感到一阵阵的欣愉。放眼河边，冻结了一冬的河水已经完全融化了，微微翻腾着波涛的河面在随心所欲地荡漾，岸上的柳树枝条吐出了许多鹅黄色的嫩芽，就像少女蓬着的头发，在春风中飘摇。

一辆黄包车从校门正对着的北河沿边的那棵老柳树下迎面而来，这时，俞平伯那清澈沉静的眼睛里所看到的景物，已经深深地映射在脑海之中了，他那天生的诗人气质，就如同酿造佳酿的酒媒，不由自主地渗入到这些景物之中，以不可思议的速度调和酝酿出一壶醇酿来。俞平伯似乎已经嗅到了那酒的香醇味儿，尚未开怀，就已经感到有点晕眩，他舒心畅意地长长吐了一口气，嘴角不由自主地嚅动起来：

五九与六九，抬头见杨柳。

风吹冰消散，河水绿如酒。

双鹅拍拍水中游；众人缓缓桥上走。

都说："春来了，真是好气候。"

确实，天元周始，万物复苏，春天又来到了，春风吹在平伯的面颊上面，令他感到有点醺醺然，似乎快要被和缓轻柔的春风陶醉了。诗人脸上带着敦厚的笑意，登上黄包车，车夫抄起富有弹性的车把，轻快地朝着横跨河上的木桥跑去。黄包车像一阵风似的来到了通向对岸的桥上，车夫的脚踏得桥板"蹬蹬"作响。就在这时，俞平伯的耳朵里听到了一个不和谐的声音，他那敏感的脑子立刻就将眼前的情景记录了下来：

> 过桥听儿啼，牙牙复牙牙。
> 妇在桥边儿在抱，向人讨钱叫"阿爷！"

俞平伯转过头看去，只见那妇人正在向路人哭诉。

> 说道："住京西，家中有田地。
> 去年决了滹沱口，丈夫两男相继死；
> 弄得家破人又离，剩下半岁小孩儿。"

俞平伯听到那位妇人凄凉的哭诉，心中好像立刻被压上了一块大石头，适才明媚春光带给他的愉悦心情顿时跑得无影无踪。目睹此情此景，诗人再也无心观赏初春的景色了，那扑面而来的轻风也显得不那么温柔，似乎夹杂有了一丝被滹沱河吞噬的亡魂的嘶叫声。他饱含同情地丢给那妇人一块洋钱，同时冲着车夫急促地挥了挥手：

> 催车快些走，不愿再多听。

黄包车载着诗人跑下了桥，但是他的心中却像打翻了五味瓶一般，很不是个滋味，面对这个水清世浊的社会，诗人迷茫地望着波光粼粼的河水，默默地祈祷将来有一天能够：

> 日光照河水，清且明。

俞平伯的这首名为"春水"的白话诗,写出来不久,就登载在了五月份的《新青年》4卷5号上面。从此,一发不可收拾,连连出手了。

俞平伯可能还没有意识到自己热衷的白话诗文写作,竟然是一把撬掘旧世界的刀子,而不仅仅是文言文大家与白话文作者们之间的意气之争了。且不说敏感的旧学大师们的惊慌失措,就是当时由北洋宿将们训政的北京政府的各级官员们,也感受到了来自笔杆子的威胁,这股显现于白纸黑字之上的威胁,在这些也曾受过旧学熏陶的秀才将领心目当中,确实不下于来自武力的威胁。

河南省长李倬章便是白话文的积极反对者,这位曾经当过孚威上将吴佩孚的参谋长的将军,在辖地南阳的省立第五中学内讲演的时候,曾经痛心疾首地大声说:"自古以来,只有北方人统治南方人,没有南方人统治北方人;北大校长蔡元培与南方孙文最接近,知南方力量不足以抗衡北方,乃不惜以苦肉计,提倡新文化,改用白话文,借以破坏北方历来之优美天性与兼并思想。其实白话文简直就是胡闹,他们说《红楼梦》《水浒传》是好文章,试问不会作文言的人,能不能作这样一类的文字?"

江西督理蔡成勋拟了一个作文题目,名为《游西湖记》,要求南昌中等以上的学校学生用文言文写出来以后,进行评比,头一名的奖赏是银洋一百块。

而东北奉天省的省长来得则更为干脆,明令全省的小学以上学校禁用白话文。

其时,向来开风气之先的上海此时也裹足不前了,在宝山路北四川路一带,电线杆子上面贴满了"尚古夜校,专教古文"的招贴。

以将西洋名著译成文言而名显当时的林纾也拍案而起,在怒声痛诋白话文之余,还写小说笔伐白话文。他在小说《荆生》当中写了一个提倡白话文的异类——"金心异",来影射鼓吹白话文最积极的钱玄同,又写了一个皖人"田其美",影射陈独秀,还有一个新归自美洲能哲学的"狄莫",影射胡适,然后又塑造了一个救世主——影射安福系名将徐树铮的"荆生将军",最终以传统文化和武力将金心异斗得大败亏输。

林纾在他的另一篇小说《妖梦》中,写梦游阴曹地府的见闻,当主人公梦游至阴曹地府时,见到一所"白话学堂",那学堂的大门两边赫然写着一副门槛:

白话通神，红楼梦，水浒，真不可思议；

古文讨厌，欧阳修，韩愈，是什么东西。

进得学堂，行至二门，只见门楣上的匾额大书着"毙孔堂"，二门两旁也有一联：

禽兽太自由，要这伦常何用？

仁义太坏事，须从根本打消。

钱玄同与周树人等人都是章太炎在日本时的门生，这位国学大师没有料到这几个当年诚惶诚恐跟着自己苦研经学的弟子，不但没有继承自己的衣钵，而且还要挖掘起祖师爷的祖坟来。

尤其是那个钱玄同最是不肯安分片刻的，当年在日本探研经学时，就喜欢在围坐在宽大的日本坐榻上的师长和师兄的身子后面，爬来爬去，以至于周树人在散学之后送了一个"爬来爬去"的雅号给他。钱玄同是个不甘于寂寞的人，用周树人的话来说是一位"在寂寞中奔驰的勇士"，他不但将当时的文人奉为圭臬的桐城派斥为"桐城谬种，选学妖孽"，甚至还在给陈独秀的一封信中提出了一个石破天惊的主张："欲使中国不亡，欲使中国民族为二十世纪文明之民族，必以废孔学，灭道教为根本之解决。而废记载孔门学说及道教妖言之汉文，尤为根本解决之根本解决。"

这种文化上的交锋，实质上是意味着新思想与旧思想之间的冲突已经客观存在。文化是传播思想的载体，关于这一点，双方看得都很清楚。

陈独秀在论及《新青年》的同仁们提倡白话文的目的时，毫不隐讳地说："他们所非难本志的，无非是破坏孔教，破坏礼法，破坏国粹，破坏贞节，破坏旧伦理（忠孝节），破坏旧艺术（中国戏），破坏旧文学，破坏旧政治（特权人治）这几条罪案。这几条罪案，本社同人当然直认不讳，但追本溯源，本社同人本来无罪，只因为拥护那德莫克拉西（民主）和赛因斯（科学）两位先生，才犯了这两条大罪。要拥护那德先生，便不得不反对那孔教，礼法，贞节，旧伦理，旧政治；要拥护那赛先生，便不得不反对那国粹和旧文学。"

毕竟还是一个青年学生，在政治方面，俞平伯显得有些鲁钝，先人严谨的治学态度此时又在他的身上体现出来，有时这种执着的治学精神所产生出来的结果，是超越时空的。

面对白话诗这个刚刚诞生的婴儿，还没有当过父亲的俞平伯感到有点手足无措，为了使这个婴儿能够快点长大，他望着这个无音无律名叫"白话诗"的孩子，不禁冥思苦想起来："在一般通俗文章，尽可未注意于内质，文词只要明显，种种修词，概可免去。但诗歌一种，确是发抒美感的文学，虽主写实，亦必力求其遣词命篇之完密优美。因为雕琢是陈腐的，修饰是新鲜的。文词粗俗，万不能抒发高尚的理想。"

还不能仅仅如此："用字要精当，做句要雅洁，安章完密，这凡是白话文，都该注意的，而用白话入诗尤甚。因为如没有这种限制，随着各人说话的口气，做起诗来，一天尽可以有几十首，还有什么价值呢？"

俞平伯的心中不禁豁然开朗，心中马上又想到了顶顶要紧的一条："而诗尤与文不同，在文可以直说者，诗必当曲绘，文可以繁说者，诗只可以简括。"

他立刻将这几条心得记了下来，然后写进了与诗友探讨白话诗的做法的信中。到了第二年的春天，这封信又以《白话诗的三大条件》为名，发表在了《新青年》第6卷3期上面。此文一经面世，立即便引起了当时的白话诗坛的瞩目，并且深得白话诗的倡导者胡适先生的首肯和赞赏。

俞平伯的这几条心得，确实说到了点子上面，这是一股家传的学究气促其使然。在当时的白话诗群里，只是将白话诗当作与旧有的文化抗争的武器，大多数诗人或者是社会活动家们，还没有注意到这种新的文学创作方法的具体形式，而俞平伯这位初作白话诗的后生小子，从一开始就注意到了这个事关白话诗发展——也就是它的生命力的关键问题。这种严谨的治学态度从他的身上体现出来的时候，也正是这位来自儒学世家的子弟，从容坦荡地迈向文坛的开始。

小鸟的歌声

十月的北京已经进入了初冬，天色也已经不再有暮秋天高云淡的风致，北风的口哨渐渐地越吹越响，甚至变得有点尖利，直吹得彤云密布，寒鸦凄唳，枯树凋零。

在这个凉嗖嗖的季节里，北京大学那些抱负不凡的青年人们，却在文学革命这个令人眩目的口号频频招引之下，浑身上下感到热血澎湃，心潮激荡。

黄侃的另一位得意门生傅斯年，也在那些传播新思想的教授们的影响下，开始企慕起新文学来了。这位俞平伯的同窗是位颇有政治头脑的人，当他一旦舍弃"黄门侍郎"这个称号之后，立即就厕身于这场不那么温文尔雅的文学革命之中。他所持的观点是尖锐的，而且是颇有见地的，这样就将文学与现实紧密地联系到了一起，这恰恰也正是文学革命的先驱陈独秀、胡适们所倡导的。这位黄侃的得意门生的旧学功底是相当出色的，就连学贯中西的胡适也颇赞许之，而且他在那些思想上已届成熟的同窗学友当中很有威望，如今他拔寨易帜反出师门，自然就被同侪拥为头领。

傅斯年与顾颉刚同住一间宿舍里，俞平伯、罗家伦、汪敬熙等人都是这间宿舍的常客。这班同学几乎天天都要来这里，几个人一见面就要争论，争论的话题大抵无非是社会问题和文学问题。傅斯年忽然想道："我们将来的生活，总离不了教育界和出版界，那么我们曷不在当学生的时候，练习一回呢？"

于是，傅斯年适时地充分展示了他的组织才能，联合罗家伦、徐彦之、顾颉刚、康白情等人，在北京人学里开始筹建学生中的文学社团——春潮社。

傅斯年等人的这个大胆举动，马上就得到了校长蔡元培和陈独秀、胡适、李大钊等教授们的赞许和支持。

李大钊的支持来得最为及时，在北京大学图书馆的那些并不算宽绰的房屋里，拨给了这伙准备不惜行吟街头、长啸湖畔的学生们一间活动室。而胡适则慨然允诺担任这些比自己小不了几岁的学生们的顾问，胡适还将这个至隆至重的"顾问"头衔的光环谦逊地过滤掉，只取其工作的性质，称自己是这个学生团体的指导员。

傅斯年等人要想筹备成立文学社，自然是不会忘记已经崭露头角的同窗俞平伯，在俞平伯而言早已厌倦了"群居终日，言不及义"的穷聊，巴不得有一个同声相应、同气相求的同仁团体，聚一时俊彦于一堂，朝夕切磋，指谬纸间，岂不是能够更上层楼！

在傅斯年、罗家伦、俞平伯等人的筹备组织之下，春潮社终于在1918年的11月19日诞生了。而就在俞平伯积极参预筹备春潮社的期间，他的第一个孩子——大女儿俞成呱呱落地。

在春潮社的成立集会上，傅斯年被济济一堂的同好们推举为社长，俞平伯则被推举为干事部书记。春潮社的主要成员还有：罗家伦、徐彦之、顾颉刚、康白情、潘家洵、杨振声、郭绍虞、孙伏园、李小峰、孟寿椿、汪敬熙、高尚德等二十余人。过了不久，周作人、朱自清、叶绍钧、冯友兰等人也参加了进来。在结社会议上，同好们决定仿效《新青年》的风格，出一份文学刊物，这份刊物的名字就叫作《新潮》，这份刊物还有一个外文刊名：*Renais sance*（文艺复兴）。

将这个学生刊物堂而皇之地冠名为"文艺复兴"，大概是受了胡适和周作人等教授的影响。以胡适的眼光看，这些大学生已经相当成熟，他们对传统的学术知之甚深，同时又能以一颗敏感而又年轻的心去感知新事物，然后再用他们已经成熟的思维去做多个角度的分析。显然，傅斯年等人认为从北京大学发起的这个新文学运动，与当年发生在欧洲的文艺复兴运动有着许多相似之处。

使中国那源远流长同时又绚烂夺目的文化得到复兴，一直是胡适梦寐以求的，在他的内心切盼能将这刚刚兴起的新文化革命，维持成一个纯粹的文化运动和文学改良运动。

胡适在《中国文艺复兴运动》一文中说："《新潮》杂志，在内容和见解方面，都比他们的先生们办的《新青年》还成熟得多，内容也丰富得多，见解也成熟得多。"

但是严酷的现实击破了胡适的梦想。文化革命的发展和演变，不可避免地要和现实相接触，不可能筑成一座空中楼阁。而周作人的观点则要比胡适的观点来得现实的多，他认为光是主张用语体文来产生文学是不够的，新的文学必须有新的文学内容。周作人把这些"内容"叫作"人的文学"，既然是一个活生生的人，这个人就有喜怒哀乐，就生活在社会的群体当中，而现实社会的环境不可能不影响到这个人的生存状态，此时，文学干预现实生活的可能性就客观存在了。

现实显然不肯让诗人住在虚无飘渺的太虚仙境里，新文学的钲鼓更令游移于新旧文化之间的学子们心旌摇曳。俞平伯这位已经将一只脚踏进新

花落春仍在——德清俞氏家族文化评传

文学之门的青年诗人，也开始将目光从单纯地注意文学的形式，转移到这个白话文形式所应该反映的内容上来。于是，他开始将自己从书斋里解放出来，睁大了那双有点恍惚的眼睛，研究起京城这个令他感到有点儿眼花缭乱的社会来。他一开始剖析社会问题的切入点，反映在了一篇名叫《打破中国几千年神怪思想的一种主张——严禁阴历》的论文里面。

说起来，俞平伯来到北京已经有四个年头了，也就是说在这座旧日的皇城里面过了四个新年。据他观察，四年倏忽间便过去了，可是眼前的这座京城里的一切，几乎与他刚来到这里的时候一模一样，没有任何值得一提的改观，自然就遑论有丝毫的社会进步了。

情况还不仅仅如此，那些从前清遗留下来的装神弄鬼的玩意儿，竟比从前闹得更厉害了，无论是在前门的茶馆，还是在商贾林立的大栅栏，以至于洋气十足的六国饭店或是达官贵人的豪宅，不时地会传出什么扶乩、算命、望气等种种鬼话来，就是亲戚朋友见面的时候，说起话来也往往带有不少鬼狐之气。

到了每年的年关，也就是阴历年将至的时候，祈福迎神的爆竹，便开始噼里啪啦地响个不停，一直从年三十放到正月十五，足足要闹腾上十好几天。对于中国人的这种崇祀鬼神的心理，俞平伯感到很是不可理喻，特别是看到不少人在神神道道地说些鬼气十足的话的时候，比讲人话的时候还要高兴，更是令他耿耿于怀。这令他不禁想起了陈独秀先生提出的那些反对旧礼法、旧国粹的道理来。

俞平伯究其所以然，立即便发现这是中国延续了几千年的神怪思想在作祟。这种叩拜偶像，将自身的幸福祈之于虚无神灵的怪诞行为，毫无疑问地会令世俗大众的头脑走向愚昧。特别是当今中国的种种妖妄之事，都是源于阴阳五行，阴阳五行又靠的是干支，干支则靠的是阴历，所以阴历不啻是妖魔鬼怪的老巢。而时至西洋科技突飞猛进发展的今日，中国的思想界竟开不出一服灵丹妙药来，给这种遗祸千年的蒙昧念头以当头棒喝。可是，谦谦如俞平伯者，并不想飞身跳入浑沌不清的中国思想界里去，扭转嘎嘎呀呀转动的乾坤。

对于这些问题，俞平伯自有道理："他们原是闭眼乱说，我们张着眼睛的人偏要打到一块去，未免有点可笑。比如醉汉寻人打架，本是常事，如一个清醒的人拉着醉汉讲理，旁观的人不免要说一句：'老兄，你也醉了！'"

第七章　文学革命的追随者

109

那么怎么办呢？俞平伯信心十足地说："所以只要有几篇用科学方法作证的文章，去证明这些荒谬，也就可以终止讨论。"

于是，书生气十足的俞平伯将他认为是最为切要的办法说了出来："我对于这件事提出一个意见，就是严禁阴历，并且禁止阴阳合璧的历书！"

为了使这个釜底抽薪的主张有说服力，俞平伯借助简单的科学知识，列举出了一系列的依据，希望决策者能够择善而从之，这样一来，什么吉日、良辰、五禁、六忌、烧香、祭神等等荒谬的事儿，就会不禁自绝，那些遗害了千百年的神怪思想，也就不至于再去蛊惑心地纯洁的青年了。

俞平伯提出的这个主张确实说到了中国传统文化的弊病上，但是纯粹的文化人看问题有时不免于太超前，尽管他们是经过深思熟虑之后才提出自己的主张的，而且他们的主张在经过时间的检验之后也是正确的，但是，因为他们忽视了在实现自己的主张之前应做的种种铺垫，以至于他们开出的济世良方，丝毫得不到世人的重视，最终被夹入了故纸堆，成为供后人叹息的鸿羽。

尽管如此，俞平伯的视野渐渐变得开阔起来，以一种积极的人生态度来参与对社会现实的思考。

当时的中国社会正处在一种向无秩演变的过程之中，经过前清的甲午之役和庚子事变，国势已经被削弱到了无以复加的地步。面对残破不堪的国家，是凡中国人一旦崭露了头角，嘴里高喊的都是"救国"的口号，而且个个都称自己的主张是灵丹妙药，于是群雄竞起，自家先残杀起来。因为以乃辈之见，国是迟早要救的，但是这个好汉得要自家来充当，待将一切"救国"的敌手都打平了，再来驱除外敌，复兴华夏上国。

早在1915年，中华民国大总统袁世凯的救国"良方"是改民国为中华帝国，在杨度等"筹安七君子"的拥戴之下，已经坐在紫禁城里的袁世凯开始紧锣密鼓地准备登基，为了赢得强邻日本对自己的支持，于是年5月，接受了日本提出的严重伤及中国主权的《二十一条》密约。这个《二十一条》密约的草案，其实在十年前就已经锁在日本外务省的保险箱里，只是日本政府还没有在中国找到一个能够拍板的代理人罢了。12月12日，袁世凯在由总统府改成的新华宫内宣布恢复君主制度，改次年为"洪宪元年"，接着便在居仁堂接受了文武百官的朝拜，并且大封群臣，北洋诸将也各自得到了封爵。

袁世凯看着由"筹安七君子"怂恿人写来的劝进表、推戴书、请愿书，不无自得地说："民之所欲，天必从之。"

但是，这位"洪宪皇帝"打错了算盘，正当他筹办登极大典的时候，缔造民国的孙文先生就首先不赞成了，率先发表《讨袁宣言》。紧接着，全国各地的反袁浪潮风起云涌，蔡锷将军率领的护国军也从云南出发，讨伐已经被国人冠名为"窃国大盗"的袁世凯。

数年之前，袁世凯在当上了中华民国大总统不久，就派人暗杀了将同盟会改组为国民党的革命人士宋教仁。孙文等人在识破了袁世凯的真面目之后，于1913年7月，断然发动了讨伐袁世凯的"二次革命"，打出的旗号是：再造共和。由于实力悬殊，这次革命义举很快就被袁世凯麾下的北洋军所击灭。

逃脱了袁世凯的警探追踪的孙文，从上海辗转来到日本，在东京继续领导和策划着反对袁世凯的活动，组织成立了行动机构——中华革命党。在孙文、蔡锷等人的政治声讨和军事打击之下，众叛亲离的袁世凯顿时成了孤家寡人，身陷于四面楚歌之中。在举国声讨之下，只做了八十三天皇帝的袁世凯，被迫取消了帝制，时过不久，便在忧惧交加当中一命呜呼。

1917年7月，孙文赴广州就任中华民国军政府的大元帅，担负起领导南方军民和南下的非常国会一道讨伐军阀的重任。

俄国十月革命的成功，给了孙文以极大的鼓舞，他兴奋地致电远在欧洲的苏维埃政府，热烈祝贺那些异国志士们取得的巨大胜利。他在电文中热情洋溢地写道："中国革命党对贵国革命所进行的艰苦斗争，表示十分钦佩，并愿中俄两党团结共同斗争。"

正当新生的苏维埃政权遭到国内外敌人疯狂进攻的时候，这封饱含着诚挚祝福的贺电，飞到了列宁的书桌上。列宁捧起这纸从遥远的东方发来的电报，十分欣慰和感激，他立即委托外交人民委员契切林致信孙文表示谢意。契切林在信中写道："人民委员会给予我一个光荣的任务，向您——尊敬的导师，代表南方国会致工农政府的贺词一事，表示感谢！……因为，我们的胜利就是你们的胜利。"

袁世凯死后，北洋军直系将领冯国璋成为继任者，但是北京政府的实权却握在了皖系将领段祺瑞的手中，这仍然是一个对外实行妥协，对内进行镇压的统治集团。北京高等师范学校的匡互生是当时学生运动的前锋人物，他在阐述五四运动发生之前的社会现实时这样写道：

> 在这次运动未发生以前，中国一班青年所感觉最不安的有几件事实：第一，就是袁世凯因为要求虎狼似的日本对于他作皇帝的计划予以援助所换来的与这次运动有直接关系，而又为一班人认为中国致命之伤的"二十一条"；第二，就是讨袁战争，复辟战争而起而连年得不到解决的南北战争；第三，就是参战时候与日本所订损害中国主权的军事协定；第四，就是被一班人猜想与中国的生死存亡有重要关系而且与人类社会的变化有重大影响的欧洲大战；第五，就是受军阀操纵而又无恶不作的安福系。处在这样一种"灾害并至"，"险象环生"的境地当中，怎得不令人栗栗恐惧，由恐惧而悲愤，由悲愤而发生革命思想。既有革命思想，自然要乘机思动的。

事实的确是这样的，匡互生指出的"伤害中国主权的军事协定"，说的便是北洋政府当中的安福系首领段祺瑞与日本签定的《共同防敌军事协定》。这个协定允许日本军队在中国境内享有自由行动的权利，极大地伤害了中国的国家主权。北京各个国立专门学校的学生闻讯之后，群情激愤，纷纷结队赶往新华门，要求面见大总统冯国璋，请求废止那个丧权辱国的条约。由于事前没有组织，罗家伦等几个被推举出来的代表竟被久历官场的冯国璋一番圆滑加恫吓的话，给糊弄了一番。经过了这次挫折，学生们意识到了组织团体的必要性，时隔不久，京城内各大学校里的学生团体便如雨后春笋般地冒了出来。

三月初的一天，一则消息刊登在了《北京大学日刊》上面，这则消息令俞平伯的眼睛不禁一亮：

> 本校学生邓康、廖书仓等近发起组织北京大学平民教育讲演团，以教育普及与平等为目的，以露天讲演为方法。

发起人之一邓康是湖南人，与俞平伯同是中国文学门的同学，只是比俞平伯低两级。这位俞平伯的低班同学确实是位不同凡响的人物，若干年之后，他成了中国共产党的重要人物，那时他的名字已经改为邓中夏。

校刊上还刊载了《北京大学平民教育讲演团征集团员启》和《北京大学平民教育讲演团简章》。俞平伯从简章上面了解到，平民教育讲演团是"以增进平民知识，唤起平民之自觉心"为目的的。邓康等人的倡议得到了校长蔡元培的支持，同时也在北京大学的学生当中引起了极大的共鸣。

值此国难频仍之际，俞平伯在书斋里再也坐不住了，不久，他亦加入到了讲演团的队伍之中，成为第四讲演所的一名讲演员，用他那夹杂着吴地嗓音的国语，向北京那些身居僻巷的平民宣讲起新思想来。

当然，他并没有忘记自己的诗人身份，一旦灵感忽发，诗意袭来，仍然要优哉游哉地吟咏起来。北方春天的脚步往往是蹒跚来迟的，所以来自江南的俞平伯对于春天有着一种特别的企盼，当江南草长莺飞、杂树已着繁花的时节，京津一带的柳梢刚刚才挂绿意，化了冻的河水，在涌动的暖流带动下，悄悄地恢复着它那不驯服的本性。

春天到了，照例是要陪妻子回到天津的娘家去探望一番的。

在天津这座华洋杂处的城市里，自然是难以激发起诗情的了，远离了北京那个显得有些躁动的政治、文化中心，身处此境，俞平伯那颗驿动的心此刻也跳得平缓下来，令他感到了几分寥落和无奈。此时，春光已经寻遍了塘沽一带的海滨，微风吹拂，挟来了一阵聒碎零乱、又清又脆的声音，俞平伯禁不住侧耳听去，呀，原来是一群鸟儿在歌唱。

俞平伯从书房内踱到户外，仰起脸瞅了一眼当顶的太阳，此时正是晌午时分，四下里静悄悄的，在俞平伯的视线里，有一只小鸟在空中掠过，朝着海河的方向飞去，俞平伯的那颗岑寂的心忽地跳得急促起来，他信步朝着樯橹如云的河畔走去。

在暖融融的春日下，俞平伯独自漫步在河堤上。河面浪纹如织，映衬着闪烁的阳光，在俞平伯的眼里已经辨不出远近和高低，眼里一片金灿灿的颜色，河对岸的店铺人家，往来如梭的木船，以至极目所及的房舍、树林，在暖洋洋的空气中，似乎都与延伸铺展开的大地融成了一体。

俞平伯在河堤上漫无目的地信步走着，在心里细细地品尝春天的好滋味。

一艘单桅帆船被一个纤夫拽着迎面缓缓驶来，两支船桨插在船舷上，并不去拨弄浩浩荡荡的河水，任凭那纤夫用细细的麻绳将船儿向上游牵拽。

俞平伯停住脚步，好奇地瞧着这只不知是从哪里漂泊来的渔船。在晒着破鱼网的船头上，一位渔人蹲踞在船板上，正使劲地用手中的竹刀劈竹子，被刀劈得爆裂开来的竹子发出清脆的噼啪声。船主人那年龄尚幼的孩子憨憨地站在船舱口，脸上挂着痴痴的笑，在望着船帮下的滔滔河水发呆。在俞平伯的眼里，这艘破旧的单桅帆船成了一个小小的世界，它上面承载着的这褴褛的父子二人，过着浮家泛宅的生活，是那样的新鲜、干净和自由，简直就和那和煦的春光一样令他着迷。

瞅着此情此景，俞平伯不禁诗心大动，好像有一支看不见的笔在心头疾速地唰唰书写起来：

太阳当顶，晌午时分，
春光寻遍了海滨。
微风吹来，
聒碎零乱，又清又脆的一阵。
呀！原来是鸟——小鸟底歌声。

接着，俞平伯用他那细致入微的观察力描写起河畔的景色来，以此来抒发胸中的感受。当那艘单桅帆船渐渐远去，在视线里消失之后，眼前的景致便没有那般鲜活了，甚至变得有点褪色。经过心里的一番咀嚼，遥望弯曲的回家之路，神色朦胧、浮想联翩的俞平伯的目光和思维又回到了现实当中，他的胸中不免有些沉重起来：

归途望——
远近的高楼，
密重重的帘幕，
尽低着头呆呆地想。

这个时代确实是一个令年轻人思索的年代，俞平伯的心中一定想得很多，令他心潮难平。这首名为《春水船》的诗写出来之后，得到了胡适的高度赞扬，胡氏称："这种朴素真实的写景诗乃是诗体解放后最足使人乐观的一种现象。"

俞平伯在谈到他做诗的动机时认为："凡做诗动机大都是一种情感，或是一种情绪；智慧思想，似乎并不重要，我们从心理学上，晓得这种心灵过程是强烈的，冲动的，一瞬的。若加以清切的注意或反省，或杂以外来的欲望，便把动机的本身消灭了。所以要做诗，只须顺着动机，很热速自然的把它写出来，万不可使从知识或习惯上得来的'主义''成见'，占据我们的认识中心。"因为："做诗原只是做诗，不该把做诗当作求他欲望的手段，诗的兴趣即在本身，不可从本身以外求趣味。若是一个学诗的人问，'做了诗，为什么？怎么样？'这是把功利的臭味，来沾污诗神，我们应该请他出诗人的范围。若是有人问，'诗要怎样做？'他大都也是诗中的门外汉，因为他自己带上桎梏，我可以回答，'你要怎样做，就怎样做，我却不会告诉你。'"

　　俞平伯认真而又诚恳地论说道："盛兴来了，我们不得不写下来；若不来呢，虽要写也写不出，即写出来的也不是诗。随盛兴来的诗，未必定是好的，却还不失诗之精神，听它的自然来去，不加一些人为的做作，已是我深信的一条最有效的做诗方法。我的主张，是诗的解放，第一步要解放做诗的动机。"

　　诚哉斯言。俞平伯不愧是一位至诚君子，纯粹的学人。做诗，在一般人眼里真是玄而又玄，高不可攀，就好像是一位象牙塔中的公主，神秘而又朦胧。而俞平伯竟将无数位诗人奉为玄秘大法的做诗真言，毫无藏掖地和盘托出，并且还要不顾忌也许会有人以此为据，将自己归入浅白直露、缺少深度和广度的"末流诗人"的行列。

　　俞平伯是成功的，他的诗像一缕清风刮向诗坛，清新而又质朴，令人在捧读之时，就好似在品尝一枚青果，咀嚼之余，回味悠长。

　　师长的赞誉确实令俞平伯感到鼓舞，北京的政治形势却令俞平伯感到忧虑，尽管在那场西方列强相互间厮杀的世界大战中，中国也忝为战胜国，可是在是年初举行的巴黎和会上仍然处在被宰割的地位。毋庸置疑，这种势态的产生实则与国势强弱有着很大的关联，不过掌握国家命运的官吏们的庸碌昏聩，令这些尸位素餐者们在处理国家事务的时候，显得是那样的随意和不可思议。

　　俞平伯在发表于《新潮》上的一篇名为《我的道德谈》文章当中谈道："近年国内时局纷乱的原因，虽说是官僚专制，武人跋扈，其实根本上由于思想界之陈腐昏谬，前者至多关于一国的政治，后者乃影响于国民性的精神。我们想一想中国思想界何至坏到这样，不消说学术消沉是它的原因，而社会家庭种种方面的压迫牵掣，更是原因中的原因。"

俞平伯在文中将造成这一切的根源归结于中国古代的伦理思想，这种思想养成了一班官员们的道德观，这种陈腐昏谬的道德观，真可谓误国误民，遗害无穷。

不久，由内忧外患引发的"五四"运动，在北京学生界的发起下轰然而起了。北京大学的学生们在这场运动当中成为了前驱，他们树立起的反抗帝国主义列强的旗帜，令全国爱国之士的人心为之一振。

本来，"新潮社"和北京各高等学校的学生团体，愤于中国政府在巴黎和会上的软弱不争的态度，准备在1919年5月7日走上街头，举行一次大示威，给苟且媚外者以当头棒喝。没想到时局的发展令学生们再也坐不住了，刚刚进入五月，从法国首都巴黎传来的消息一天险恶过一天。到了五月三日，北京的几家报纸已经将巴黎和会上对中国不利的消息刊出，北京大学的几位外籍教师也证实了这些消息的可信性，消息说：中国在外交上已经完全失败，虽然也虚担战胜国之名，然而仍然逃脱不了被列强宰割的命运。

匡互生后来回忆道："失败的原因完全在曹汝霖、章宗祥、陆宗舆等秘密签定的徐高、济顺两路借款合同的换文上所有的'欣然承诺'四个大字上面。因为'二十一条'的承认还可以说是由于最后通牒压迫的结果，在以谋求永久和平相标榜的和会场中可以借着各国的同情把全案推翻的，但日本的外交家却能立刻拿出中国专使所未曾知道的密约换文上所有的'欣然承诺'四个字来作非强迫承认的反证，来作箝制中国专使的口的利器……"

这些于中国不利的消息传到北京之后，各大高校的师生们无不义愤填膺，到处是一片痛斥曹、章、陆的吼声。五月三日，邵飘萍来到北京大学，他告诉激进的学生在巴黎和会上"山东问题"已经完全失败。当晚，北京各高等学校的学生组织在北河沿北京大学预科的风雨操场，召开京师各高等学校学生大会。

邵飘萍首先将自己了解到的情况向台下的学生们作了解说，有"大炮"之称的许德珩等一班学生立即跳上台去，大声发出慷慨激昂的疾呼。

年仅十八岁的刘仁静甚至拔出一把短刀来，想要以一死来唤起国民的觉醒。他们的这些举动顿时令在场的同学们热血沸腾，群情激愤，冲口而出的怒吼声远播户外，穿透了京城浓重的夜幕。大会一致通过了提前举行示威活动的动议，决定于第二天也就是五月四日到天安门广场举动一场声势浩大的游行。

箭杆胡同与北京大学的后垣比邻，这天俞平伯恰在家中奉侍父母，从校内风雨操场里传出来的喧哗声，直贯俞宅。俞平伯再也坐不住了，第二天一大早，他就直奔学校，要求参加到向软弱无能的北洋政府示威的行列当中去。

这次活动的总指挥是同班同学傅斯年，这位当时的风头人物当即要他参加学生会新闻组的工作，负责宣传发动工作。俞平伯领命之后，便立即偕同学前往北京商会，拜访了商会会长，要求全城的商肆在即日内罢市，以策应学生的抗议活动。因为用作传单的纸张不足，俞平伯又急中生智，不知从哪里找来了一些出殡用的纸钱，在上面盖上刻有标语的朱戳，交由游行队伍里的同学散发。他的这一番奇想，在当时确实也是一个惊世骇俗之举。

五月四日上午，学生会派出的学生将曹汝霖、章宗祥、陆宗舆等人家的门牌号码，一一调查摸清。到了下午一点钟左右，十三所学校的学生徂奔天安门集合，一时间天安门下人头攒动，口号震天。学生们手执的小旗上面书写着"反对强权""废止二十一条""卖国贼曹某章某""抵制日货"等口号。学生们自动排成队伍，浩浩荡荡地朝着使馆区东交民巷拥去。学生们的义愤促使他们要以一种代表中国人公意的行为，向列强发出不甘屈辱的顿喝。

守卫使馆区的外国卫队见状，大惊失色，立即如临大敌般地在街口列队执枪，对着像海浪一样涌来的学生们虎视眈眈。学生们当即派出代表，向英、法、美、意等国公使署交涉，要求列强立刻将封堵街口的士兵撤离，让游行队伍通过。列强的公使们傲慢地搬出《辛丑条约》为依据，断然拒绝了学生们的正义主张。列强的强硬立场，极大地刺痛了学生们的拳拳爱国之心。在中国的土地上，中国人竟然没有了应有的行动自由，这岂不是咄咄怪事？这时人群当中传出了一片愤怒的声音："到外交部去！""到曹汝霖家去！"

担任总指挥的傅斯年怕出现过激行为而引发意外，曾极力劝阻。但是，在东交民巷外面被阻挡了两个多小时的学生们，在切身体会了外力的欺辱之后，心中已经愤怒到了极点。他们不顾傅斯年等学生领袖的劝阻，高呼着"外争国权""内除国贼"的口号，改道朝曹汝霖家走去。

当游行队伍经过东长安街，来到位于赵家楼曹宅前面的时候，学生们纷纷将手中写有口号的小旗掷进曹宅院内。这时热血沸腾的匡互生和几位同学跳上围墙上面插有铁栅栏的墙窗，奋力将铁栅栏捣毁钻进院内，不顾驻守军警的阻拦，把紧闭重锁的后门打了开来。学生们在一阵呐喊声中拥进了曹宅，搜遍了屋内屋外，没有找到曹汝霖。

于是，不解气的学生们便在曹宅内放起火来，北京高等师范学校的一位学生刚将火苗引着，从墙角的一个木桶内突然冲出一个人来，一位同学劈头给了这人一旗杆，将其打倒在地。有识者上前仔细一瞧，原来是章宗祥。虽然学生们没有找到曹汝霖，但却意外地擒获了章宗祥，也就是那个当年向日本政府亲手递交那封写有"欣然承诺"的条约换文的驻日公使，一时间拳脚交加，将这个可怜的外交家饱揍了一顿。腾空而起的一缕黑烟将曹宅化作一堆瓦砾。事已至此，不管尔曹日后如何分说，反正曹、章、陆等人从此被钉在了历史的耻辱柱之上，成了让后世唾骂的标本。

理想与现实往往是有距离的，俞平伯的灵魂在诗国的精神世界里徜徉的时候，尘世中的喧嚣不时地闯入他的脑海，将这位激情澎湃的年轻学人又吸引到了令人感到沮丧的现实当中。

第八章
诗国履痕

◎

旋舞的遐思

1919年10月，孙文在上海将中华革命党改组为中国国民党，决心用一个崭新的政治组织来打倒被北洋军事势力操纵的北京政府。但是孙文奔走革命多年，直至此时还没一支听命于自己的武装力量，他与北京政府周旋的军队，大都是南方各路大小军阀的军队，这些大小军阀们与北京政府藕断丝连，时而交相往来，时而反目成仇，他们的一番番表演，令孙文的一次次军政动作功败垂成。

此时，俞平伯已经临近毕业，昔日朝夕相处的同学也渐渐开始各寻前程。现实毕竟是现实，即使是超凡脱俗的诗人，也不能生活在真空里面，他们得面对现实社会中的一切困扰，为眼前或是将来谋划。十月上旬，新潮社的骨干之一杨振声（金甫）将要赴美国留学，依依不舍的俞平伯特地写了一首名为《送金甫到纽约》的诗为这位学友送行。

在这凉风萧瑟的深秋，渐起的北风吹刮着满地的落叶，展眼四顾，满目是衰黄的晚秋景致。眼瞅着学友逐日地星散于四方，俞平伯的心头不禁袭上一股悲凉来，感到了一股莫可名状的孤独和惶惑。

这时，陛云先生已经在城中觅得了一处颇为堂皇的宅院，这座宅院位于朝内老君堂，这大约是陛云先生认为儿子的学业将满，无须再与喧嚣的学校隔垣而居，图一个就学的便利；而是要觅一处能够闭门读书的清静地界了。

这座新宅院最显著的特点是院内有一株高大的老榆树，这株阅尽沧桑的老树，枝桠横陈，浓荫蔽日，在这深秋时节，每当风儿刮过，它便会发出一阵呜咽的叹息声，然后在簌簌地摇摆声中撒下无数微黄的树叶来，这片阵雨般纷扬飘零的树叶雨散落在庭院里，使得满怀怅惘的俞平伯在步入这座典型的士大夫宅第时，又平添了几分悒郁。也许正是这个原因，俞平伯总是将这株饱经风霜的老榆树称作"槐树"，确实，称其为"槐"要比称其为"榆"浪漫得多，显然，那个"南柯一梦"的故事，多少要给这位诗人一点启发吧，更何况，年轻人怎么能没有梦呢！

初入新宅，难免会有点心神不宁，何况是一位志向高远、满腹经纶的诗人呢。值此学友各自飞鸟投林，逐渐星散之际，俞平伯于中夜搁笔的时候，更是寂寞难耐，他披衣踱出书房，来到秋虫唧唧的院落中庭。这时昏黄的下弦月已经移过中天，月儿的清辉将院墙的影子长长地投影在了庭院的铺石上，甚至可以令俞平伯依稀看见在墙头上瑟瑟发抖的枯草，这堵高高的院墙遮断了俞平伯的视线，在这夜阑人静的时候，院墙外面的街巷上该是很清冷的吧。

此时，俞平伯的魂灵似乎已经游移到他的形骸之外，攀上了高高的院墙，用一双沉静的目光扫视着院落外面的世界，探视的结果令他很是失望，街面上连一只游荡的狗也没有，看来这个世界真的昏睡过去了！怔了半晌的俞平伯深深地叹了一口气，在那株老榆树下面无意识地徜徉徘徊。

忽然，一阵清脆的梆子声由远而近地传入俞平伯的耳鼓里，他的心头顿时感到了一阵温暖，原来在这个世界上还有人没有睡着，在无人知晓的黑夜中守卫着脚下这片苍茫辽阔的大地。俞平伯睁大了眼睛朝着发出清越梆子声的街巷方向望去，可是院墙仍然不肯将他的视线放过去，但这并不要紧，因为诗人已经用他的心灵感受到了一切。俞平伯松开适才还紧皱着的眉头，长长地吐了一口气，此时，一首名为《墙头》的小诗，已经在他的心头油然而生了：

此余三十五歲所作也荏苒十九年久成陳迹衡兒
髫紀即嗜觀是卷今冬刻成兒將遊學美洲偶
裝為譬校數過他日學成歸里重話篝燈夜
校情景怳仰之間天為陳迹余腰腳尚健山川
佳處當契吾兒同理屐遊絕壁題詩蒞江澂酒
不減當年逸興也

　　樂靜老人　時辛酉仲冬

俞陛云手迹

墙头——黄黄的下弦月，

阶前——沙沙几堆败叶；

小小的我背着月儿，踏着叶儿，跟着影儿，

恋着，守着，傍着；

还有打更的哥哥，

三声五声地隔街伴着。

月斜了，风定了，人睡了，

那染不就的浅蓝天清冷冷罩着。

因为有那"染不就的浅蓝天清冷冷罩着"，也就难怪俞平伯们要痛苦地思索了。作为平民教育讲演团的讲演员，俞平伯仍然卖力地做着启迪民智的工作，他所在的第四讲演所第三组，仍然不时地深入到平民当中去讲演。尽管离校的日子已经临近，俞平伯还是在是年年末做了最后一次讲演。

这次讲演是在北京的四城进行的，俞平伯讲演的题目是：《打破空想》。其实这个题目应当拿到读书人当中去演说，因为那些平民百姓们一直是在现实当中挣扎的，哪里敢有什么"空想"？而文人学者却是会时不时地生活在幻想当中的，有时甚至是十足的理想主义者。

也许俞平伯的这一番演说正是有感而发，不自觉地将自己这个知识阶层中人，放到了知识匮乏的平民百姓之中，拿出自己的心声来与之共勉吧！若以此看来，即将走向社会的俞平伯，已经在主观上将自己的思维与平民的意识拉近了距离，这也正符合他文学平民化的主张。

努力去呀，莫误了自己的生长

三载的大学生活，使俞平伯开始成熟起来，他不仅成了一位继承了传统国学的学人，而且还成为了一位颇有名气的白话诗人。不过，于一位刚过弱冠的成年人来说，这个成熟的标志还不仅仅是他下巴上面生长出来的胡子，最为显而易见的是他已经是一位名符其实的父亲了。就在他在四城讲演后的十多天之后，二女儿俞欣又来到了人世。这样，在圣洁的诗国里吟唱的诗人，无论如何也要回到人间了，即使他可以不食人间烟火，但他

与友人合影。右起第二人为俞平伯，第四人为朱自清

的妻子和那两个可爱的安琪儿呢？走下诗坛的诗人在灯下静静地思索，不得不为自己的将来做一些谋划。

蔡元培入长北大之后，给北京大学带来的新学风，令俞平伯等辈学子在数年的求学光阴当中，过得是那般洒脱，那般滋润，一点也没有感觉到苦读时光的难挨。后来俞平伯在回忆当时的情形时，写道："所受业诸先生皆学府前辈，文苑耆英也，同游诸君亦一时之隽也，……若余当时者，童心犹在，孩态未除，逐侣随班，曾无寸进，嬉恬玩匆，岂惜分阴，真所谓'三载虚担上学名'，记中云，即其实况也。"

毕竟，三年的求学光阴真如白驹过隙，其逝也速。此时的俞平伯真可谓少年得志，意气初殷，但是他面对着五光十色的学术世界，竟也有点手足无措，不知选择何门何行作为继续探索的目标，难免有些心旌摇曳。"盖其时虽肄业于中国文学门，而求学志向未定，一心以为有鸿鹄将至，对于古文词意殊不属，……似于政法、东文深感兴趣，来往密切皆法科诸君。"

毫无疑问，俞平伯是肯定不会放弃自己的追求，那桂树枝叶编织而成的桂冠仍然在深深地吸引着他。既然胡适之先生在美国熏陶了一番，甫回国便成了白话诗的开山鼻祖，而且还成了新文学运动的翘楚之一。看来，在这九州之外，确实有真经可取！美利坚的真经已经为胡适之取得了，那么放眼四海，何处还有更为上乘的成佛大法呢？俞平伯在地图上面找到了英国，英吉利可是美利坚的祖宗呀，雪莱、拜伦……哪一个名字不像钻石一样耀人眼目！当然那里还有法、农、工、商等诸门诸科，哪一样不是刚从睡梦中惊醒的神州大地所需要的！

陛云先生对儿子的选择非常支持，尽管并非富贵人家，但是对儿子这种负笈万里的胆色，还是倾囊壮行的。陛云先生为儿子筹集了一笔旅费和在英国的求学用度，然后又将这笔钱拿到北京的英国汇丰银行兑换成了英镑。

好在俞平伯此番去英国求学并不孤单，在"五四"运动当中已经崭露头角的傅斯年，恰好也准备到英国去深造一番，于是这两位原来同是"黄门侍郎"的同学便相约结伴而行了。

俞平伯对这次出国深造充满了希望，耿介书生们固有的孤傲还使他瞧不起那些趋炎附势，拜倒在权贵脚下分食唾余残羹的人。北风陡起，霜凌满地的初冬时节，他去了一趟京津门户通州，在从通州回北京的官道上，俞平伯乘着一辆由犍骚驾挽着的载人暖车，在这条令文人墨客有"古道西风瘦马"意境的黄土官道上，俞平伯并没有油然生出"断肠人在天涯"的感叹，而是将目光出神地投在道旁稀疏残断的枯芦上面。暖车随着官道的起伏颠簸摇晃着，俞平伯脑海里原来五光十色的东西，也在这轻微的颠簸之中被滤得所剩无几，只有道旁干涸苇塘里的残芦断苇，令他感叹不已：

> 呀！霜挂着高枝，雪上了蓑衣，
> 远远行来仿佛是。
> 一簇儿，一堆儿，
> 齐齐整整都倒风姨裙下——
> 拜了风姨。
> 好没出息！

呸，芦儿白了头。

俞平伯在心里面诅咒着，同时他又为摇摆不定，经不起风姨的诱惑，随风起舞的芦苇们叹息道：

> 是游丝？素些；
> 雪珠儿？细些。
> 迷离——不定东西，
> 让人家送你。
> 怎没主意？
> 看哪！芦公脱了衣。

自从那场如同狂飚般的学生运动之后，新潮社的文学活动和社刊《新潮》都陷于停顿，按照社长傅斯年的说法："因为北京大学几个月里事故很多，同社诸君多在学校里服务，也有往上海的，就无暇顾及了。"

特别是因为当初发起新潮社的同仁，不少都面临着毕业离校，为了新潮社日后的存在和发展，同仁们决定选举新的干事班子，而俞平伯和傅斯年因为就要赴英国留学，所以虽然参加了全体社员大会，但是并未参加选举。

俞平伯满怀去国前的留恋参加了这最后一次新潮社同仁们的集会，他的心情是复杂的。过去的数年岁月，在他的心中刻下了深深的印痕，新文学运动使他睁大了眼睛，在审视中国历史文化的同时，开始陷入新文学与传统国学之间相互碰撞而形成的漩涡之中，矛盾时而令他创新，时而又使他回过头去寻觅，在故纸之中审视和发掘。蔡元培校长那"兼容并包"的思想又变相地体现在了他这位后学的身上，而且随着时间的推移，人们会发觉俞平伯确实找到了一条令两者之间可以相融合的路子。

傅斯年不愧是个富有组织才干的人，他在一篇告别同人的文章里满怀激情地写道："我只盼我去中国以后，新潮社日日发展。我的身子虽然在外国，而我的精神留在北大里；因为我觉得我一生最有趣味的际会是在北大的几年，最可爱的是新潮社，最有希望的是北大的文化运动。"

傅斯年的这一番话，对经历几乎相同的俞平伯来说，怕也不无同感吧。

就要告别祖国了，就要告别师友和家人了，还有老君堂新宅庭中的那棵老"槐树"，俞平伯在决然浮海西行的同时，心头的点点眷念之情自然是遣之难去了。

晚上，俞平伯坐在那棵老树下的书房里，心潮难平地思索着，昏黄的灯光洒在铺展在书桌上的印有竖红杠的稿纸上，稿纸的天头上用淡墨写着一行标题——风底话。那支使惯了的黑杆毛笔静静地躺在白瓷笔山上，饥渴地等待着主人用它去舐黄铜墨盒里的墨汁，使它能够在饕餮之后，再随着主人奔涌而出的激情，在那张刚染纤毫的稿纸上面恣肆地舞蹈一番。

但是，此时俞平伯还沉浸在遐思之中，他迷茫地望着漆黑的窗外，冥冥地沉思着，苦苦地谛听着。忽然，他的耳畔传来了风的呼啸，那风分明像精灵一样在推着天空中的白云奔跑，这股灵怪边跑边用看不见的嘴在歌唱。在这片怪异的歌声中，俞平伯仿佛又瞧见了清晨在北河沿边的情景。那条北京大学门外的河流似乎已经凝滞，微波荡漾的河面上衬映出那似乎是粘在天空中的白云，在河畔流连的俞平伯，怀着一股欷歔的心情凝视着河边的一草一木，即将去国的他就要挥别这条形同泮池的清流了。恍惚间，俞平伯感到不声不响的河水也对他板起灰色的面孔，树畔的柳树枝儿叶儿也在河涛击岸的呓语声中枯了黄了。

一片树叶儿飘到俞平伯的脚边，被河面刮来的陡峭的晨风吹得直打旋儿，他望着偎吻着自己的脚的树叶儿，心里想道："还有几秒钟的留恋，它就要被风沙卷，车轮辗，马蹄儿踹了！"

夜已经很深了，老君堂俞宅内书房的灯还没有熄灭，俞平伯拈着笔在那张等待已久的稿纸上疾书着：

> ……
> 几枝瘦骨，光光的枝儿，
> 留在风中摇动。
> 他心里直想：
> 好时光远了，
> "披风依水"的姿容久已消散，
> 就是几瓣黄叶儿也分手离别。
> 风啊，无情的你！
> 我要问你，为什么？

好朋友！我是永远如此的；

没有恨着谁，没有爱着谁，

只一息不息的终年流转。

向前！向前！

我的事！

我和你——他们大家的事！

　　白天在北河沿的时候，俞平伯才发现河畔的柳树们不但长高了，而且还粗了许多，回想起四年前，刚来北京求学的时候，这些柳树还是些几尺高的枝丫，经过几年的风雨，如今都长成了如伞如盖的葱茏大树了。俞平伯微笑着喃喃自语："我曾经催你发新，助你长成，才有了今天的你，忘了我吗？"

　　恍惚中的俞平伯见河旁的柳树们慵懒地耷拉着枝杈，一副无动于衷的凌波仙子派头。诗人不禁恍然醒悟，在心里自嘲道："我本无心也不为你，你莫谢我莫怨我，只是那无穷极的自然高高地笼罩着我和你，要谢你便谢他，要怨也怨他，好么？"

　　圆圆的月亮在浓重的云雾中穿行着，俞宅那棵老"槐树"下的书房里的书生，渐渐地从诗国的梦乡里苏醒过来，俞平伯叹了一口气，无限怅惘里又生出了些许勇气。

　　……

痴人！想守着你底朋友，

终老在枯槁的生涯里。

真能够？真愿意？

前边——摆列着无尽的春夏，

无尽的秋冬。

努力去呀，莫误了自己的生长！

我走我底路；

你，你的，

朋友，再见！

　　………

俞平伯陡然感到一股激情涌上心头，心里顿时变得暖融融的，浑身上下平添了许多力量。

此时的窗外夜色正浓，风儿呼呼的，那棵硕大的榆树已经掉光了叶片的枝儿，正在寒风之中瑟瑟地发抖。

还没有等到1920年的春节，俞平伯就在新年元旦后的第三天，与学友傅斯年、江树峰等人一道从上海登船赴英国了。在沪上候船期间，深感烦闷的俞平伯，曾经趴在寄宿处的书桌上，写了一篇《一星期在上海的感想》，如此这般地遣发了一番胸中的抑悒。

好歹总算等到了那艘外籍邮船启航，随着一声长鸣的汽笛，邮船那巍巍的身躯慢慢地离开了码头，朝着茫茫无际的大洋深处驶去。俞平伯跑上宽大的轮船甲板，来到船舷旁边，凭栏四顾，只见得极目之处海天茫茫，除了脚下的这艘巨型邮船之处，投入眼帘的生物也只有那在波谷浪巅之上翱飞的海鸟。

经过微带咸腥味儿的海风一吹，俞平伯的脑子清醒了许多，心胸也顿时豁然开朗起来。他迎着海风，深深地吸了一口气，任凭料峭的海风撩起自己的衣襟和头发，他似乎已经看到了那个偏居于西天一隅的英吉利，看到了那些头戴黑礼帽，身穿燕尾服，手执手杖的英国教授。这些气度不凡的绅士们，能告诉自己这个刚刚饱学了一通东方文化的学人一些什么呢？俞平伯在心中惦量，猜想着。

旅途是漫长的，因为有了傅斯年这个旅伴，所以逆旅中颇不寂寞。为了打发时间，俞平伯在上船前特地在行囊里塞了一部《红楼梦》，文人的习惯便是如此，与其枯坐永日，不如手执一卷。

俞平伯初读《红楼梦》，还是十三岁在上海的那年，于今已经过去七八年的光阴了，儿时的眼光与如今已是文学学士的眼光相比，当然不可同日而语。没想到傅斯年也是一个"红楼"迷，于是一部《红楼梦》竟做了这两位学友的海天伴侣，让他俩又找到了一个可以神侃的话题。两位北京大学高才生之间关于这本古典小说的扯谈，可以说肯定迥异于一般读者的闲聊，其间已经夹杂着文学探讨和版本研究，这个话题确实是值得搞中国文学的人深究的。

两位学友既然找到了一个共同感兴趣的话题，自然不肯轻易放过，在这艘孤悬于重洋之上的大船上，他俩就这个话题唇焦舌敝地剧谈了几乎整个旅程，竟然还意犹未尽。傅斯年的确有些见地，他常常以文学的眼光，来评说这部让才子佳人们肝肠寸断的奇书，而且时有妙论，这使得俞平伯得以更深一层地解读这部奇书的意义和价值。

在这艘前往英国的邮船上面，俞平伯还结识了不少同到欧洲留学深造的留学生，其中包括去欧洲探索自然科学的钱昌照等人。

傅斯年在给校长蔡元培的信中说：“船上的中国旅客，连平伯兄和我，共八人，也不算寂寞了。但在北大的环境住惯了的人，出来到别处，总觉得有点触目不快；所以每天总不过和平伯闲谈，看看不费力气的书就是了。在大学时还不满意，出来便又要想他，煞是可笑的事！平伯和斯年海行很好，丝毫晕船也不觉得。”

俞平伯就自己与傅斯年在海船上热议《红楼梦》的景况，在《〈红楼梦辨〉引论》中回忆道：“孟真每以文学的眼光来批评他，时有妙论，我遂能深一层了解这书底意义、价值。但虽然如此，却还没有系统的研究底兴味。”

在海上航行了一个多月，邮船终于靠上了英国利物浦码头。当俞平伯提着行李满怀信心地走下邮船，赶赴所选择的学校办理入学手续的时候，才发现因为英国在近期发生了通货膨胀，英镑贬值，俞平伯因为是自费筹款留学，所带的钱款根本不够留学之用。这一盆冷水浇得毫无思想准备的俞平伯手足无措，只得在英国伦敦等地略事游览之后，只待了13天，懊恼不已地仍取海路乘船回国，回程乘的是日本邮船“佐渡丸”。

与俞平伯一同赴英国的傅斯年因为得到了胡适的大力举荐，终于谋得了以官费出国深造的资格，留学所需的费用全部由当时的政府负担，所以不用为留学所需的费用操什么心，不久便顺利在伦敦大学办好了入学手续。

当邮船途经大西洋的时候，情绪沮丧的俞平伯只得在阅读张惠言的《词选》之余，作诗来排遣胸中的不快。在一首名叫《来去辞》的新诗当中，直抒胸臆，懊恼心情跃然纸上，对自己这次赴英国求学不果，深深地感叹“空负了从前的意”：

> 从这条路上来，
> 从来的路上去。
> 来时是你，

去时还是你！

想了什么，

忙忙地来？

又想些什么，

忽忽地去？

要去，

何似不来；

来了，

怎如休去！

去去来来，

空负了从前的意。

……

　　船过直布罗陀海峡，途经法国马赛，傅斯年从伦敦渡海，穿越法国，赶到马赛港再次为俞平伯送行。1963年，俞平伯在整理《国外日记》是这样记录这桩往事的："1920年，余方弱冠，初作欧游，往返程途6万余里，阅时则三月有半，而小住英伦只十二三日，在当时留学界中传为笑谈。岂所谓：'十九年矣尚有童心'者欤，抑亦所谓'乘兴而来，兴尽而返'者耶！"

　　好在也不是全无收获，去欧洲时，不但躲在船舱里将《红楼梦》看得烂熟，还与那个口若悬河的傅斯年一道，将那荣、宁两府上下评说了个遍，掩卷之余颇有心得。

　　在归舟中，依然是海天寂寞多闲，他便从行李中抽出张惠言的《词选》，诵读再三，韵滑词逸，心驰神往之际，不由得技痒难挨，船过红海的时候，正当农历春分后的一日，晚间散步至甲板上，此时，风已经悄悄地停了，海涛也渐渐地平息下来，仰颈东望，只见一轮新月懒懒地升了起来，盈光四溢，月儿的融融清光将远处的岛屿衬托得朦朦胧胧，在俞平伯的眼里，那岛屿几乎有一种就要溶化了的感觉，神思遐飞之际，便有了《祝英台近》。航行至印度洋的时候，则正当清明祭日，又有了步周邦彦韵的《玉楼春》，词虽不甚工整，但当时的心情已是一览无遗。

　　不过，于俞平伯而言，也有值得高兴的事情，只是因为他正航行于海上，不可能知道罢了，继《花匠》、《炉景》之后，他的第三篇白话小说《狗的褒章》，在《新潮》月刊第二卷第三期上发表了。

就在俞平伯赴英国深造不久，妻子宝驯带着两个幼小的女儿，返回了位于杭州的老宅，探视早已携全家南返的父母和弟妹们。僧宝远游英伦，家中自然要少了些欢笑，久居北地的陛云先生也自然要感到有点儿寂寞，难免也动了思乡之念，于是携夫人一同南下，寄居于杭城，在看视"俞楼"等祖业的同时，也好重览一番江南春色。

许宅位于杭州的城垣巷，所以，当俞平伯于四月初回到上海之后，就没有北上京城，而是从上海径直来到了杭州。

那一天红日西坠、暮霭渐深的时候，俞平伯如同神人天降般地出现在妻子和岳丈阖家的面前，游人远归，许宅上下在诧异之余，纷纷为之惊喜不已。

太平洋的澎湃风涛于耳边未远，而今俞平伯已与家人乘舟在状若杯水的西湖中清游，心情真是难以用语言表达："非但不用我张罗，并且不用我说话，甚而至于不用我去想。其滋味有如开笼的飞鸟，脱网的游鱼，仰知天地的广大，俯觉吾身之自在。月馀凝想中的好梦，果真捏在手心里，反空空的不自信起来。我唯有惘惘然，'我回来了'。"

午夜的彷徨

到底是宿儒之家，值此春色渐浓之际，岂不正是踏青访幽的大好时光？俞、许两家的长辈们不禁动了探访远郊春光，远游数日的念头。

俞平伯的兴致大概是最高的，他与宝驯陪着父母和舅舅先游了杭州，然后又取道前往古称山阴的绍兴。

从杭城到绍兴，虽然不是迢迢长路，但也需得鼓帆竟日，方能踏访斯境。当他们一行循着水路荡至绍兴西郭门外的时候，已经是夜半时分。

俞平伯蹲踞在乌篷船的前舷上，在咿咿呀呀的桨声中，用一双充满倦意的眼睛，无意识地打量着从河畔滑过的景物。三里、五里……如画的女墙傍在眼前；被黑夜融化得有些臃肿的山脚前，那苗条的古砖塔显得是那样的瘦怯。半空中的那一轮望月恰恰初满，月光将乌篷船的影子投在清流里，但是瞬间就被荡漾的河水给弄模糊了。在这沉寂的夜晚，俞平伯沉浸在船头的清寒里。深夜的寒露打湿了他的衣襟，耳畔只剩得船桨咿呀咿呀的摇动声，周围则听闻不到半点声息。在这死一般的静寂中，诗人感到了倦意，感到了凉意。又过去十里了，陡然，前方灯火骤黄，啊，绍兴的西郭门就在眼前。

乌篷船穿过穹窿形的水门，沿着杂石驳岸的河道进入了市区，面对沉睡过去的城市，俞平伯感到有点不可思议："夜幕张开，睡魔醒来，热烘烘的一座闹市，竟留不下一些儿声息。"

俞平伯在城中石板铺砌的街面上踯躅着，想要找一处客栈来安顿疲惫的家人。街面上空荡荡的，路旁的店铺都上了门板，从门缝里透出来的朦胧灯光，令俞平伯感受到了羁旅的愁怅。夹着屋角高耸的风火墙垛，尖尖地戳着夜空，俞平伯仰起脖颈，痴痴地想道："这怕是坟堆呢？将来的罢？……不是呀！正现在呢？"

俞平伯的心头一怔，顿时感到了一阵心悸，他连忙拔脚朝前面走去。忽然，远处的屋顶上面喷出了一片火星，形成了一股火的旋风直腾夜空。俞平伯走过去一瞧，原来那是一座铁铺，缭绕的青烟里，两个赤裸着上身的铁匠正在劳作。风箱在徒工的拉动下，呼哧呼哧地喘着粗气，炉中的火在风箱的鼓动之下，烈焰奔涌，火蛇乱突，溅起的火星直冲黑霭霭的天空。有着紫铜般皮肤的铁匠，用青筋突露的大手从火光四射的炉内，舀出一勺亮红亮红的铁水来……

俞平伯立刻就被这个热烈的场面吸引住了，忍不住感叹道："真是眩人的光呀！劳人的工呀！"

他张眼四顾，但是：

> 沉凝的空气，终不受一些一滴的震荡。
> 死乡的寂寞，重新回到；
> 将要更深呢！
> 相信那自然的，人的，人和自然的，
> 开着形形色色的花朵，
> 烂熳上这灰色的土泥。
> 背转脸的美和爱，
> 两重的恩惠，

他一齐给了你们哩！
裹着脚你就欣然吗？

——《绍兴西郭门头的半夜》

俞平伯的这一番怨怅，确实触目惊心！在这片色调灰暗的神州大地上，自然界中刚刚绽开花蕾的花朵，很快就会被马蹄踢扬起的漫天尘埃遮去了笑脸，年轻的学子们何尝又不是这样呢？

自打留学英国不果，踉跄归国之后，俞平伯开始留意起切入到社会当中去的机会了。

就在俞平伯留居杭州的这一段日子里，浙江学界发生了一桩引人瞩目的事件，说起来这桩事的根由还是受北京“五四运动”的影响而产生的。

事情发生在浙江省立第一师范学校，这所学校是前清光绪三十四年开办的，原名浙江两级师范学堂，校长是曾经留学日本的经亨颐。因为经亨颐是一位具有新思想的教育家，所以浙江第一师范学校一直受到省府的注意。1919年秋天，有一位二年级学生名叫施复亮（存统）的，有感于父亲经常虐待其母，中国传统的孝悌使他时常处于两难之间，顺父逆母，不孝；助母忤父，亦不孝，然则如之何而后可？痛苦中他写出了《非孝》一文，提出“要改造社会，的确非先从根本上改造家庭不可”。这篇文章在《浙江新潮》上一发表，就激起了一股不小的波澜。

浙江省的吉林籍省长齐耀珊立即就感到这是在向圣贤之教挑战，如果不加以及时制止，势必酿成对传统道德观念的冲击。平心而论，那个年代的高级官吏还是具有很深厚的道德与文化素养的，只是不合时宜罢了。齐耀珊召来了教育厅长夏敬观，命其讽劝经亨颐辞职。说起来这位夏厅长还是俞平伯的姨父呢，夏敬观亦是旧学出身，一向很有诗名，现在出长教育厅长也是适得其人。

当这位个子不高、颏蓄长须的诗人含蓄地将讽劝经亨颐辞职的话头说出来之后，当场就被声戆语直的经亨颐顶了回来：“我办学十几年，固已厌倦，本是要辞职的；但公职予夺，权在当局；此身进退，当由自主，故自辞则可，受讽而辞则不可；如以我为不合，请撤职可也！”

不得已，齐耀珊只得吩咐教育厅命经亨颐开除肇事学生施复亮，并且将四位向学生传播新思想的国文老师一并辞退，这四位老师便是有"四金刚"之称的夏丏尊、刘大白、李次九、陈望道，结果这一招又被经亨颐断然拒绝。

事已至此，齐耀珊只得调虎离山，发了一封公函给学校，说是亨颐先生德高望重，特调聘为本省教育厅高等顾问。当时的文人是很自傲的，视脸面如同性命，经亨颐在浙江教育界的声望很是不低，同时他亦是一位很孤傲的人，齐耀珊的这一军算是将他将住了。经亨颐看过公函之后，立即召开校务会议，他在会上声明：决不恋栈，即日就离校，但不接受新名义！

经亨颐甫一表态，夏丏尊等四位国文教师，还有那个闯了祸的施复亮马上也都自动离校他去。但是齐耀珊还是打错了算盘，教育厅改聘两级师范往届毕业生、省教育厅视学金布为校长。可是金布数次在教育厅的护送下到校接事，都被学生自治会坚决拒绝。同时，学生自治会还发起了一个"挽经护校"运动，不但要求教育厅留任经亨颐，还要求当局收回解聘四位老师的成命。

尽管教育厅得到了省议会的支持，可是学生们却得到了社会舆论的声援，上海各大报纸还在头版显著位置刊载了这起学潮。叶楚伧在《国民日报》上用社论讽刺夏敬观，劝他"做做诗，看看月亮，少闹笑话吧"！

这场风潮直闹得一师校园内天昏地暗，杭城内外沸沸扬扬。后来成了名记者、名作家的曹聚仁当时也是学生自治会的风云人物之一，是后期与省府对抗的主要的领头学生。束手无策的政府当局甚至出动了警察，想要强行解散这所学校，学生们聚成一团，驻扎在操场上，哭的哭，吵的吵，一位姓唐的学生甚至突然冲上前去，拔出警长腰间佩带的指挥刀，比画着要自杀。用曹聚仁的话来说便是"丘八碰上了丘九，也是束手无策"。

当局使出的杀手锏，结果又为一师的学生们所挫败。延宕至1920年3月底，当局好不容易找出了蔡元培的弟弟、银行家蔡谷卿当调解人，与学生自治会谈判，结果学生方面大获全胜，当局收回解散学校的成命，并同意以后任命新校长先由行政方面提出人选，经学生自治会同意之后方能发表。

尽管当局作了让步，但是经亨颐还是没能留住，另外四位国文老师也只是在礼貌上慰留了一番，终究一位也没有能留住。

当局讲的话学生们不听，由着学生们的主意办事，当局自然不放心也不甘心。还是夏敬观有办法，他是研究系中的人物，当时的研究系与政学系都是政坛上炙手可热的政治集团，在北京政府上层是极有势力的，研究系的主将黄溯初给夏敬观荐了一位校长人选——姜伯韩。

　　夏敬观则转请北京大学的代理校长蒋梦麟向学校推荐，因为"五四运动"之后，蔡元培去职，原教务长蒋梦麟便在众人的力邀之下，代理了校长一职。当时的北京大学真正是开明的象征，简直成了全国莘莘学子心目中的圣殿，一师的学生如曹聚仁等，见这位姜伯韩先生是北京大学的蒋梦麟先生介绍来的，顿时也就偃旗息鼓，不再鼓噪。

　　蒋梦麟是一位严谨的教育家，姜伯韩接长浙江一师后，他心中仍然放心不下，接着又应姜伯韩之请，为一师推荐了北京大学的高才生俞平伯、朱自清到一师执教国文，同时来一师执教国文的还有上海复旦大学毕业的刘延陵，和不知是什么来历的王祺。这四位新来的国文老师，被一师的学生们戏称为"后四金刚"。

　　俞平伯接到浙江一师送来的聘书之后，顿时一扫心中的迷茫，一面生活的风帆在他的心间又悄悄地滑向了桅梢。

　　浙江一师设在杭州的前清贡院里，此时的贡院在外观上还是老样子，东西辕门依旧存在，大照壁下面是一大片空空荡荡的广场，但这仅仅是外观，在斑驳的围墙里面，原来秀才应考的号舍已经被一栋栋欧式教室所取代，除了那座当年学政驻节的明远楼和一座狐仙庙之外，其他都不复存在。

　　明远楼是一座三层亭式建筑，飞檐斗角，高有七八丈，位于原龙门与至公堂之间，是整个贡院的中心，同时也是瞰视全院的最高点。现在明远楼的一层变成了阅览室，二楼是学生的疗养室，三楼则是医务所。在"挽经护校"运动中，明远楼成了学生自治会的总部，曹聚仁等人主办的学生刊物《钱江评论》编辑部，就设在明远楼的第二层。

　　暑假一过，俞平伯就赴一师执教了，当他迈过横躺在泮水之上的飞虹桥，来到这座历尽沧桑的明远楼下的时候，想来也会感叹一番时光老人那物换星移的伟力吧。

　　当时教育部规定的师范学制是预科一年，本科四年，共计五年。曹聚仁是1915年入学的，在学生当中也算是老资格了，这位学潮的风云人物，自然要以一副较为成熟的目光来看待这些新来的老师，俞平伯在他的眼里似乎成了一块很鲜活的玉璧："俞平伯先生，他是俞曲园老人的曾孙，（曲园，清末一代大儒，但我们对他也很隔膜），他的诗词修养，深湛得很，我们还不够来欣赏，我还记得俞师初到一师时，穿了一件紫红的缎袍，上面罩了一件黑绒马褂，颇有贾宝玉的样子，风流潇洒，自是浊世王孙公子。"

曹聚仁的观察很精微也很有趣味，不久他又发现这位"浊世的王孙公子"不但在诗词修养上头深湛得很，而且还是一位做新诗的骁将哩。

同来浙江一师执教的朱自清是北京大学哲学系的毕业生。朱自清字佩弦，他本来低俞平伯一级，因为家境拮据，所以使得他更加发愤地攻读，由于学业优良，朱自清得以提前一年毕业。他与俞平伯应当是相识的，因为他俩都是春潮社的同仁。朱自清长俞平伯三岁，他个子不高，衣着朴素，穿着一件青布大褂，天庭开阔的脸上时常挂着淡淡的微笑。

诗友相逢，自然是要谈谈诗了。因为俞平伯在新诗上出道较早，在朱自清的眼里，此兄于新诗之道是个老资格，于是，朱自清将自己数年所做的新诗，自结成一本诗集，名曰《不可集》，集名取自《论语》"知其不可为，而为之者与"，语含尝试之意。

俞平伯轻轻地在这本饱含着诗友心血的诗集上面翻揭着，浏览着。在朱自清的这些诗中，时而流露着惆怅，时而流露着希望，表现出来的那份情感，是那种不知道自己这只人生小船，在世间这弱肉强食的波涛中，将要漂向何方的忧虑，企望人生的希望和安慰的心情溢于纸间。

> 他们帮着我们了解自然，
> 让我们看出前途坦坦。
> 他们是好朋友，
> 给我们希望和安慰。

——朱自清《北河沿的路灯》

读着读着，俞平伯的耳边似乎听到了朱自清抑扬顿挫的朗读声，这带着浓重扬州口音的官话，深深地感染着俞平伯。

风雨沉沉的黑夜里，

前面一片荒郊。

走尽荒郊，

便是人们的道。

呀！黑暗里歧路万千，

叫我怎样走好？

"上帝！快给我些光明罢，

让我好向前跑！"

上帝慌着说："光明？

我没处给你找！

你要光明，

你自己去造！"

——朱自清《光明》

很显然，朱自清并不想随波逐流，哲学中的辩证法教会了他分析事物、分析社会的方法，当他戴着这副火眼金睛似的眼镜，观察社会的时候，一切伪装都被这副眼镜毫不留情地过滤掉了，即使在凄风惨惨的月夜，他也要高声地唱："月啊！我愿永永浸在你的光明海里，长是和你一般雪亮！"

因为这样他才能够看清楚隐藏在莽丛中萤萤发绿的狼眼。

狼们终于张开血盆般的口，

露列着嶙嶙的牙齿，

像多少把钢刀。

不幸的羊儿宛转钢刀下！

羊们宛转，

狼们享乐，

他们喉咙里时时透出来，

可怕的胜利的笑声！

他们呼啸着去了。

碧油油的毡上，

新添了斑斑的鲜红血迹。

…… ……

　　　　——朱自清《羊群》

　　朱自清对俞平伯在新诗上的造诣很钦佩，有些读者对俞平伯的诗感到艰深难解，朱自清却不以为然，他认为在他读到的每一首诗中，实在嗅不出什么神秘的气味，况且俞平伯也是一直宣称反对神秘的作品的。他后来总结，这位诗友的诗有三种特色：精炼的言句和音律；多方面的风格；迫切的人的感情。这些见地应当说是很准确也很恳切的了。

　　"后四金刚"的到来，为原本就在追随新思想潮流的浙江一师带来了新文艺的清新气息。特别是俞、朱两位，他俩都是来自"五四运动"的发源地的北京大学，而且都曾经在新文学这块刚刚开垦的处女地上尝试过，与新文化和新文学运动有着相当密切的关系。对于他们的学识和成就，那些年轻的师范生们是相当佩服和艳羡的。于是，俞平伯和朱自清的周围又聚集起了不少喜爱新文学的知音。

　　屈指算起来，俞平伯做新诗已经有七年，确实也到了应当总结总结的时候了，他在心里酝酿着要写一篇关于作诗的体会。

　　七年之前，俞平伯初登诗坛，那时候新诗刚刚亮相，还处在萌芽阶段，不但没有法则，也没有什么模范，因此俞平伯也不知道什么做诗应守的戒律。正因为如此，俞平伯们凭借着初生牛犊不怕虎的勇气，跃上诗坛，抛开了一切牵拘，赤裸出诗中的自我来。豪放耶？张狂耶？抑或忤逆耶？反正这个崛起的诗群，如同大草原上的骏马，撒开四蹄踩踏着规矩方圆，就像一片五彩的云，在绿色的巨幕衬托下狂飙疾进。也只有诗情激荡的人，才有将这天幕反转过来的气魄和胆色！

第九章
重来者的悲哀

◎

献给诗神欧忒耳珀的礼物

总的说来，俞平伯在初进浙江一师的这些天里是比较惬意的，或许因为诗作颇丰，而且大有心得的原因，还有点儿踌躇满志。当学生们看见这位身穿紫红缎袍，外罩黑色绒马夹的年轻老师走过时，没有人会怀疑他的学问，这可是一位连胡适先生也称赞过的诗人啊！

既然是诗人，怎么能不去觅诗呢？是凡古今中外的诗人都与大自然有缘，大自然在给他们勇气的同时，也会赐给这些诗人们智慧之果。食了大自然的恩惠之后，诗人们就会灵窍大开，诗泉如涌，可见踏访名山大川，当是诗人们的必修功课，不是有"行吟诗人"一说么。

每年的农历八月十八，是一年一度的钱塘大潮的主汛日，洒脱如俞平伯者，怎么能够放过这个亲近大自然的机会呢？观赏钱塘江潮的最佳地点，当是位于钱塘江口的海宁县，因为这里的江口形似喇叭，越向内陆，越显浅窄。每年进入农历八月间，月亮于此十余天内与地球相距最近，因为月亮的引力，海水倒灌内河。是时，海潮以雷霆万钧之势向钱塘江上游袭来，因为受河道的约束，后浪推着前浪的海潮，在钱塘江中形成了波涛

第九章　重来者的悲哀

139

汹涌，潮头壁立，有如万马奔腾的奇观，潮头的高度有时竟能高达丈余。

到底是个诗人，还没有等到农历八月十八，俞平伯就迫不及待地赶往海宁城外的海塘，此时，在壁立于钱塘江边，用来挡抵海潮的巨石砌成的海塘上面，可以看到三三两两的观潮游人。虽然眼下的潮头并不是一年当中最大的，但是已经足以撩起俞平伯的遐思了。

俞平伯站在蹲踞于海塘上用生铁铸成的镇海巨兽旁边，引颈朝着大海的方向凝望。几片浮云在天边游逸，泛黄的江水几乎与天相接，茫茫一片，视野的分际处，唯见几叶疏疏朗朗的白帆在静驶。堤塘脚下的江水波澜不兴，只是悄悄地在荡漾，俞平伯感到有点迷茫，那传说中的海潮真的会来吗？真的有那般惊心动魄吗？

"来了！来了！"堤塘上有人在喊。

人声噪杂的海塘上面，立时肃静了下来。

俞平伯眯起了眼睛，竭力朝着那海天一色的茫茫泱泱处望去，他看到了一线银亮银亮的丝绦，迅速地朝着内陆浮掠过来，俞平伯在心头禁不住惊叹道："是一线银呀？一抹雪呀？还是一匹练呀？"

简直有点像皇宫里裙裾飘曳的霓裳舞那般温柔，俞平伯感到有点儿难以置信，这便是你么——钱塘的潮？陡然间，他发现那道雪练已经变成了银灰色，发出的呼啸声也已经清晰可闻，那道已经有数尺高的潮头，在平静的江面上飞快地滑动着，转瞬间便挟着暴烈的吼声奔来脚底。俞平伯感到有点紧张，但是他更感到兴奋，看哪，看哪，那潮，那浪，在翻腾！在怒吼！

……
鱼在涛前，
人在岸边。
近了，更高了，
轰轰的响更暴了。
百沸的潮头，
带那些叠翻翻的浪，
斗然——画如一线，
倒卷着这堤下。

人只是狂喊着；

水只是怒吼着。

　　也就是在这一瞬间，那海潮的怒吼声渐渐弱了下去，海塘上鼎沸的人声也开始偃旗息鼓，那卷起了千堆雪的潮头咆哮着朝着上游奔去，一直向着内陆的深处奔袭而去，去寻找它的归宿。直至此时，俞平伯才禁不住赞叹道：

　　　　能涤荡是可羡的；

　　　　肯奔波，是可佩的，

　　　　会变动，岂不是可爱的。

　　　　对这常来往的客人，

　　　　留十二分的好意。

　　　　助他勇怒，

　　　　我们跳着唱潮的歌。

　　　　喜他长久，

　　　　我们笑着唱潮的歌。

　　　　《潮歌》

　　早在1919年，俞平伯在与春潮社的同仁康白情探讨诗的做法时，也已经在诗坛崭露头角的康白情提议说："我们可以试做很短的诗。"

　　俞平伯对康白情的这个提议颇以为然，只是因为两年来奔走于尘俗之间，还无暇尝试康白情的提议，而朱自清已经有了不少有感即发之的短诗。

　　　　如今我像失去了什么，

　　　　原来她不见了！

　　　　她的美在沉默的深处存着，

　　　　我这两日便在沉默里浸着，

　　　　沉默随着她去了，

　　　　教我茫茫何所归呢？

但是她的影子却深深印在我心坎里了！

原来她不见了，

只如今我像失了什么！

    ——朱自清《怅惘》

还有：

"担子"渐渐将我压扁；

他说，"你如今全是'我的'了。"

我用尽两臂的力，

想将他掇开去。

但是——迟了些，

成天蜷曲在"担子"下的我，

便当那儿是他的全世界；

灰色的冷光四面反映着他，

一切都板起脸向他。

……

    ——朱自清《自白》

诗友们的成就还不仅仅于此。

不久，康白情的诗集《草儿》也即将出版了，康白情并没有忘记俞平伯这位诗友，特意从日本横滨来信嘱俞平伯为即将出版的诗集写一篇序言。

读着这封饱含着朋友情谊的东瀛来鸿，俞平伯的脑海里不禁又浮现出在北京大学念书时与这位诗友在一道交流做诗心得的情景。那时候，一谈起诗来真是废寝忘食呀，有时候俞平伯念着，康白情听着；有时候康白情念着，俞平伯听着。后来呢，学侣们都星散了，各奔东西，天各一方。

俞平伯是坦诚豁达的，他在序言的前面，不无怀念地写道：

这样谈笑的生涯，自然地过去，很迅速地过去。后来我在欧洲，他还在北京，等我回国，他又去了。我们俩一年多没见，我做诗真寂寞极了；念书念着，写书写着，总没有谁来分我诗中的情感。

俞平伯真的很羡慕白情，一年多来，这位诗友已经创作出许多新的作品，为并不辽阔的诗国又开辟出了不少新的疆土，这本即将付梓的诗集，不就是很好的佐证吗？

俞平伯在序言中充分肯定了康白情的创造精神："白情做诗的精神，还有一点可以介绍给读者的，就是创造，他明知创造的未必定好，却始终认定这个方法极为正当，很敢冒险放开手去。能使这本集子行世，能使这种精神造成一种风气，那才不失他的意义。"

俞平伯是这样给序言结尾的：

> 我把这本集子郑重介绍给读者诸君，不在作品的本身价值，是在著者可敬爱的精神态度。我希望读者诸君谨以这个为一种兴奋剂，自己努力去创造！我希望著者谨把这个当作小小的成就，更向前途努力！我希望大家都在一条路上，独立地互赶着，不要挨着白情，也莫让他独个儿孤零零地在前路！

这是对读者而言的，其实更是对俞平伯自己而言。他与康白情之间是诗友，也是相互激励的对手，在诗风上他自然不会"挨"着白情，那么自然会"也莫让他独个儿孤零零地在前路"了。

一年前，即将挥别北大之际，他曾经在一篇讨论新诗的文章中写道："我们并且还承认我们恐怕不是，但尽管不是天才，学做几首诗，也没有多大坏处，果然真有极好的新体诗出现，我们自然愿意'改弦易辙'的。太阳出了，萤火灭了；雄鸡叫了，夜猫没有声音了；我们做萤火夜猫的资格，谁说还不够呢？我以为天才既没有一定的标准，也不是'生而知之'的，我们是个现代人，做现代的诗，不论好坏，总没有什么不可。"

现在"萤火夜猫"们已经挨过了漫漫长夜，终于盼来了一个雾气缭绕的早晨。萤火夜猫们虽然彻夜未眠，在凄厉顿挫的嘈叫声中迎来的那一点曙光，怎么能不令侪辈兴奋，怎么能不令侪辈欢唱？萤火夜猫们那萤绿的眼睛，就像启明的晨星似的，在晨霭中微弱地瞅着，因为他们看到了收获的季节。

是年底，俞平伯离开杭州，沿着津浦路重返北京。

这个时候的北京文坛又冒出了一个烛花。当时北京的一些文化人，如周作人、朱希祖、郑振铎等人，想发起出版一个文学杂志，目的是灌输文学常识，介绍世界文学，整理中国旧文学并发表个人的创作。囿于经济的关系，他们没有力量自办刊物，这时，上海商务印书馆的经理张菊生和编辑主任高梦旦适好来北京，周作人等便与他们接洽，提出一个由北京的周作人、郑振铎等编辑，上海商务印书馆出版发行的方案来。

张菊生和高梦旦认为，文学杂志与他们出版的《小说月报》性质有些相似，只答应将现有的《小说月报》加以改组，而没有答应负责周作人等提出的文学杂志的出版。既然与商务印书馆谈不拢，当时便有几个人提议，不如自己先办一个文学会，由这个会出版这个杂志，一来基础可以更扎实，二来也便于与各大书局联系发行事宜，这个建议得到了同仁们的一致赞同。

于是这些热心于新文学的人，借北京大学图书馆主任室开了一个会，推举郑振铎起草会章。数日之后，同仁们又在万宝盖的耿济之家里碰头，讨论并通过了郑振铎起草的会章，同时又推周作人起草宣言书。决定以周作人、朱希祖、蒋百里、郑振铎、耿济之、瞿世英、郭绍虞、孙伏园、沈雁冰、叶绍钧、许地山、王统照十二人的名义发起。于是，文学研究会便于一九二一年的正月四日，假座中央公园的今雨轩召开了成立会议。

俞平伯虽然没有来得及躬逢其盛，但是他来到北京不久，就经郑振铎介绍，加入了文学研究会。

原来由新潮社主办的《新潮》，此时已经因为傅斯年、杨振声、俞平伯等几位骨干先后出国，维持者缺乏当初发起者的魄力，以致群龙无首，因此也就逐渐消沉，最终偃旗息鼓地退出了文坛。

俞平伯自然不会忘记新文化运动的那位主将胡适，听说他正在家里增删自己的诗集《尝试集》呢。当俞平伯来到胡宅拜访这位随和的老师的时候，胡适兴致很高地捧出一大叠诗稿来，他告诉俞平伯，这就是《尝试集》第四版的样稿。胡适是很看重俞平伯的诗才，他在诗集的自序里写道："这两年来，北京有我的朋友沈尹默，刘半农，周豫才，周启明，傅斯年，俞平伯，康白情诸位，美国有陈哲衡女士，都努力作白话诗。"

胡适是比较谦逊的，他既然将俞平伯当作诗友，也就坦坦然然地与这位当年的学生切磋起来。胡适是以一个学者的眼光来审视自己作品的，而且这个眼光还是比较苛刻的，敝帚自珍式的文人陋习是一点也没有的。后来，他还曾经说过这样的话："我现在回头看我这五年来的诗，很像一个缠过脚后放大的妇人回头看他一年一年放脚的鞋样，虽然一年放大一年，年年的鞋样上总还带着缠脚时代的血腥气。"

俞平伯仔细地翻看着胡适花了三年心血写成的白话诗，真是感叹不已，这可是中国的第一部白话诗集呀，已经被上海亚东图书馆出版印行三版，这本大受读者欢迎的诗集马上就要印行第四版了，真是一件值得诗坛庆贺的事儿。

胡适既然对自己的诗还不太满意，以他的治学态度而言，是不肯让谬种流传的，这种追求完美的创作态度，大概是源自中国传统的治学精神。在应上海亚东书局请求增删诗集的过程中，胡适做法还迥然地与众不同，他主要是请诗友们来为这本销路很不错的诗集操刀，将对自己作品生杀予夺的大权拱手交给了知己的读者。"读者就是作品的上帝"的信条，被胡适的这番举动诠释得淋漓尽至，这种情形在"文人相轻"之风盛行的中国文坛上是很罕见的，这也许是他从美国带回来的人文主义精神使然吧。

胡适对俞平伯不但是了解的，而且同时也是俞平伯的诗的忠实读者，不言而喻，对这位学生的眼光，胡适是相当信任的。于是，胡适将手一摆，请俞平伯为诗集的再版本样稿发表发表意见。

俞平伯用难以言喻的心情答应了令他尊敬的适之先生的请求，老师的信任令他感激之情油然而生；同时，他也感觉到了有一股冲动在胸中涌动，切实地感觉到了鞭策的力量。

后来胡适在再版自序当中，记述了这段众手增删《尝试集》的佳话：

删诗的事，起于民国九年的年底，当时我自己删了一遍，把删剩的本子，送给任叔永，陈莎菲，请他们再删一遍。后来送给鲁迅先生删一遍。那时周作人先生病在医院里，他也替删一遍。后来俞平伯来北京，我又请他删一遍。他们删过之后，我自己又仔细看了好几遍，又删去几首，同时却保留了一两首他们主张删的。例如《江上》，鲁迅先生与平伯都主张删。我因为当时的印象太深了，舍不得删去。又如《礼》一首（初版再版皆无），鲁迅主张删去，我因为这诗虽是发议论，却不是抽象的发议论，所以也保留了。有时候，我们也有很不同的见解。例如《看花》一首，康白情写信来，说此诗很好，平伯也说可以存，但我对于此诗，始终不满意，故再版时删去了两句，三版时竟全删了。

俞平伯，你这员新文学诗坛上的骁将，也在酝酿献给诗神欧忒耳珀的礼物吗？

"新红学"的骁将

既然回到了北京，自然是要回到母校去探视一番了。

载着俞平伯的人力车匆匆地掠过沙滩的红楼，在京城那尘土很大的马路上面疾行着。穿月白小裆的车夫拉着车又朝着北河沿跑去，俞平伯诧异地发现那幢在梦里也很鲜亮的红楼，已经变得有些褪色，被从遥远的漠北刮来的朔风，吹贴上了一层薄薄的淡灰色的尘土，显然有点儿旧态了。

车到北河沿，俞平伯的眼睛不由得一亮：

哦！北河沿底小河，
几时添了一片春水？
风过去，
居然鱼鳞似的起来。

俞平伯连忙对着车夫招呼了一声，让他停住车，俞平伯站起身从人力车杠上面迈了出来，缓缓地踱到河边。是了，现时已经进入了三月份，如果是在南方的话，早已经燕声呢喃，芳草丛生，蜻蜓、蝴蝶起舞了，而在京蓟一带，冰封适才化冻，真是燕赵春来晚呀。望着春水泛漾起来的小河，俞平伯不由地呆呆想："是小河的意思？或者是春风的意思？"

他好像听到了小河与春风的对话：
——"平镜样的我悄悄正静着，你催我颠颠似的跟你荡啊！"
——"没有你绿油油的春涨，我吹的，就吹到你吗？"

哦，原来是这样的，俞平伯抬高迷蒙的目光，好像在搜寻什么。

> 风直响到疏林外去，
> 几堆着地的灰土，
> 把对岸的行人们，
> 混卷在黄迷离里。

　　——《小河也不再有从前的样子》

俞平伯望着皱着、荡着、奔流着的北河沿下面的小河，感叹道：虽然是一星点儿的波涛，怎知她没有江海一般的气度呢！以此度之，红尘滚滚的浊世中人，又该怎样论之呢？

> 风尘果可厌么？
> 动江河底羡么？
> 我岂不在风尘之间么？
> 我真置身风尘间么？

　　——《风尘》

俞平伯恍恍惚惚地扭转过身去，快快地登上了人力车。人力车在北河沿边不着一点绿意的枯柳下面疾行着，置身在微带暖意的春风当中，俞平伯几疑此身已是陷入了太虚幻境。

时过不久，俞平伯真的陷入了太虚幻境，那是因为他所尊重的胡适先生提出的"整理国故"的口号，才将他的魂魄勾了去的。

其实，早在五四运动爆发之前，新潮社的毛子水和傅斯年，已经提出须用科学精神将国故加以整理的论调。当时，《新潮》还为此与守旧的国故社的《国故》月刊发生了一场论战。显然，胡适是支持新潮社的主张的，非但如此，胡适还将这个尖锐的问题系统化和理论化了，他说："新思想对于旧有文化的态度，在消极的一方面是反对盲从，是反对调和；在积极一方面，是用科学方法来做整理的功夫。"

胡适一贯是身体力行的，当他明确地提出"整理国故"的口号以后，便一头扎进书斋里，埋头大干起来。

在胡适的这项工作当中，这位博士先生用力最专，也颇见成绩的当数考证古典小说《红楼梦》，而且由此开创了"红"学研究的新流派——"新红学"。

自打曹雪芹"披阅十载"写出的这本奇书一问世，便有人对其进行研究和评点，与曹氏同时代的脂砚斋就是其中的一位，他的评点当是"红"学研究的嚆矢了。此书问世至民国初年，评点"红楼"之风绵延百余年，造就了众多的"红"学流派，其中翘楚当然要数"索隐"一派，蔡元培便属民初的"索隐"派。蔡元培在其所撰《石头记索隐》中开宗明义地提出："《石头记》者，清康熙朝政治小说也，作者持民族主义甚挚，书中本事，在吊明之亡，揭清之失，而尤于汉族名士仕清者，寓痛惜之意。"

蔡元培用自己总结出来的"三法推求"法，推断道："'宝玉'是暗指康熙皇帝的废太子胤礽；大观园中的十二钗，则是暗指当时的诸名士，'黛玉'即是暗指朱彝尊，而'宝钗'则是暗指高士奇，其余诸姐妹也都有所指。"蔡氏还声明说："自以为审慎之至，与随意附会者不同。"

尽管蔡元培先生是胡适的老上司，而且他俩的私交也相当不错，但是胡适还是以一位学者的率真，不揣冒昧地向这位德高望重的前辈所崇尚的旧"红"学挑战了。

胡适批评道："他们不去搜求那些可以考定《红楼梦》的著者，时代，版本等等材料，却去收罗许多不相干的零碎史事来附会《红楼梦》里的情节，他们并不曾做《红楼梦》的考证，其实只做了许多《红楼梦》的附会！"

胡适认为，要认识这部巨著，就一定要查找出作者的身世，并且还要做大量的版本考证工作，替这部奇书茫无头绪的版本问题做出定案。

毫无疑问，这个工作量是相当大的。胡适是位名教授，而这些研究考据工作都要在执鞭之余来做，这对胡适来说当然是力不从心的了。这时候，弟子们在不少基础工作方面帮了他的大忙，在那些弟子当中，给胡适帮助最大的当数顾颉刚和俞平伯。很多年以后，胡适还对此念念不忘。

大约是在1921年3月下旬的时候，胡适的《红楼梦考证》初稿初成。虽然胡适这本书稿对《红楼梦》当中的许多问题做了很多考证，但对作者曹雪芹本人及其家庭的状况，却论之甚少。与胡适关系密切的顾颉刚当时在北京国立学校教书，顾颉刚因为学校里正为索薪闹罢课，恰巧暂时不用到学校吃粉笔灰，这位胡适的门生也十分痴迷于历史考据，于是便借这个空闲时光一屁股坐到了京师图书馆里，做起了考查曹雪芹家世的功课来。

胡适的高足顾颉刚

果然，功夫不负有心人，顾颉刚从故纸堆里翻找到的《曹栋亭全集》《八旗氏族通谱》《江南通志》等资料当中，查找到了不少曹氏的著作、世系和家况等情况，顾颉刚将这些吃了许多辛苦得来的资料，毫无保留地提供给了胡适。

此时正在北京的俞平伯也在研究《红楼梦》。俞平伯本来并没有研究这本奇书的兴趣，七八年之前，也就是他十二三岁的时候，只是将这本温香婉紫的古话本当作闲书来读。当时俞平伯心目当中的好书是《西游记》《荡寇志》《三国演义》一类的书，这本借豪门的日常生活谈论大家族兴衰的书，在他的心目当中实在算不得什么。有人煞有介事地告诉姐姐："《红楼梦》是不可不读的！"俞平伯见状，在心里暗暗发笑，望着说这话的人，暗忖道："他为什么这样傻？"

真正使俞平伯对《红楼梦》开始感兴趣，还是在去年赴英国的航海途中与傅斯年剧谈斯书之后。自此以后，俞平伯便喜爱上了这部书，但是还没有产生系统研究的兴趣。

用研究的眼光来看待《红楼梦》，大约还是因为受了胡适"整理国故"口号的影响。自此以后，俞平伯也开始着手搜集资料，准备对这本风靡了中国一个半世纪的奇书做进一步的探索。在这个期间，胡适的《红楼梦考证》已经草成，正在做进一步的补订工作；俞平伯的老朋友顾颉刚在帮助胡适先生进行考证的同时，自己也在对《红楼梦》进行研究。老师和朋友的意兴大大地感染了俞平伯，不久，这位硕儒的后代，便成了顾颉刚寓所里的常客。

顾颉刚是头一位拜读胡适《红楼梦考证》书稿的学生，他对这部书稿的心得是："《红楼梦》这部书虽然是近代的作品，只是因读者不熟悉曹家的事实，兼以书中描写得太侈丽了，常有过分的揣测，仿佛这书真是叙述帝王家的秘闻似的。但也因各说各的，考索出来的本事，终至互相抵牾。"

但是，顾颉刚还是从这部书稿当中受益颇多，至少他领受到了一种新的考据古典小说的方法。

当时胡适也感到搜集到的史实并不充足，于是便嘱托顾颉刚帮助查找搜集一些，于是顾颉刚便天天泡在京师图书馆里，从各种志书和清朝初年的诗文集里寻觅有关曹家的史实。

上一年俞平伯与傅斯年在海轮上对《红楼梦》的那一番剧谈，与现在俞、顾两人之间关于这部书的对话就不可同日而语了。海轮上的海聊只能算作"侃大山"，现在他们则是在用学者的目光对该书进行考证，这可就不是一桩随意的事儿。俞平伯在翻阅顾颉刚处的资料的同时，还将自己找到的资料带到顾颉刚处，与顾颉刚一道对这些史料进行探讨。

顾颉刚与同乡兼同学王伯祥、潘介泉、吴缉熙租赁的寓所位于大高殿偏西的大石作胡同，这座寓所是宣统的师傅伊克坦的故居，当时顾颉刚、王伯祥、潘介泉都是孤身一人，唯有吴缉熙携有家眷，于是顾颉刚等三人共推吴缉熙为屋主，一切兴居饮食之需，皆赖吴氏伉俪操持。

与顾颉刚住在同一寓所里的潘介泉是个熟读过《红楼梦》的人，这位仁兄对《红楼梦》的熟悉程度，几乎达到了耳熟能详的地步，所以，当顾、俞二人对书中的情节有什么闹不清楚的地方，就张口问他，潘介泉总是有问必答，简直神了。

顾颉刚是苏州人，一年当中总要回老家去瞧瞧，现在学校里的罢课闹成这个样子，而且这所北京国立学校总是欠发薪水，往后看，还不知前途是怎样的，更何况暑假已经临近了呢。最最要紧的是顾颉刚的祖母忽然在春天患了重病，饮食、扶掖都需要有人在一旁照应。

于是顾颉刚动了南返的念头，就在顾颉刚南旋的前几天，兴致颇高的顾颉刚还与俞平伯和潘介泉一道前往华乐园看戏。一进了戏园子，俞平伯便与顾颉刚只管翻着《楝亭诗集》，大谈起《红楼梦》来，虽然身在戏园之中，但是心里早忘了看戏这个"茬"。面对这两位旁若无人、高谈阔论

《红楼梦》的书生，戏园子里的老戏迷们自然要感到讨厌，特别是坐在前排的人，不时地回转过头来，拿眼瞧他俩。潘介泉见状，连忙劝这两个走火入魔的家伙道："不要讲了，还是看戏罢！"

为了考证曹雪芹的家世，胡适在俞平伯、顾颉刚的协助下，找出了曹雪芹的祖父曹寅来，并且考证出曹寅是汉军正白旗人，诗文皆佳，因为他的父亲曹玺是皇室的家奴，曾经在南京做过多年的"江宁织造"（即一个皇帝御用的私家财务官），因此曹寅也颇得康熙皇帝的信任。他作为清廷派驻江南的文化特务，得以继其父亲之后，获任南京、扬州一带的收入最丰厚的优差肥缺——"江宁织造"。

曹寅去世之后，其次子曹頫又承袭祖荫，接任"江宁织造"，但不久就因病去世。他的过继儿子也就是曹雪芹的父亲曹頫，又继续为清帝在"江宁织造"这个职位上效力。如此看来，这个曹氏家庭在"江宁织造"任上效力的时间竟达五十八年之久，真可谓"世袭恩宠"了。当时流行有一句俗话：三年清知府，十万雪花银。而曹氏一家四代竟在"江宁织造"的任上盘踞了五十八年，想来曹家的富贵八成也是富埒王侯了。

康熙皇帝曾经六下江南，曹寅这位皇帝的高级仆人，自然要承担起跪接圣驾的重任。这种花钱如流水的事儿，曹府竟然一连接办了四次。按照胡适的说法："这样的'接驾四次'，也就足够使他们破产了。"

但是曹家还是支撑下来了，而且到了曹雪芹呱呱坠地的时候，曹府至少在外表上还是风光依旧，逍遥地过着锦衣裘服、钟鸣鼎食的日子。回光返照般的烈火烹油，锦上添花的盛景，给这位末世豪门的公子哥儿留下了极其深刻的印象。

待到曹雪芹刚刚成人，不幸便降临了曹家，因为皇室内部的皇权之争，牵连到了与皇室关系密切的曹家。转瞬之间，曹氏就遭到了灭顶之灾，府第被查抄，家产被充公，众多的奴仆使女也鸟兽星散，而曹雪芹等也沦落风尘，从此过着"举家食粥酒常赊"的日子。

困顿潦倒中的曹雪芹当然是愤世嫉俗，好在并没有坐耗光阴，而是穷而弥坚，"披阅十载"，写出来了一部文采斐然的千古奇书——《红楼梦》。在这部作者将胸中的块垒发泄于笔端的小说当中，作者刻意描写的那个富贵已极、累世簪缨的"贾府"，想来不会没有曹氏那个已经彻底败落了的织造府的影子吧。

胡适认为：“《红楼梦》是一部隐去真事的自叙，里面甄贾两个宝玉，那是曹雪芹自己的化身；甄、贾两府即是当日曹家的影子。”

这个《红楼梦》是曹氏的“自叙传”的提法，一经问世，就震动了整个“红”学界。

俞平伯和顾颉刚不但是这个新颖提法的支持者，实际上他俩也为这个发现做了不少工作。对于高鹗（兰墅）的后四十回续书，胡适也进行了大量的考证工作。其时，俞平伯也在兴趣盎然地对后四十回进行研究。胡适首先从确定作者出发，在历史资料当中查找确为高鹗所续的证据。这时，俞平伯的那位逝去多年的曾祖俞樾帮了他的忙，他在俞樾的《小浮梅闲话》里找到了一条重要的线索，《闲话》中所记的张问陶的《船山诗草》中的一首诗令胡适兴奋不已，这首诗的名字叫《赠高兰墅鹗同年》。诗中有“艳情人自说红楼”之句，诗题之下赫然注着：“《红楼梦》八十回后俱兰墅所补。”

当年出资刻印《红楼梦》的程伟元在所作序言中写道：“原本目录一百二十卷，今所藏只八十卷，殊非全本。”胡适起先据此怀疑后四十回的目录是曹氏原来所撰的。

俞平伯对于胡适得出的这个判断，一开始就表示了不同的意见，俞平伯认为《红楼梦》后四十回的回目也是高鹗补拟的。他的理由主要有：第三十一回的回目“因麒麟伏白首双星”非常奇怪，史湘云的事在后四十回当中不应该如此无结束，也不应有“薛宝钗出闺成大礼”的回目；小红在前八十回当中占有一个重要的地位，决不应无下场；司棋肯定不配有那样侠烈的结局。俞平伯还认为：宝玉的下场与第一回书中说的完全不对，后四十回书中写和尚送玉那一段，最为笨拙可笑；说宝玉肯做八股文章，肯去考举人，也是没有道理的。

这时候，顾颉刚已经回到了南方，俞平伯便将自己的怀疑写成一封长信，给这位同样有志于《红楼梦》研究的朋友寄了去，俞平伯在4月27日致顾颉刚的信中说：

> 我日来翻阅《红楼梦》，愈看愈觉后四十回不但本文是续补，即回目亦断非固有。前所谈论，固是一证，又如末了所谓“重沐天恩”等等，决非作者原意所在。况且雪芹书既未全，决无文字未具而四十

回之目已条分缕析如此……

我想，《红楼》作者要说的，无非始于荣华，终于憔悴，感慨身世，追缅古欢，绮梦既阑，穷愁毕世。宝玉如此，雪芹亦如是。出家一节，中举一节，咸非本旨矣……

这是俞平伯致顾颉刚的第一封讨论《红楼梦》的信，自此以后，他们几乎每个星期都要通上一封信，在书信中推论各自的观点。后来顾颉刚曾经谦逊地回忆道："我对于《红楼梦》原来是不熟的，但处在适之先生和平伯的中间，就给他们逼上了这条路。我一向希望的辩论学问的乐趣，到这时居然实现。我们三人的信件交错来往，各人见到了什么就互相传语，在几天内大家都知道了。适之先生常常有新的材料发见；但我和平伯都没有找着历史上的材料，所以专在《红楼梦》的文本上用力，尤其注意的是高鹗和续书。"

在俞平伯的信中，屡屡对高鹗在后四十回续书当中，不依照曹雪芹的原意续写，大张挞伐，痛加攻击。

顾颉刚有时也觉得俞平伯说的有道理，甚至还将俞平伯给自己的信转给了素所敬重的适之先生，在5月9日致胡适的信中，顾颉刚写道：

昨天平伯来信，他说后四十回的回目定是高鹗补的，理由有三：（1）和第一回自叙的话都不合；（2）史湘云的丢开；（3）不合作文时的程序。我觉得他的理由很充足，所以把他的原信寄上。

而顾颉刚则因为受了阎若璩辨《古文尚书》的暗示，千方百计地想寻找出高鹗续作的根据。他得出的结论是："高氏鹗续作之先，曾经对于文本用过一番功夫，因误会而弄错固是不免，但他决不敢自出主张，把曹雪芹意思变幻。"

俞平伯对顾颉刚的看法持完全反对的看法，甚至说顾颉刚是高鹗的辩护士，他在6月18日致顾颉刚的信中说：

弟不敢菲薄兰墅，却认定他与雪芹的性格差得太远了，不适宜于续《红楼梦》。若然他两性格相近一点，以兰墅之谨细，或者成绩远过今作也未可知。

好家伙，俞平伯竟然从性格上来对作者的写作思维进行剖析了，在8月8日俞平伯致顾颉刚的信中：

> 我向来对于兰墅深致不满，对于他假传圣旨这一点尤不满意；现在却不然了，那些社会上的糊涂虫，非拿原书孤本这类鬼话吓他们一下不可。不然，他们正发了团圆迷，高君所补不够他们的一骂呢！

顾颉刚评说道："这是他更进一步的观察，不但看出高鹗的为人，并且看出高鹗的环境了。他有了这一种的见解，所以他推论曹高二家的地位可说是极正确的。"

在整整一个暑假里，俞平伯与顾颉刚几乎将互通书信讨论《红楼梦》，当成了正式功课，兴致简直高极了。俞平伯在6月18日致顾颉刚的信中以十分欢愉的心情写道：

> 弟感病累日，顷已略瘳；惟烦忧不解，故尚淹滞枕褥间，每厌吾身之赘，嗟咤弥日，不能自已。来信到时，已殆正午，弟犹昏昏然偃卧。发函雒诵，如对良友，快何如之！推衾而起，索笔作答，病殆已霍然矣。吾兄此信真药石也，岂必杜老佳句方愈疟哉！
> ……
> 京事一切沉闷（新华门军警打伤教职员），更无可道者；不如剧谈《红楼》为消夏神方，因每一执笔必奕奕如有神助也。日来与兄来往函件甚多，但除此以外竟鲜道及余事者，亦趣事也。

顾颉刚在6月24日的回信当中写道：

> 你起诉高鹗的五条，我都不能为他作辩护士。我以为他犯的毛病有三项：（1）他自己是科举中人，所以满怀是科举观念，必使宝玉读书中举。（2）他也中了通常小说"由邪归正"的毒，必使宝玉到后来换成一个人。（3）他中了批小说者"诛心"的成见，必使凤姐

宝钗辈实为奸恶人。我疑心他在续作时，或已有批本，他也不免受批评人的暗示。

在不到四个月的时间里，两个人为考据红楼梦通的信函，竟装订了厚厚几大册。

俞平伯后来回忆道："我从前写这书时，眼光不自觉地陷于拘泥。那时最先引动我的兴趣的，是适之先生的初稿《红楼梦考证》；和我以谈论函札相启发的是颉刚。他们都以考据名癖的，我在他们之间不免渐受这种癖气的熏陶。"

自1921年的5月开始，俞平伯在考据《红楼梦》的同时，开始预备功课，准备参加年内的官费留学生考试。

七月间，俞平伯夹笈南旋，由上海转赴教席于斯的杭州。在上海滞留期间，满目的灯红酒绿，奢侈淫逸，令俞平伯在心中感叹道：上海这座原本生机勃勃的城市堕落了。回到杭州不久，他便作出《重来者底悲哀》一文，宣泄心中的抑郁。

形形色色的花朵

离别杭州半年有余，忽自北地重来，那满目清秀纤丽的江南风光，在盛夏的骄阳下，越发显得明艳亮丽，迎面扑来的苍翠欲滴的绿色，又勾起了俞平伯游兴，想来此时的西子湖畔一定景色绝佳吧，于是他决定携三两朋辈游湖去。

俞平伯和游伴登上了一叶无篷的打鱼划子，船儿晃荡着起碇了，直向湖心摇去。船家是一位老汉，因为上了年纪，十分爱与客人搭讪唠叨。

俞平伯忽然想起康白情与自己谈论审美的观念时曾经说过："审美观念的起，也必当得人生的静观的时候。"

俞平伯认为："这个光景在我们的确如此，但未见为一般所共通。"

康白情则说："我们正役心人生的奋斗，必不能做艺术的鉴赏。"

俞平伯对康白情的这个说法就更加不能赞同了，这岂不是把艺术与人生的生活努力割裂开来了；而且还将鉴赏艺术的美，作为了闲暇人的专利。康白情自然不肯服输，又举西湖的船家不能欣赏西湖的美景为证。既然提到了西湖，俞平伯这个寓居杭城已逾一年的浙江人当然就更有话说了："其实西湖的船家的不能赏鉴湖光山色，未必就是因为'没闲暇'，实在因为太习熟了，不易动感情。"

俞平伯忽然兴起，朝着将船桨摇得咿咿呀呀作响的船家问道："你天天在湖上摇船，觉得西湖好吗？"

俞平伯心里悬想的正和康白情一样，以为船家必定莫知是否地说："不是！不是！"

船家却偏偏不肯如这两位高高在上的诗人的意，出乎意表地说："西湖哪里看得厌呢！"

俞平伯心里一怔，马上在暗中自责道："终日劳动的人，并不见得一点审美观念也没有呀。"

康白情的另一个观点也不能为俞平伯所接受，白情说："我们不能使大多数人都得到诗的享受，足证诗的效用又是贵族的了。"

俞平伯更加不以为然了："现在的不能使大多数人享乐艺术，正是大大的缺憾，我们应该设法去弥补他，不当推诿为然，借诗是贵族的这句话以文饰自己的过失。总之诗的不能普及民众，可以有两个原因：一个原因是诗本来是贵族的；还有一个原因现在流行的诗是贵族的。我们的诗既然不能代表诗的全体，亦不能擅断为第一流；那么，我们的诗虽是贵族的，但诗的本体未必跟着也是贵族的。"

就拿面前的这位西湖上的船家来说，他既然能够欣赏西湖的山光水色，那么他一定就能够欣赏诗，只是目前那种脱去贵族味能够让大众读懂的诗还太少了而已。

小划子浮掠过冷冷清清的湖面，将俞平伯等人送到了孤山脚下。俞平伯与朋辈弃舟登岸，走上浓荫蔽日的山荫小道，朝着山顶攀行而去。在鲜有鸟鸣的山林道上，俞平伯展目四望之余，拂面而来的晨风简直要令这位诗人放声歌唱了。

> 云依依的在我们头顶，
> 小撺儿却早懒懒散散地傍着岸了。
> 小青哟，和靖哟，
> 且不要萦住游客们的凭吊；
> 上那放鹤亭边，

看葛岭的晨妆去罢。

空中的雾气在流散，在孤山顶上俯望披着灌木和高大乔木的山坡，隐约可见层披叠附在树上的绿叶上沾染着点点露珠，此时太阳已经露出些微娇容，柔和的晨光在珍珠一般的露珠眼中，散射出晶亮的微晕。俞平伯默不作声地在清凉的晨风里缓行着，惬意地享受着黎明的幽静，那股"幽甜"真是难以言喻呢。

晨风呼呼地劲吹着，从广阔的湖面尽头的山丛中，飘过来一团团浓云，黑沉沉的云絮拥挤顶撞着融入到了天空中泛映着霞光的云朵之中，一瞬间，刚刚转明的天空又暗淡下来。忽然一阵细密有力的簌簌声传进了俞平伯的耳朵里，这声音由远而近，从湖里传来，俞平伯张眼望去，那飒飒的雨滴正打得湖中的荷叶飘摇起伏，这阵突如其来的雨，顿时打破了黎明前的静谧，将沉睡的湖山从睡梦中唤醒来。

渐渐地雨下得更急了，雷声也如闷鼓似的一阵阵地轰响起来，俞平伯逍遥地置身于孤山之巅的放鹤亭里，遥望着山脚下的湖面，兴致盎然地向游伴们指画着："皱面的湖纹，半蹙着眉尖样的，偶然间添了——花喇喇银珠儿那番迸跳，是繁弦？是急鼓？比碎玉声多几分清悄？"

来时的撑了横在渡头。
好个风风雨雨，
清冷冷的湖面。
看他一领蓑衣，
把没篷子的打鱼船，
闲闲的划到藕花外去。
雷声殷殷的送着，
雨丝断了，近山绿了；
只留恋的莽苍云气，
正盘旋在西泠以外，
极目的几点螺黛里。

——《孤山听雨》

正当孙文酝酿规图中原的计划的时候，俞平伯对《红楼梦》的研究也有了一个大计划，他想和顾颉刚一道办一个研究《红楼梦》的月刊。这个纯学术性刊物的主要内容分论文、通信、遗著丛刊、版本校勘记等。研究的主要方法又为：用历史的方法做考证；用文学的眼光做批评。俞平伯的主要目的是想将许多《红楼梦》的本子集拢来校勘，这样一来，在校勘的过程当中，肯定可以得到许多新的见解。俞平伯认为："若办不到这一步，以后的研究工作都像筑室沙上，无有是处。"

顾颉刚回忆道："假使我和他都是空闲着，这个月刊一定可以在前年秋间出版了，校勘的事到今也可有不少的成绩了。但一开了学，各有各的职务，不但月刊和校勘的事没有做，连通信也渐渐的疏了下来。"

不过，俞平伯也没有闲着，为了祛除社会上对于《红楼梦》的种种谬见，俞平伯撰写出了他的第一篇关于《红楼梦》的研究文章，这篇文章便是《〈石头记〉底风格与作者底态度》。文章写好之后，俞平伯将文章递到朱自清的手边，请这位朋友拨冗看一看，这样也好帮自己再将文章的内容斟酌斟酌。没有过多久，他就接到了朱自清的来信，这位好朋友在这封夹在还回来的稿子当中的信里欣喜地写道：

> 文章本想再看几遍，因为你要，所以便在南京寄了。我很爱读他，因为平实而精到，许多人极易忽略而极重要的地方，文章里都一一拈出以见原书的价值了。——正可医从前一班红学家太看高了原书，反损了原书底价值的毛病。你和胡、顾这样热心给《石头记》出力，曹雪芹的种种误会，固然可以慢慢洗清，中国文学史（将来的）上当也受益不浅。

老朋友的褒奖令俞平伯信心大增，他将稿子寄给了《学林》杂志，数月后，《学林》即将此稿刊发。

终究是个文人，对于生于斯、长于斯的水乡姑苏终难忘怀，好在苏杭之间既无迢迢远路，又没有关山相隔，扯起一面风帆或是迂道沪上乘火车便去了。虽然对故地时有踏访，但还是于暇时遣怀难忘，惦记之心频起，银杏泛黄、丹桂飘香的九月，俞平伯偕宝驯又回到了苏州城内的曲园故宅。

上年来苏州，俞平伯还惦记着当年读书的平江中学，自他离校北上京城后不久，这所中学便关闭了，昔时的学侣也随之星散。俞平伯特意绕道前往干将坊巷让王庙校址探视，彼时的读书声早已沉寂，学校又成了一座颓败的庙宇。后来俞平伯记叙道："屋宇荒寂殆将倾圮，惟儿聚读光景，忽忽五六年矣，久已淡如烟雾；一旦旧地重来顿堪仿佛，寻堂庑间，低徊不能遽去；奈守庙童子不解人意，屡相催促以目，遂怅然而去。"

归途中，正当夕阳在树，曲陌新晴，卖糖声、挑担声、毛驴嘚嘚悠行声……扑进俞平伯眼耳的尽是旧日景象，其情其景令俞平伯嘘叹不已，旧感丛生，不堪排宕，如痴如梦地在街头踟蹰良久，于是便有了《如醉梦的踟蹰》。

这次来苏州，俞平伯携宝驯买舟沿青溪出阊门，于青萍之中浮出七里后，泊于枫桥之塅。俞平伯与宝驯弃舟登岸，那座山门虽寒酸，但名气却颇大的寒山寺，已然在望。

此时，想来唐人张继的那首妇孺皆知的七绝——《枫桥夜泊》，八成会从俞氏夫妇的脑海里面闪冒出来吧。

> 月落乌啼霜满天，江枫渔火对愁眠。
> 姑苏城外寒山寺，夜半钟声到客船。

枫桥虽以枫为名，其实不然，清人王端履在他的《重论文斋笔录》就张继诗中提到的枫树论道："江南临水多植乌桕，秋叶饱霜，鲜红可爱，诗人类指为枫。不知枫生山中，性最恶湿，不能种植江畔也。"尽管如此，大概诗人中如俞平伯者仍然会目乌桕而为枫的！此时已值江南的深秋，秋风起而淫雨至，阴雨兼旬之后，秋意渐浓。俞平伯展目四顾，在这个阴霾满天、雨意未消的日子里，前来这座著名的古刹游玩礼拜的人寥寥无几，一派肃杀阒然，俞平伯瞻眺之余，顿感寥廓。

举步进入悬有"古寒山寺"匾额的山门，迎面便看见大殿两楹书有一联，俞平伯定睛一看，原来为前清苏州籍状元陆润庠所撰，联云：

> 近郭古招提，毗连浒墅名区，渔水秋深涵月影；
> 傍山新构筑，依旧枫江野渡，客船夜半听钟声。

此时的寒山寺已经年久失修，一副满目衰败的气象，穿行于废殿颓垣、荒径古木之间，俞平伯用迷蒙的双眼在向四下里觑视着，仿佛是在寻觅那两位令寒山寺成名的僧人——寒山与拾得。

忽然，一阵钟声随风飘来，钟声突兀且清厉，生生地将俞平伯从痴迷中惊醒过来。在冥思中驰骋的诗人忽闻清钟，顿时又为现实中的颓败景象所伤感，尤动凄怆怀念之思，低回不能自已。"夫寒山一荒寺耳，而摇荡性灵至于此，岂非情缘境生，而境随情感耶？"由是诗人凄然地仰天长吁：

> 那里有寒山！
> 那里有拾得！
> 那里去追寻诗人们的魂魄！
> 只凭着七七八八，廓廓落落，
> 将倒未倒的破屋，
> 粘住失意的游踪，
> 三两番的低徊踯躅。

在寺院中的陂陀路上踯躅的俞平伯，踱上欹斜宛转的游廊，一旁剥落披离的粉墙边孤立的乌桕树已经被秋风吹得萧萧条条，此时正在西风的欺凌下呜咽抽泣。陡地，俞平伯的眼睛一亮，只见一位为游客带路的姑娘朝着圮墙下跑去，因为那儿有一片明艳艳的凤仙花正寂寞地开放着。俞平伯心想："这位姑娘大概是想染她的指甲吧！"

俞平伯从诗魔的殿堂中徘徊够了，怏怏地踱回凡间的时候，寺里那如同在梦里游走的钟声已经绝响，只剩下那棵乌桕树的梢头被西风刮出的碎响，在俞平伯的耳朵旁边呜呜咽咽地聒噪。

> 锵然起了，
> 嗡然远了，
> 渐殷然散了；
> 枫桥镇上底人，
> 寒山寺里底僧，
> 九月秋风下痴着的我们，

都跟着沉凝的声音依依荡颠，

是寒山寺底钟么？

是旧时寒山寺底钟声么？

——《凄然》

俞平伯于迷茫中不禁为之深深地叹息。

旧时寒山寺的钟声早已飘散，耳畔萦绕的钟声也正在逸入云端或是林丛，那么未来的钟声呢？黄钟还会鸣响吗？康南海有绝句云：

钟声已渡海云东，冷尽寒山古寺钟；

勿使丰干又饶舌，他人再到不空空。

俞平伯挥别这座千年古刹的时候，心中泛起的那股思古之幽情仍然久久不能平息，那沉凝的钟声似乎成了挥之难去的精灵，在他的脑海里不停地舞蹈鸣咽，几乎像是一场梦魇，这如梦如幻的情景究竟将会预示着什么呢？

数日之后，这些触景生情的彷徨就为突如其来的惊喜所冲淡。那日，漫步街头的俞平伯忽然在路旁的书摊上发现了一本发黄的旧书，拾在手中翻开一瞧，原来是一部嘉庆乙丑年间刊本《红楼复梦》，俞平伯连忙摸出摊主所索的八枚铜元将书购下。不数日，他又用小洋三角在杭州城站书店淘得《读〈红楼梦〉杂记》六册，真可谓屡有所获，璧入藏家。

晨曦微露的清晨，得其所哉的俞平伯在书中遨游之余，抬头遥望正在地平线上的霞光中升腾的朝日，忍不住又要敞开浩荡诗怀放歌了。他那不甘寂寞的灵魂好像生出了一双天使般的翅膀，倏地腾在了这个烟霞灿烂的天空中，用一双锐眼俯视着苍茫大地。

云皎洁，我的衣，

霞烂熳，我的裙裾，

终古去遨翔，

随着苍苍的大气；

为什么要低头呢？

哀哀我们的无俦侣，

去低头！低头看——看下方；

看下方啊，吾心震荡；

看下方啊，

撕碎吾身荷芰底芳香。

上阕音杳，诗人的灵魂有点呜咽了，在空中低回盘旋。朱自清后来论此阕道："看这缓舒美的音律是怎样地婉转动人啊。平伯用韵，所以这样自然，因为他不以韵为音律的唯一要素，而能于韵以外得全部词句的顺调。平伯这种音律的艺术，大概从旧诗和词曲中得来。他在北京大学时看旧诗，词，曲很多；后来便就他们的腔调去短取长，重以己意熔铸一番，便成了他自己的独特的音律。"

诗人哀哀的歌并不能感动天狼，这灵畜躲在天边的乌云的玄甲下面，窥视着前去迎接东君的霓裳仙子。群仙飘舞的裙裾令天狼馋涎欲滴，鼓齿奋爪，望着从天边的乌云之中疾奔而出的天狼，群仙芳心大乱，顿时披靡了。

罡风落我帽，

冷电打散我衣裳，

似花花的蝴蝶，一片儿飘扬。

群仙都去接太阳，

歌哑了《东君》，惹恼了天狼，

天狼咬断了她们的翅膀！

独置身于夜漫漫的，人间之上，

天荒地老，到了地老天荒！

赤条的我，何苍茫？何苍茫？

——《小劫》

被天狼咬断翅膀的众仙里是否有金陵十二钗，就不得而知了，但是诗的结尾里明显地有"好了歌"的意蕴，那般的凄楚！那般的怆凉！

带着对诗歌发展走向的思考，俞平伯在杭州城头巷三号的寓所里开始草拟《诗的进化的还原》，这是一篇关于新诗发展前瞻性的文章。俞平伯在文章里触及了令新诗界感惘惑并且争论不休的问题，他认为："诗的素质是进化的，故是自由的；诗的形貌是还原的，故是普遍的。"

俞平伯所说的"普遍的"即是平民化的，大众化的。"平民性是诗的主要素质，贵族的色彩是后来加上去的，太浓厚了有碍于诗的普遍性。故我们应该另取一个方向，去'还淳反朴'，把诗的本来面目，从脂粉堆里显露出来。"

俞平伯激烈地呼吁：推翻诗的王国，恢复诗的共和国！

这篇文章是俞平伯的最为精彩的诗论，是继《白话诗的三大条件》等诗论之后的又一扛鼎之作，从而奠定了俞平伯在新诗诗坛上的历史地位。该文在次年元月的《诗》创刊号上一经发表，就引起了诗坛的瞩目，围绕该文的争鸣之声鹊起，周作人、梁实秋等人还纷纷撰文与俞平伯商榷。

俞平伯朝着已趋平静的诗坛投下了一块石头之后，并不去理会已经激起的轩然大波，又准备浮海而去了，这次出洋的目的地已然是胡适之博士曾经踏访过的地方——美利坚合众国。

这次出国的机会还是得力于老泰山的关照。斯时，浙江省准备派遣数名教育官员前往美国考察教育，浙江省教育厅长乃是俞平伯的姨夫夏敬观，于是许汲候便言之于妹婿夏敬观，俞平伯遂以浙江省教育厅视学名义，得以获此"美差"。当时俞平伯的表兄许宝驹亦在浙江第一师范执教，许汲候竟舍子及婿，可见他对这位爱婿兼外甥的钟爱之切，期望之深。不久，俞平伯便辞去了浙江第一师范的教职，为出国做一些必要的准备。

第十章

冬夜之公园

◎

添炭诗炉

1922年一开年，俞平伯就忙碌起来，首先他应朱自清、叶圣陶、刘延陵的邀请，参加了《诗》的筹办和编辑。这是一个专门发表新诗的同仁刊物，她所体现出的思想性和战斗性要远高于她的艺术意味。不言而喻，这是一本向传统思想和艺术挑战的刊物。上海中华书局的左舜生对这本中国的第一个新诗诗刊表示了极大的兴趣，他承诺，将承办《诗》的印刷和发行。

俞平伯除了《诗的进化的还原》发表在《诗》的一卷一期上，朱自清还将俞平伯的诗《小劫》发表在了该期的卷首。朱自清对《小劫》赞不绝口，称之为"光明鲜洁"之作，"妙在能善揉古诗音调之长，要施以一番融铸工夫，所以能悦耳，又可赏心，兼耳底，心底，音乐而有之。"

出国在即，俞平伯最挂心的还是他的第一本诗集《冬夜》的出版，之所将诗集取名为"冬夜"，是因为诗集的第一首诗的诗名为"冬夜之公园"，于是便取这首诗名的前面两个字充当了书名。全书共收诗作五十八首，这本继胡适的《尝试集》、郭沫若的《女神》之后，中国新诗的又一本诗集，无疑将显示出它应有的分量来。书将由上海亚东图书馆负责出版，俞平伯早已将诗稿选辑好了，宝驯的那笔好字此时又派上了用场，抄集原稿竟至两次之多。此时俞平伯要操心的便是序言了，所谓甘苦自心知，少不得要来上一篇自序，他在自序的一开头就坦坦然然地说：

《冬夜》

　　《冬夜》出版了，三年来的诗，除掉几首被删外，大致都汇在这本小书里。

　　我所以要印行这本诗集：一则因为诗坛空气太岑寂了，想借《冬夜》在实际上，做"秋蝉的辩解"；二则愿意把我三年来在诗田里的收获，公开于民众之前。至于收获的是稻是麦，或者只是些野草，我却不便问了，只敬盼着读者的严正评判罢，……

应邀作序的表兄许宝驹似乎并不是新文学中人，所以也就做起了本色文章，他的序虽然是一篇四六文，但是确乎出自一片至诚，内中有语："音靡生于哀弦，声高缘夫调起，徘徊低诵，凉梦犹温。"颇可供诵读。

好友朱自清是俞平伯这本诗集的热心催产者，俞平伯在序言里感激地鸣谢道："付印以前，承他的敦促；帮了我许多的忙，且为《冬夜》做了一篇序，这使我借现在这个机会，谨致最诚挚的感谢于朱佩弦先生。"

朱自清一向对俞平伯的诗是很佩服的，从俞氏诗中反映出来的多方面的风格，迫切的人的感情，以及精炼的词句和音律，无时不在打动着同为新诗作者的他。朱自清在为《冬夜》所作的序言中热情洋溢地写道：

　　在才有三四年生命的新诗里，能有平伯君《冬夜》里这样的作品，我们也稍稍可以自慰了。

　　从五·四以来，作新诗的风发云涌，极一时之盛。就中虽有郑重将事，不苟制作的；而信手拈来，随笔涂出，潦草敷衍的，也真不

1921年与友人在杭州。左起：许昂若、叶圣陶、朱自清、俞平伯

少。所以虽是一时之"盛"，却也只有"一时"之盛；到现在——到现在，诗炉久已灰冷了，诗坛久已沉寂了！太沉寂了，也不大好罢？我们固不希望再有那虚浮的热闹，却不能不希望有些坚韧的东西，支持我们的坛坫，鼓舞我们的兴趣。出集子正是好的办法，去年只有《尝试集》和《女神》，未免太孤零了；今年《草儿》、《冬夜》先后出版，极是可喜。而我于《冬夜》里的作品和他们的作者格外熟悉些，所以特别关心这部书，于他的印行，也更为欣悦！

进入了二月，天气还没有一点转暖的迹象，"红学"论坛却又热闹了起来，蔡元培发表了他对胡适的《红楼梦考证》的答辩，这位索隐派的代表人物不但为自己这一派的观点做辩护，还对胡适考据出来的东西大加诘难。出乎人们意料的是，蔡公的这篇文章竟没有在"红学"界引发什么回应，可见传统的"红学"观点此时已是强弩之末。以蔡公原先所想，大概是想引发一场辩论的，如果一直没有人站出来应战，想来元培先生一定会感到有点儿尴尬的吧。元培先生的期望并没有落空，烟尘起处，一匹黑马倏然杀上了"红学"论坛。

俞平伯这位"红学"界的后起之秀，一看到蔡元培的文章，马上就恢复了原先的兴致。俞平伯立刻就写了一篇回驳蔡公的文章，发表在《时事新报》上。同时，俞平伯又致信顾颉刚，希望与这位伙伴在他们那些关于《红楼梦》的通信的基础上，合著一本书，期望使得社会上对于《红楼梦》有正当的想象和理解。

三月底左右，俞平伯的第一本诗集终于出炉了，全书共分四辑，许敦谷为这本薄薄的小书制作了一个淡雅脱俗的封面。《冬夜》一经问世，立即就受到了读者的喜爱，销路颇畅。但是，可以想见，在新诗的幼儿时期，对于这位牙牙学语的孩子的成长，关注于他的人们当然要见仁见智了。

《冬夜》的出版让俞平伯在去国之前了却了一桩心事。这时候的俞平伯真可谓春风得意，诸事顺遂。顾颉刚此时也从北京回到了南方，俞平伯得信后，马上从杭州跑到苏州去看这位朋友。顾颉刚因为自己诸事缠身，实在无暇抽出空来与俞平伯一道写那本关于《红楼梦》辨证的书。顾颉刚见俞平伯的兴致很高，而且出国前又有些空闲时间，便力劝他独自将写书的事担任下来，俞平伯见无法说动这位朋友，于是就答应顾颉刚自己一回杭州即动笔。俞平伯返回杭州不久，顾颉刚又写了一封信给俞平伯，给这位痴迷于《红楼梦》研究的朋友打气。

> 既有兴致做，万不可错过机会；因为你现在不做，出国之后恐不易做，至早当在数年以后了。
>
> 这种文字，看似专家的考证，其实很可给一班人以历史观念。
>
> 有了这篇文字，不独使得看《红楼》的人对于这部书有个新观念，而且对于书中的人也得换一番新感情，新想象，从高鹗的意思，回到曹雪芹的意思。

面对顾颉刚的促动，俞平伯哪里敢懈怠，从此便一头扎进书房里，操刀苦干起来，数十日之后，书稿已然写过泰半。

五月末，怀孕已届十月的宝驯的产期临近了，俞平伯惴惴不安地等待着，因为俞氏虽为旺族，但是俞樾这一支却已经单传数世，如今要想延续香火，也就全指望宝驯能够早生贵子了。

分娩那日，俞平伯与众位表兄弟正在庭院内闲嬉，忽闻得内屋里人声嘈杂，啼声呱呱，正当众兄弟屏息静听之际，屋门打开了，前来接生的黄静如医生满面笑容地走了出来，连声贺曰："姑爷喜得麟儿矣！"

俞平伯为这个令全家人盼得心焦的儿子取名润民；并且还为这个胖乎乎的孩子请了一位乳母。乳母是绍兴人，不但奶水足，心眼也很好，她对润民十分疼爱，将这个面色红扑扑的孩子抱在怀里的时候，常常一边轻拍，嘴里一边用绍兴口音念叨着："个些肉噢！"

于是，表兄弟们群起而效之，均呼襁褓里的润民为"个些肉噢"。俞平伯到底是个文化人，不但文思敏捷，而且颇善于联想，他大概是因为曲园公终老于苏州，且自己也降生于那块江南锦绣之地，于是按乳母呼润民的谐音，为儿子取了一个乳名，曰：姑苏。

这半年来，对俞平伯来说真是好事连连，六月间，他与周作人、刘延陵、朱自清、叶绍钧、郑振铎、徐玉诺、郭绍虞八个人的新诗合集，由上海商务印书馆出版了，在这本名为《雪朝》的诗集当中，第三集是俞平伯专集，共收录诗十五首。

时令交替，转眼又到暮春，俞平伯在诗国里斩获如此之丰，确实可以令这位年轻的学人歌"尔雅"而舞"八极"了。而当此之时，孙文领导的民主革命仍然在泥潭里艰难地跋涉着。

就在孙文指挥的大军进攻江西北洋军陈光远部时，军阀本性毕露的南方政府的陆军总长陈炯明，于1922年6月，在广州率领部下谋反，迫使孙文避难珠江上的永丰号炮舰。节节获胜的北伐大军，也在陈炯明叛军的攻击下，退向湖南和江西的边境。

当孙文脱离险境，从香港乘坐"俄罗斯皇后号"邮船抵达上海的吴淞码头的时候，闻讯赶到码头欢迎这位革命伟人的各界人士多达数千人。孙文在上海反思了自己领导的历次反对军阀和帝国主义的运动，在屡遭失败之余，他终于将目光投向了新生的中国共产党，和那个遥远的共产主义政权——苏联政府。"以俄为师，联俄联共"，他的脑海开始思考这条新的政治路线。时隔不久，孙文就和共产党人携起手来，这时担任中共总书记的便是那位北京大学文科的前任学长陈独秀。

埋头于书斋的俞平伯经过一番苦干，那本名为《红楼梦辨》的书稿终于草成。全书共分三卷，上卷专论高鹗续书一事。俞平伯一直认为："因为如不把百二十回与八十回分清楚，《红楼梦》就无从谈起。"中卷专就八十回立论，并且阐述俞平伯个人对于八十回以后的揣测，同时附带讨论《红楼梦》的"时"与"地"这两个"红学"界一直争论不休的问题；下卷主要考证两种高本以外的续书，俞平伯还将自己的一些杂论附在书末，作为附录。

接下来，俞平伯还要为这本大功甫成的书写一个序言，他为这个序言起的名字叫"《红楼梦辨》引论"，在这篇名字似乎有点像导读的文字中，俞平伯叙述了撰写这本书的缘起。

欧游归来的明年，——1921——我返北京。其时胡适之先生正发布他的《红楼梦考证》，我友顾颉刚先生亦努力于《红楼梦》研究；

于是研究的意兴方才感染到我。我在那年四月间给颉刚一信，开始作讨论文字，从四月到七月这个夏季，我们俩的来往信札不断，是兴会最好的时候。颉刚启发我的地方极多，这是不用说的了。这书有一半材料，大半是从那些信稿中采来的。换句话说，这不是我一人做的，是我和颉刚两人合做的。我给颉刚的信，都承他为我保存，使我草这书的时候，可以参看。他又在这书印行以前，且在万忙之际，分出工夫来做了一篇恳切的序。……

写到这里，俞平伯停住了笔，心中的感激之情油然泛起，他感到对于这位朋友仅仅说声"谢谢"是不够的，但是因为想到了感谢，心中的情感马上就被文字限制住了，令他感到一种彷徨着的不安。他在心里喃喃地说道："颉刚兄！你许我不说什么吗？我蠢极了，说不出什么来！"

对于一个文人而言，还有什么比面前摊放着一部刚刚写竣的书稿更惬意的事？俞平伯真的可以长长地舒一口气了，但是不久后发生的一件事，几乎使他感到如同跌入到了无底的冰窟。

那天，俞平伯抱着《红楼梦辨》的书稿出了城头巷三号的寓所，出门去看望朋友，他大概是想让朋友们也与自己一道分享书稿写竣后的快乐吧，当然也想让友人们为这部书稿提一点有益的建议。可是，当傍晚俞平伯回到城头巷三号的时候，宝驯马上就发现早晨出门时还神采飞扬的夫君，现在却显得步履沉重，神情木然，仿佛若有所失。宝驯仔细一瞧，那捆写在红格稿纸上的书稿并不在俞平伯的手头。在夫人急促地追问下，俞平伯才懊丧地告诉宝驯：那捆视若性命的稿子丢了！

原来，俞平伯在下乘坐的黄包车的时候，忘了拿那捆书稿。当他反应过来，再去寻找那辆黄包车的时候，大街之上哪里还有那辆黄包车的踪影！数月的心血一旦付诸东流，俞氏夫妇心中的那份懊恼也就可想而知了。

说来也巧，几天之后，邮差送来了朱自清的一封信。朱自清在信中讲了一个令俞平伯感到几乎是天方夜谭似的奇事，朱自清说自己某日在马路上看见一个收旧货的鼓儿担，那鼓儿担的藤箩上赫然放着一堆文稿，自来就爱惜纸墨的朱自清不由自主地走上前去，想要瞧个究竟。当他刚揭起文稿的一角，立刻就大吃了一惊：这不是平伯的大作么！惊诧之下，朱自清连忙花了点小钱，将那位收旧货的视若废纸的《红楼梦辨》买了下来，视若拱璧地携回寓中。不日即完璧归赵。

后来，在俞平伯暮年的时候，许宝骙曾经撰文忆及此事。俞平伯阅后，不胜感慨，复信许宝骙曰："所述《红辨》失稿往迹，不胜感慨。且已全然忘却。若他人提出，我必一口否定。文字甚佳，如褪色照片重加渲染，不亦快哉！稿子失而复得，有似塞翁故事，信乎'一饮一啄莫非前定'也。"俞平伯还对外孙韦奈说："若此稿找不到，我是绝没有勇气重写的，也许会就此将对《红楼梦》的研究搁置。"

关于这段故事还有另外一个说法，20世纪90年代，学者王煦华撰写的《顾颉刚与俞平伯二十年代的交谊》中也说了个佚事，顾颉刚在为俞平伯的书撰写的序言初稿上曾经这样写道：

> 他（俞平伯）第二次来苏州时，我邀了（王）伯祥、（叶）圣陶和他同游石湖。他急于回杭，下午船到胥门，赶趁马车到车站。这稿件是他一个多月中的精力所寄，所以他不放在手提箱里而放在身边。马车行过阊门，他向身边摸着，忽然这一份稿子不见了。这一急真急得大家十分慌张。我说："马车倒回去罢！看路上有没有纸包。"伯祥主意好，跳了下去，对准迎面来的人的手里看。一路过去，他忽然远远看见有一个乡下人，手里拿着报纸包着的东西，就上前问道："这是什么？"拿来一看，果然就是平伯的稿子！于是他抢了回来，大声喊道："找到了！找到了！"我们都上了马车，我笑着对平伯道："你的稿子丢了，发急到这样，古人的著作失传的有多少，他们死而有知，在九泉之下不知如何的痛哭呢！"平伯道："倘使我这稿子真丢了，这件事我一定不做了。"我道："那么你做成这部书真是伯祥的功劳了。你嘱我作序，一定把这件事记了上去，做这部书的历险的纪念。"

但是，在序言定稿时，顾颉刚却把这一段删掉了。

不管哪一个故事是准确的，无疑都是一段文坛佚事。

然而，历史往往就是这样，大抵都是在偶然的瞬间创造的，定格的。

书稿又回到了手头，惊喜中的俞平伯心里自然要默念一声"惭愧"。

七月中旬，出国的日子已经临近，俞平伯终于可以无牵无挂地到美国去考察教育了。在上海等候出洋海轮的时候，恰逢文学研究会南方会员在沪上举行大聚会，沈雁冰、周作人、郑振铎、朱自清、刘延陵、叶圣陶等人也从南方各地来到沪上，聚饮于名菜馆一品香，借盛会欢叙友情之机，兼而为俞平伯送行。

顾颉刚也特意从苏州赶到上海，为这位即将远行的好友送行。俞平伯将《红楼梦辨》的全部文稿交给了顾颉刚，嘱托这位值得信赖的朋友代觅一位抄写人，并且还请顾颉刚代为校勘抄好的书稿。

微茫的街灯影里

这一番出洋赴美国纽约，俞平伯的派头与上次刚从北大毕业的时候去英国迥然不同了，一扫当年的那副涉世不深的学生模样，他头戴礼帽，臂挂手杖，身上穿着的西装外面罩着呢外套，玳瑁框眼镜后面的那双眼睛里闪烁着不可捉摸的目光，俨然一副视学的轩昂架势。

轮船开动之后不久，俞平伯登上了甲板，在海风的吹拂之下，刚才在码头上端着的架子早被刮到九霄云外去了。他倚栏朝着湛蓝湛蓝的大海深处久久眺望，强劲的海风戏弄着他的头发，随着风势飘荡的头发，就像在浪尖上起落的海鸥一般，精灵似的忽起忽落。俞平伯的心也像大海的那颗剧烈跳动的心脏一样起伏不定。

轮船很快驶进了波涛起伏的黄海。俞平伯站立在船舷上，纵目四顾，唯见海天茫茫，浊浪排空，彤云密布。孤舟之中的诗人在面对鱼跃浪巅、鸥旋海空的自然景观的同时，大概要在心里感叹大自然的伟力之雄阔了，同时也要叹息时间之于生命如白驹过隙，逝之如电；而人生也如一叶孤舟，只能听任历史的潮头将它在现实的水面上冲来荡去，温柔平静的港湾只能在诗人的绮梦中才能够寻找得到。

此时，俞平伯忽然想起了他在出洋之前做的最后一首诗，这首诗是送给朱自清的，诗中表现出来的那种不可捉摸的意味，大概只有他们俩才能够真正地体会到。

> 微倦的人，
> 微红的脸，

微温的风，

在微茫的街灯影里过去了。

——《小诗呈佩弦》

此刻，在这四望无涯的大海之上，羁旅中的俞平伯不禁想到了宝驯，冥思中的思想如同展开翅膀的大鸟，扑棱棱地翱翔起来。猛然间将与海轮遥遥相隔的杭州拉近了，他仿佛看见了城头巷三号寓所内的宝驯。哦，亲爱的人，你现下正在闲读吗？

"你如正读《桃花扇》，从'冷清清的落照'里，还可以追寻我于吴淞江上。你如正在读东坡词，到'但愿人长久，千里共婵娟'，也还可以挽住我于长崎湾。"

俞平伯伫立在船首回眸望去，唯见惊鸥咤叫，逝水澹澹，心头忍不住温言劝宝驯道：我想，你正可以读老杜底《无家别》，只是过于感伤了，你还是不要读罢，还是让我讲给你听罢：

人生那一处没有别离！
销魂桥上底柳，
终古是暗淡的。
但今朝，太平洋底青苍，
明明比灞水东下时底黄色，
更黯淡地多多了。
我才知道，
悲欢历史之在人间，
是怎样的广大而绵长。
我和你只咽着一点点的微波浪。
……

——《东行记踪寄环》

终于看到了纽约朦朦胧胧的影子，海轮笛声长鸣，缓缓朝着高擎着火炬的自由女神塑像下的港湾驶去。俞平伯仰望着那尊著名的雕像，胸口里的那颗心脏怦怦跳得急促起来，这就是当年胡适之先生礼拜过的那尊自由神？高高矗立的雕像在蔚蓝色的天幕底下显得格外沉浑苍劲，令人一望即会油然而生肃穆之心。俞平伯从心底由衷地赞叹道："薄阴本不愿剪断它的绸缪，微阳不乐减它的明媚哟！"

俞平伯将视线投向高厦连云的市区，这真是一片陌生的世界啊。岸上那些由石块水泥铸成的建筑，高大而又凝滞，一排排黑洞洞的窗口，就像一双双冷漠的眼睛遥望着平静的港湾。在这些异国巨眼的逼视之下，这些高的楼、方的窗在俞平伯的眼睛里顿时变得不那么亲切了。他抑郁地叹了一口气，一股凄幽的神情涌上了脸颊。

夜里，俞平伯辗转反侧难以入睡，当他被一缕睡意牵入梦乡的时候，他的失去了拘束的思维又活跃起来。蓦地，梦中的手将厚重的帘幕撩了开来，一道明亮的光闪进被黑暗围困着的脑海深处，他看见一个人款款地朝着自己走来。怎么会是她？俞平伯感到十分讶异："这不是宝驯么？"

> ……
>
> 明靓的她，朦胧着的；
> 谈着的她，且笑着的；
> 挽着黑头发的她，敧着的。
>
> 夜被唤回的时分，
> 梦被唤回的时分，
> 笑靥被唤回的时分，
> 摇摇的一颗心儿，
> 逐夜而去，
> 逐梦而去，
> 逐笑靥而去；
> 不知哪里去了。
> 只撇下孤孤零零的一个我。
>
> 晓色明到一方灰色的墙上，
> 井栏外，高高的天上，

独不到我底心上哟！

——《到纽约后初次西寄》

转眼已入暮秋时节，在这个秋风渐起的十月里，俞平伯尽管已经踏访了美国的一些地方，对这个孙文先生当作治国楷模的国家也有了一些了解，但是，不知怎么的，他却日甚一日地思念起自己的国家来，思念起生活在那座有着天堂之称的城市里的亲人来，尽管那里还处在钲鼓阵阵、铁骑飞驰的战火笼罩之下。

诗人的情感大抵比普通人来得要强烈些，抒怀遣兴的方式往往也并非总是仰天长啸，或是浅吟低唱，尤其如俞平伯辈当此天涯孤旅、萍踪无定之时，耿耿此怀自无诉处，唯有借着一炷昏灯将心中的惆怅（留迹于青蚨），诉诸笔端了。这掬思乡之情于俞平伯而言，是传统的，不是打个飞吻就能够挥之即去的。

尽管俞平伯还不到而立之年，但是他在新文学上面所获得的巨大成功，已经将这位出身于硕儒之家的年轻人送上了事业的峰巅。成功令其变得更加成熟和矜持，溶融于其血液中的士大夫的传统情调终于复萌了，因为他终将会寻找回自己的根柢的。俞平伯凝望着窗外满目的苍凉秋色，前些年在北大的时候得黄季刚传授的《清真词》等古意盎然的词赋，又感染了这位黄季刚的高足。这股凄幽之情在俞平伯的胸中渐渐化作了一盏苦中带涩的酽茶。

飒飒西风夜已凉，灯清人也倦思量。薄帷如纸月如霜。
为盼归鸿舒泪眼，飘然黄叶满江乡。遥知此夕共茫茫。

——《浣溪沙》

看来俞平伯的运气确实不大好，来到纽约半月有余，还没有等他抽出空来到赫贞江畔去探访胡适当年青眼顾望过的黄色蝴蝶，便病倒了。诗人的感情是率真的，当此思乡之情愈发强烈之际，忽患斯恙，这岂不是一个就此还乡的借口么！俞平伯决定告别脚下的这个被许多国人视为天堂的美国，决然打道返回自己心目中的天堂——那座现下已经银杏泛黄、秋雨渐沥的家乡去。到底是个诗人，行前少不得还要作作诗发发牢骚，在一首名叫《去思》的诗当中，他竟然宣称这次旅美之行是"又轻薄地被玩弄了一次"。

数十年后，俞平伯与叶圣陶（右一）、顾颉刚（右三）在一起重温往事

究竟是谁人玩弄了脾气不小的诗人就不得而知了。不过此次美国之旅，于俞平伯而言还是大有收获的，至少行箧中藏下的不止是那份详尽的考察报告。除此之外，塞进箧中的还有厚厚一大叠诗稿，这叠宿构夜画写就的诗稿，为他回国后谋划出版第二本诗集《西还》打下基础。

诗人长啸一声告别了街市繁华的纽约，驱车越过边境来到英属加拿大的蒙特利尔。稍事休息之后，继续乘旅行马车横贯加拿大的太平洋与大西洋之间的陆地，前往这个英属殖民地的首府温哥华。

旅行马车在驭手的控驭之下，在空旷的原野上疾驶着。坐在这辆由几匹老马拉着的陈旧马车上的俞平伯，将目光久久地投向车窗外面。当日暮时分，马车行驶于山间的枯树缓坡之间，车窗外云逸鸦啼，焚荒的野火泛起的乌烟弥漫，嘚嘚的马蹄疾行声又如鼓槌在俞平伯的心间椎击，不久之前还徜徉于繁华都市的诗人凝望着车窗外的萧索旷野，心中不禁顿生峰回路转之感，此时回想起纽约的胜景，恍若隔世。数日后，旅行马车披着厚厚的尘土驶抵温哥华。

在候船的日子里，俞平伯游览了温哥华的名园诗丹丽公园。专载游人的马车驶进公园后陡然一转，拐上了古木参天的小径，嘚嘚缓行。瑰丽的诗丹丽公园令俞平伯赞叹不已，近瞻则松翠枫黄，远观则雪峰如银，海湾如靛，诚人间仙境也。

俞平伯乘坐的轮船名曰"俄罗斯皇后号"，是一艘邮船，航线是由温哥华起碇，横渡太平洋，经日本横滨前往上海。此番俞平伯已经没有了上次英伦之行时的兴致，况且此时已值初冬，北风迅烈，海涛不驯，腾空而起的浊浪如同小山，颇受颠簸之苦。令俞平伯最不堪忍受的还是旅途中的寂寞，展眼四顾，云海以外无故人，唯有在梦中才能得以一睹故乡的山川和家中的亲人。

"俄罗斯皇后"号靠上海的十六铺码头之后，归心似箭的俞平伯随即拎起行李直趋杭州。又同上次从英国返回的时候相似，雇车行至城头巷三号，倏然推门而入，在阖家大小的眼里，俞平伯西装革履，手执一根硬木手杖，一副翩翩洋少的仪表。俞平伯除了给长辈奉上从美国携回的礼物之外，还从篚中取出五分钱一本的小丛书多种，以及莎士比亚戏剧故事和福尔摩斯探案集等，分赠给各位表弟。

作诗永远是一个创造庄严的动作

俞平伯在杭州探望过妻子及岳丈全家之后，旋即北上京城拜望父母大人。

年底，顾颉刚将觅人依俞平伯草稿抄写的《红楼梦辨》寄到俞平伯的手中。俞平伯刚刚出国不久，顾颉刚的祖母就病逝了，顾颉刚对祖母的感情十分深厚，当此大丧之时，自然悲痛万分，他本来应诺为俞平伯校勘书稿，丧中事繁，也就无暇顾及俞平伯的书稿了。尽管是请人抄录，抄竣的时候已届年底，尚未等他抽出空来校勘，俞平伯已经因病回国，于是他便顺水推舟，将书稿寄至北京，请俞平伯自己校勘。后来他在该书的序言当中坦诚地写道：

> 平伯在自序上说这书是我和他二人合做的，这话使我十分抱愧，我自知除了通信之外，没有一点地方帮过他。他嘱我作文，我又没有工夫。甚至于嘱我做序，从去年四月说起，一直到了今年三月，才因为将要出版而不得不做；尚且给烦杂的职务逼住了，只得极草率地做成，不能把他的重要意思钩提出来，我对他真是抱歉到极步了！

不管顾颉刚怎样谦逊地表白，俞平伯的这本《红楼梦辨》是得到了他的支持和关心才写成的，关于这一点是毋庸置疑的了。毕竟顾颉刚不是个先知，若他也是个先知先觉者的话，那么也就决不会满腔热诚地将俞平伯扶坐上那个在数十年之后被点燃的小煤炉。

转眼就到1923年，俞平伯的那本诗集《冬夜》在出版不到一年的时间，就风靡了诗坛，当时的那点印数很快也就销售告罄。上海亚东图书馆决定将《冬夜》再次付梓。且喜且忧的俞平伯在致《冬夜》的编辑汪原放的信中说："如《冬夜》这样的信笔拈来的作品，竟有再版底机缘；这不但令我感到不安宁的愧赧，更似有人语我，这种愧心于你也是僭妄的。"

在俞平伯的这本诗集大受读者欢迎的同时，评价这本诗集的文章也纷纷见诸报章，其中不乏文坛巨子、学术大家。

自从朱自清在《冬夜》的序言里"贡其一得"地宣称"在新诗才诞生了三四年以后，能有《冬夜》里这样作品，我们也总可以稍稍自慰了"之后，对于《冬夜》的各种各样的评论也就纷至沓来。

师长辈的胡适说起话来就有点老滋老味的了，而且还带着点儿教导的味道。"自由（无韵）诗的提倡，白情、平伯的功劳都不小，但旧诗词的鬼影仍旧时时出现在许多'半路出家'的新诗人的诗歌里"。胡适还在《俞平伯的〈冬夜〉》一文中说道：

> 平伯主张"努力创造民众化的诗"。假如我们拿这个标准来读他的诗，那就不能不说他大失败了。因为他的诗是最不能"民众化"的。我们试看他自己认为有平民风格的几首诗，差不多没有一首容易懂得的。如《打铁》篇中的：
> 刀口碰在锄耙上，
> 刀口短了锄耙长。

将适之先生看怔住的诗，在《冬夜》里几乎比比皆是，俞平伯在《挽歌》里写道：

> 山坳里有坟堆，
> 坟堆里有骨头。
> 骏骨可招千里驹；
> 枯骨头，华表巍巍没字碑，
> 招甚么？招个——呸！

即使是胡适认为是好诗的《一勺水啊》，仍然让这位白话诗的开山鼻祖读起来如同是在云里雾里，这首诗是这样写的：

> 好花开在污泥里，
> 我酌了一勺水来洗他。
> 半路上我渴极了，
> 竟把这一勺水喝了。
> 好花开在污泥里，
> 一勺水在我底胃里。
> 请原谅罢，宽恕着罢，
> 可怜我只有一勺水啊！

最后，胡适语重心长地训诫道：

> 平伯最长于描写，但他偏喜欢说理；他本可以作好诗，只因为他想兼作哲学家，所以越说越不明白，反叫他的好诗被他的哲理埋没了。
> 这不是讥评平伯，这是我仔细读平伯的诗得来的教训。我愿国中的诗人要知足安分：做一个好诗人已是尽够享的幸福了；不要得陇望蜀，妄想兼差做哲学家。

胡适不仅仅是白话诗的巨擘，他在美国的时候还曾经入哥伦比亚大学哲学系研究部，受业于著名学者杜威，于哲学之道，深得个中三昧，远非那些满嘴胡话的空头哲学家可以匹拟。因而想来胡适的这一番忠告是有来由的，确实很可以令国中当时后来的诗人们品味深思。

闻一多的评论就更为直截了当了：

> 他们喊道："诗坛空气太沉寂了！"于是《冬夜》、《草儿》、《湖畔》、《蕙的风》、《雪朝》继踵而出；沉寂的空气果然变热闹了。

显然闻一多对这种现象是不以为然的，他马上摇着头叹息道："唉！他们终于是凑热闹啊！"因为闻一多在心里很怀疑诗神踏入的抑或是一条迷途，闻氏所指的迷途便是那畸形的滥觞的民众艺术。出于这样的忧虑，闻一多便起了将当代诗坛中已出诗集的作家都加以精慎的批评的念头，但是囿于时间有限等原因，闻一多也只得择其一家进行批评，闻氏声明道："先评《冬夜》，虽然是偶然拣定，但以《冬夜》代表现时的作风，也不算冤枉他。"

《冬夜》里给闻一多印象最深刻的是诗的音节，他坦承道："关于这点，当代诸作家，没有能同俞君比的。这也是俞君对新诗的一个贡献。凝炼，绵密，婉细是他的音节特色，这艺术本是从旧诗和词曲里蜕化出来的。俞君的集子里几乎没有一首音节不修饰的诗，不过有的太嫌音节过火些。"

闻一多敏锐地看到，在俞平伯的诗中的某些东西是从胡适那儿继承来的，收入到集子里的《愿你》与《尝试集》里的《应该》如同是一个模子里铸出来的，只不过徒弟比师傅更加变本加厉罢了。

闻一多的评论是学者式的，而学者们往往是高居在圣殿里的，他们不能容忍吟唱圣歌的天使偷跑下凡间去，与引车卖浆者流一道哼哼起俚词俗调。在这一点上，闻一多与康白情的观点是一致的，康白情说："平民的诗是理想，是主义；而诗是贵族的，却是事实，是真理。"因为他认为只有在闲逸的时候，才能潜心去体味诗的意境，他举例说："伏羲以佃以鱼，作纲罟之歌，恐怕也是要晒网的时候才能作的。"

俞平伯反对道："如伏羲正在打鱼，忽然作起歌来，鱼大约都要跑的。但伏羲既又佃又鱼，的确是终日奋斗，为什么他一晒网稍有闲暇就能作诗？若说伏羲是个皇帝，但古人思妇都能作诗，这个事实想大家可以承认。"

俞平伯在《冬夜》的自序里讲得就更为明确了："我们只愿随随便便的，活活泼泼的，借当代的语言，去表现自我，在人类中间的我，为爱活着的我。至于表现出的，……是不是诗，这都和我的本意无关，我以为如要顾念到这些问题，就可根本上无意于做诗，且亦无所谓诗了。"

"俞君把作诗看作这样容易，这样随便，难怪他做不出好诗来。"对俞平伯与自己大相径庭的看法，闻一多不禁有些恼火了，他举出一些西洋的经典例子来佐证自己的观点："鸠伯讲：'没有一个不能驰魂褫魄的东西能成为诗的，在一方面讲，Lyre是样有翅膀的乐器。'麦克孙姆

闻一多：作诗永远是一个创造庄严的动作

讲：'作诗永远是一个创造庄严的动作。'"

俞平伯宣称："诗到失去了素质，和人失了内心一样，这个光景就是'诗国的覆亡'。我们要想救这危难，只有鼓吹诗的素质的进化；但那些金枷玉锁，使诗的素质深藏着，所以第一步我们必要打破枷和锁，大大的解放，即是诗的形貌的还原。"

俞氏所说的诗的主要素质即是指诗的"平民性"。但是，为俞平伯所津津乐道的这一点尤为闻一多所诟病："诗本来是个抬高的东西，俞君反拼命的把他往下拉，拉到打铁的抬轿的一般程度。我并不看轻打铁抬轿的人格，但我确乎相信他们不是作好诗懂好诗的人。不独他们，便是科学家哲学家也同他们一样。诗是诗人作的，犹之乎铁是打铁的打的，轿是抬轿的抬的……"

闻一多的《〈冬夜〉评论》是一篇将近三万字的大块文章，在这篇比所评文章用去的字数还多的评论里面，闻一多从多个方面对俞平伯的诗乃至这位年轻诗人所持的诗歌观点，进行了批评。在当时的诗坛之上，能招来这样的大块文章评说的诗人除去胡适之外，俞平伯恐怕就是第二人了。

闻一多在该文的最后一章里写道：

> 大体上看来，《冬夜》底长处在他的音节，他的许多弱点也可推源而集中于他的音节。他的情感也不挚，因为太多教训理论。——一言以蔽之，太忘不掉这人世间，但究其根本错误，还是那"诗底进化的还原论"。俞君不是没有天才，也不是没有学力；虽于西洋文学似少精深的研究。但是他那谬误的主义一天不改掉，虽有天才学力，他的成功还是疑问。

闻一多在煞尾处又祭出西洋哲人的语录来告诫俞平伯：

> 培根讲：诗"中有一点神圣的东西，因他以物之外象去将就灵之欲望，不是同理智和历史一样，屈灵于外物之下，这样，他便能抬高思想而使之以入神圣"。所以俞君！不作诗则已，要作诗决不能还死死地贴在平凡琐俗的境域里！

文学作品在不同人的眼睛里自然而然地会得出不同的体会，即使是学者文豪也不例外。就俞平伯的《冬夜》而言，这种提法就得到了某种程度的证明。胡适在他的评论里面说："平伯主张'努力创造民众化的诗'，假如我们拿这个标准来读他的诗，那就不能不说他大失败了。因为他的诗是最不能'民众化'的。"

如此看来，除了在批评俞平伯喜欢在诗中说理这点上，胡适与闻一多有着相同的观点以外，闻一多与胡适对同一本诗集的看法简直就是南辕北辙，大相径庭！

有鉴于此，俞平伯在《冬夜》即将再版的时候，不得不再做一次"秋蝉的辩解"。他将原序删除，代之以致《冬夜》的编辑汪原放的信权充序言。在这篇书信体的代序当中，俞平伯既想息事宁人，又心有不甘地阐述了一番自己的观点：

> 作诗不是求人解，亦非求人不解；能解固然可喜，不能解又岂作者所能为力。平民贵族这类形况于我久失却了它们底意义，在此短札中更不想引起令人厌而笑的纠纷。
>
> 诗集有序，意欲以祛除误解，却不料误解由此而繁兴。这个本地风光的例子我不想举引它，因至今尚留给我一种空幻的迷眩。但憧憬里面却暗示出明确的教训，我故意把原序全删了。……

俞平伯以一种豁达大度的名士风度承揽了来自各方面的批评，但同时又维护了自己的立场，既不因为批评的犀利而动怒，也不因为评者的地位之尊贵枉就屈膝，只是以一个诗坛过客的达观，淡淡地一笑了之。

俞平伯此时最关心的当然还是那本已经杀青的《红楼梦辨》，他不能不关心这本书的出版问题，好在此时由胡适发起的考据热还没有开始降温，上海亚东图书馆对这本书稿虽然比较感兴趣，但是出于经济原因，也只答应将这本书印行五百本。俞平伯的心中虽然难免不会不留有遗憾，但同时又为这本学术味颇浓的考据文章能够顺利地找一个娘家，暗暗地感到庆幸。

第十一章

江南夏夜的萤火

◎

春天生了，秋天死了，一概由他

　　仲夏的夜晚是郁闷的，经过酷烈的骄阳整整一天的熏烤，八月的傍晚吹来的那一丝儿微风，令那些坐院落里纳凉的人们在挥扇驱除溽热之余，对上苍的这点恩典自然要欣欣以迎了。

　　夕阳在晚霞里陨落了，夜幕低低地垂了下来，伏踞于长江右岸的石头城此时也在夏夜的微风里打起了盹，城中的灯火逐渐稀稀拉拉地亮起来，黑黢黢的街道旁边的大树下面，不时地传来扇子挥拍的噼啪声，乘凉人聊天时发出的话语声，明显有如人在睡梦中的呓语，神秘里浸杂着慵懒。

　　秦淮河畔的夫子庙是永远也不会睡着的，且不说媚香楼上弹弦高唱"后庭花"的商女们，也不说从豪客盈门的淮扬菜馆里面传出来的卖唱的娇柔歌声，只须踱上那座横枕在秦淮河上的文德桥，借着从岸上灯红酒绿的敞轩内透射到河面上的微光，便可以看到一艘艘泊在白石驳砌的河岸下面的画舫。画舫像一条条鲇鱼似的随着水波轻轻摇晃着，不时地有船家招呼客人的声音从河面传来。微光中可见一只抑或数只画舫从河岸荡开，在盈盈的河水中沐浴的那从水阁子里透射出来的灯影，立时被压碾而来的画舫撞得支离破碎。在钝滞的木桨摇动声中，画舫顺着柳丝飘拂的河道漂摇而去，陡然明亮起来的船灯从画舫的窗格里面映射出来，船舱里面的人影也如同皮影一般绰约地映在了水波泛起的河面上。

岸上的一家茶馆的细竹帘被撩开了，随着堂倌殷勤的一声："客人，您慢点走！"从灯光并不那么明亮的茶馆里走出了两位刚刚用过了扬州茶点的客人。

俞平伯摇着手中的黑纸扇，与朱自清一前一后走下茶馆的台阶，朝着"天下文枢"坊前面的河岸边走去。老正兴菜馆内的食客们酒兴正浓，劝酒布菜声冲帘而出，从灯火通明的窗户前不时的有手擎托盘的堂倌闪过。俞、朱二人刚才在茶馆里各吃了一盘煮干丝和两块酥油烧饼，这顿清淡的晚餐于这两位学者来说当然是最适口的了，口腹的餍欲已经满足，也就难怪他们对眼前饕餮着的酒楼不屑一顾了。

虽然在京沪道上往返过多次，可是南京对于俞平伯而言却是陌生的，不知怎么的，总也没有能抽出些微空闲来游一游这座号称六朝金粉之地的古城。朱自清却不同，不止是南京的街巷，便是现时脚下的夫子庙、秦淮河他也已经数度踏访。朱自清指着泊在文德桥下面的画舫向俞平伯介绍道："秦淮河里的船，比北京万牲园、颐和园的船好，比西湖的船好，比扬州瘦西湖的船也好。这几处的船不是觉着笨，就是觉着简陋、局促。"

秦淮河畔的游船种数虽然有五种，但是要依大小来分，却可分为两种，最大的画舫叫作"走舱"，这是一种楼船，有前中后三个大舱，舱口阔大，一般可容二三十位客人。船舱内雕梁画栋，窗明几净，壁悬名人字画，布设紫檀或是花梨家俱，几桌面子全都是镶着冰凉光滑的大理石，雕刻精细的窗格上嵌着红色和蓝色的玻璃，水晶一般透亮的玻璃上镂刻着精致的花纹。船的后舱上面还有阁楼，可供游人登临凭栏顾望。这种船实则是一种酒船，船上不仅预备有香茗和时鲜果品，还备有筹办酒筵的厨子和起火的家伙。自然，这种画舫的租金肯定不菲，并非普通的游客所能租赁得起的。河上的另外一种游船便是号称"七板子"的藤棚船了，这种船并不是河上最小的船，但是这种船尚不失游船的性质，因为它也有着较为空敞的船舱，船舷上还围有淡蓝色的栏杆，舱前面的甲板上支着的弧形顶篷，遮蔽着摆设在甲板上的两张藤躺椅。

俞平伯跟在朱自清的身后，在黑暗中摸下高高的码头台阶，步履歪斜地趸上了一艘"七板子"，懒洋洋地将身子往藤椅上面一靠，朱自清以颇为熟悉门道的口吻，冲着船家挥了挥手："快开船罢！"

船家应承了一声，弯下腰去解开了系船的缆绳，两叶木桨像燕翅似的在船舷边闪动了一下，于是桨声响起了。

"七板子"在黑暗的河上滑动着，初泛秦淮的俞平伯感到眼前的情景十分朦胧，有一种春天泛舟于姑苏城外的七里山塘的感觉，可是秦淮河两岸明窗洞启的河房和灯光映照着的玲珑入画的栏杆，马上就提醒了俞平伯，令他顿然醒悟自己此时是身在何处。"佩弦呢？他可是重来的呀，理当讲一讲秦淮的历史，这样岂不是能消释一些迷惘？"

朱自清寄给俞平伯关于秦淮河的明信片

俞平伯回过头去看了一眼躺倒在藤椅上的朱自清，只见这位朋友正拼命地摇动着自己的那把纸扇，俞平伯禁不住哑然失笑："胖子是这个样怯热的？"

近来，俞平伯的日子过得还是颇为优游自在的，正因为如此，这位在诗国里徜徉了许久的"唐璜"，在凝视从身边飘忽而去的光阴时，心中不由得产生出了一种莫名的惶惑，逝之甚速的时光令他连对那难以捕捉到的一刹那也感到了惋惜，这毕竟是生命的一部分呀！

年初，春桃甫换之后，俞平伯便从北京登车南下上海，与郑振铎、顾颉刚、王伯祥、沈雁冰、叶绍钧等人组织了一个同仁文学社——朴社，社约规定凡社内同人每月需交纳十元钱的会金，以为集资出版书籍之需。进入五月份，文学研究会又决定将会刊《文学旬刊》自第七十三期开始，改由俞平伯、郑振铎、顾颉刚等十二人轮流主编。不久，再版本的《冬夜》也继《红楼梦辨》之后，由上海亚东图书馆出版了，因为第一版的序言令许多读者产生了不少误解，所以，在再版的时候，俞平伯删去了原先的那篇序言，代之以他特意改定了的《致汪君原放书》。

粗粗看来，俞平伯的日子过得似乎很惬意，但是，诗人的内心是敏感的，同时也一向是悲观的，往往瞬间的欢欣很快就会被忧伤所替代。他在替郑振铎翻译的《灰色马》译本作跋的前几天做了一个梦，梦醒之后，俞平伯迷迷糊糊地想道："……我们对于生活只有三个态度。如生活是顺着我们的，那么我们便享乐它；如生活百逆着我们的，那么我们便毁坏它；如享乐不得，毁坏不了的时候，那么我们便撇开它。"过了一会儿，俞平伯的脑子清醒了一些，不禁自问道："难道生活真的有这般简单吗？"对于刚才迷蒙中的畅想，他哑然失笑了："这不是梦话是什么呢？"于是，俞平伯在《灰色马》的跋文中悲哀地叹息道：

> 我们生活的痼疾是不可药救的了！人人都呻吟着，嫌恶他自己的药方的无效。总想抢别个病人的药方来瞧一下，以为中间有何等的灵丹妙剂呢。但等到药方拿到手里，或者竟把他药碗抢来喝了，方才知道这正是一个大夫开的方子，不但药名相同，而且分量还是一般的！又有一种病人，当大夫来瞧的时候，听见他阁阁地走进来，心中有十二分的期待和一种渺茫的欣悦。他的病实在已是没救的了，医生那里还给什么药呢，实在给的只是一杯牛乳。但迷惘的他喝了几口牛乳，以为这是一杯良药，载着再生人间的希望来哩，这不是可怜而可叹吗？莫笑！莫笑！这就是我们，这就是我！

此刻，在清朗的夜空之下面，在秦淮河的水波声里，舟中的俞平伯仰望洒布在苍穹之上的点点繁星，"接吻罢，不要思想了。"《灰色马》中的女主人公伊丽娜发出的那缠绵的声音又在他的耳旁响起。一股遁世之感在俞平伯的心中油然而生："大家如绿草般的生活着，春天生了，秋天死了，一概由他！这是何等的幸运呢！可惜这种绮语徒劳我们的想望。我们还是宛转呻吟着以至于死。"

河岸上的明窗里隐约逸扬出的细竹管箫声，伴和着呢喃般的吴歌，在秦淮河碧阴阴的河水上滑动着，这种景况大约已经顺着如画舫下面流动的河水一般，在这片土地的历史溪流里流动了好几百年了。朱自清侧过身子去与俞平伯聊起了明末秦淮河的艳迹，说起来也都是些早已从《桃花扇》《板桥杂记》里熟悉的往事了，在朦胧的月夜里，两位诗人仿佛看见了当年那华灯映水、画舫凌波、笙歌袅袅的光景了。

"七板子"一直朝着黢黑的前方荡过去，在利涉桥边俞平伯唤住船家，上岸买了一匣香烟，两位诗人在青烟缭绕的船头上悠然地聊着秦淮河的往夕事迹。船儿出东关头，逐渐荡近了大中桥，大中桥的三个圆弧形桥洞借着桥那边岸上的灯火静静地倒映在河水里。三个桥洞几乎像三座城门，以至令曾经数度泛游斯河的朱自清仍然感到那桥洞的伟岸：使我们觉得我们的船和船里的我们，在桥下过去时，真是太无颜色了。

"七板子"悄悄地穿出连环着的壮阔的桥洞，俞平伯的眼睛陡然一亮，蔚蓝的天幕上面浮着的那轮明月，将淡淡的月光倾泄在颇为荒凉的河岸上，展眼望去，唯见疏疏落落的远树在微风中飘摇。在朱自清的眼里，那河岸上"颇像荒江野渡的光景"，"令人几乎不信那是繁华的秦淮河了"，"但是河中眩晕着的灯光，纵横着的画舫，悠扬着的笛韵，夹着那吱吱的胡琴声，终于使我们认识绿茵如陈酒的秦淮河水了"。

原来这个灯月交辉、笙歌彻夜的河湾，才是秦淮河的真面目！河面上繁华奢靡的景况令俞平伯嗟叹不已：

> 青溪夏夜的韶华已如巨幅的画豁然抖落。哦！凄厉而繁的弦索，颤岔而涩的歌喉，杂着吓哈的笑语声，劈拍的竹牌响，更能把诸楼船上的华灯彩绘，显出火样的鲜明，火样的温煦了。小船儿载着我们，在大船缝里挤着，抹着走。它忘了自己也是今宵河上的一星灯火。

浮世中的人不也如同这条小画舫一般吗？在那喧闹的人世间行着走着。俞平伯的心头忽然生出了一股怪异的感觉，"朦胧之中似乎胎孕着一个如花的笑"，这是一股淡淡的感觉，淡到了几乎令俞平伯难以捕捉，"我们没法使人信它是有，我们不信它是没有。勉强哲学地说，这或近于佛家的所谓'空'，既不当鲁莽说它是'无'，也不能径直说它是'有'。或者说'有'是有的，只因无可比拟形容那'有'的光景；故从表面看，与没有不生分别。"

这一刹那间的奇特感觉，在俞平伯而言已经时有萌生了，说起来这还是受他身旁的那一位朋友的影响。早在一年之前，朱自清就曾经写信给俞平伯诉说心头的苦恼：

日来时时念旧，殊怅惘不能自己。明知无聊，但难排遣。"回想上的惋惜"，正是不能自克的事。因了这惋惜的情怀，引起时日不可留之感。

朱自清的苦闷在某种程度上反映了当时文化人的普遍心态。他们在冥思当中追寻探索着人生的价值，对逝去如春水的光阴于喟叹之余，不禁扭过头去凝视自己留在往昔的岁月上的足痕。朱自清在位于台州浙江第六师范宿舍的昏黄摇曳灯下，于思绪湍飞之际，一股默念从心灵深处缓缓逸出："在如逃如飞的日子里，在千门万户的世界里的我能做些什么呢？只有徘徊罢了，只有匆匆罢了；在八千多日的匆匆里，除徘徊外，又剩些什么呢？过去的日子如轻烟，被微风吹散了，如薄雾，被初阳蒸融了；我留着些什么痕迹呢？我何曾留着像游丝样的痕迹呢？我赤裸裸来到这世界，转眼间也将赤裸裸的回去罢？但不能平的，为什么偏要白白走这一遭啊？"

在那个万籁俱寂的夜晚里，朱自清剖析着自己的灵魂，面对从灵魂深处剖露出来的病根，他禁不住又久久地回眸，寻找起自己曾经走过的足迹来，面对那个一直生活在困惑和迷惘里的"我"，他的心头仿佛受到了强烈的碰撞：

> 白云中有我，天风的飘飘；
> 深渊里有我，伏流的滔滔；
> 只在青青的，青青的土泥上，
> 不曾印着浅浅的，隐隐约约的我的足迹！

蓦然惊醒的朱自清陷入到了深深的自责之中："我深感时日匆匆底可惜，自觉以前的错处与失败，全在只知远处、大处，却忽略了近处、小处，时时只是做预备的工夫，时时都不曾做正经的工夫，不免令人有不足之感！"

朱自清曾经在俞平伯前往美国前夕邀这位挚友夜游西湖，在飘荡的小船上，披着融融的月光，在徐徐吹来的微风里，相互诉说起各自心头的惘惑。朱自清后来在致俞平伯的信中将自己诉说的苦恼产生的原因概括为：

花落春仍在——德清俞氏家族文化评传

"因怅惘而感到空虚，在还残存的生活时所不能堪的！我不堪这个空虚，便觉飘飘然终是不成，只有转向才可以比较安心，比较能使感情平静。"

在当时流行着一种名为"刹那主义"也就是即时享乐的生活观点，朱自清从哲学的角度出发，将刹那主义原来所标定的目的抽去，重新加以诠释："每一刹那有每一刹那的意义和价值，每一刹那在持续的时间里，有它相当之位置；它与过去、将来固有多少的牵连。但这牵连是绵延无尽的。"

俞平伯对朋友的这个刹那主义大加赞赏，他从中看到了朱自清对于生活的意义和人生问题的思索。毫无疑问，朱自清对生活的观察和理解是充满积极意义的，俞平伯不无企羡地评论道："他把一切的葛藤都斩断了，把宇宙人生之迷不了了之，他把那些殊途同归的人生哲学都给调和了。他不求高远只爱平实，他不贵空想，只重行为；他承认无论怎样的伟大都只是在一言一语一饮一食下工夫。现代英雄是平凡的，不是超越的；现代的哲学是可实行的，不是专去推理和空想的。他的这种意想，是把颓废主义和实际主义合拢来，形成一种有积极意味的刹那主义。"

俞平伯饶有兴味地品嚼着朱自清所持有的这种刹那主义："虽然根本上不免有一些颓废气息，而在行为上却始终是积极的，肯定的，呐喊着的，挣扎着的。"

朱自清宣称："我的刹那主义，实在即是平凡主义。"

朋友的这种在平凡之中实现自我的生活观点，令俞平伯也萌生了于平凡的生活之中求得刹那间充实的信念。

诗人的思维是活跃的，当然更是五彩斑斓的，俞平伯的脑海里呈现出来的意象真是溶融了世间万物，确有摧山填海、化云为雨、骑鹤追虹之能。瞧，俞平伯的思绪又展开了宽大、雪白的羽翼。

五色的花在灰色的泥土上烂缦着，银雪的涛在屹峻的暗礁间涌沸着；面对这大自然的神功造化，诗人是应该赞颂还是应该诅咒呢？象垂巨齿，鹿挺巨角，孔雀曳着巨尾；目睹这个纷纭动荡、变幻莫测的尘世，诗人的心中亦喜亦忧。他能够在从自己身旁流逝过去的光阴里求得刹那间的充实吗？须知，于平凡的生活当中要想求得许多刹那间的充实，究非易事呀，滚滚的红尘中卷走了多少年轻人的畅想，充实终究还是大多数人梦中的向往。变幻莫测的现实，令人烦恼的现实，残酷的现实，摊开在面前的如此这般的现实令年轻人的心旌始终在惘惑中摇曳，有时他们以为自己找到了明确的方向，待到一切都明了的时候，又陷入到了更深的懊恼之中，曾经追求过的充实又成了画饼。

"七板子"在秦淮河上静静地滑动着，两位诗人躺在船头的藤椅上面，意态散淡地瞅着从大大小小的游船上透射出来的灯火。秦淮河上的游船在舱前的顶篷下面大都悬着彩灯，彩灯结着的各色流苏随着在河面上流窜的风在摇曳，从彩灯的两重玻璃里散射出来的昏黄光芒，在船头上形成了一片朦胧的烟霭。岸上有一盏汽灯明亮地燃着，朱自清觉得这盏明亮的汽灯远不如微黄的灯火有意境，俞平伯却不以为然。

正当他俩辩说是非的光景，一艘载着满船靓装姑娘的画船擦着两位诗人的"七板子"掠过，待到他俩细看时，画船已经驶远，只留下了茉莉的香，白兰花的香，脂粉的香，纱衣裳的香……俞平伯感觉到秦淮河的微波泛出滥出甜的暗香，随着远去的船儿在荡，随着藤椅下面的"七板子"在荡，随着河上的所有船儿在荡。在间歇响起的桨声里，俞平伯默默地望着夜空凝想道："谁都是这样急忙忙的打着桨，谁都是这样向灯影的密流里冲着撞；又何况久沉沦的她们，又何况漂泊惯的我们俩。当时浅浅的醉，今朝空空的惘怅；老实说，咱们萍泛的绮思不过如此而已，至多也不过如此而已。"

麻烦终于来了，一条载着歌女的歌舫拢上了俞、朱雇的"七板子"，歌舫的船头上燃着明晃晃的汽灯，灯下坐着两位媚艳的歌妓，乐工则躲在船舱里，只见一个年纪不算太大，但满脸狡狯的家伙"扑咚"一声迈上了载着诗人的"七板子"，他将一册破烂的手折摊在俞平伯和朱自清的面前，让两位诗人好瞧清戏目。

"点几出吧，先生，这是小意思。"

两位诗人的脸顿时红起来：我们怎么能干这个？这岂不是有辱斯文么！

沉默是过不了关的，何况这是在游动着的无数只船上的炯炯目光的注视之下呢。

窘迫极了的朱自清只得装出大方的样子，向歌妓瞥了一眼，勉强将那叠戏折翻了一翻，就赶紧递给了那个过来兜揽生意的家伙，红着脸推脱道："不要。我们……不要。"

那家伙又将戏折塞给俞平伯来瞧，俞平伯倒是干脆得很，将头扭向一侧，同时摇着手，说："不要！"

那家伙捧着那叠烂折子还腻着不走，俞平伯不耐烦地回转过脸来，摇着头道："不要！"

朱自清见俞平伯的方法太过冷漠，又未必中用，便对又转向自己的那个兜揽生意的人辩解道："你不知道？这事我们是不能做的。"

那家伙鄙夷地睖了两位诗人一眼，满脸不屑地走了。

没想到载着歌妓的船竟然联翩而来，两位诗人费尽了口舌才将他们一一打发走，驶离"七板子"的歌舫带着一半失望一半轻蔑打着桨走了，在哗哗的船桨击水声里仿佛夹杂着诅咒："都是呆子，都是吝啬鬼！"

连本可以赚歌舫几个佣金的"七板子"上的船家，此时也无精打采地蹲踞在船头，一副悒悒不乐的神情。朱自清到底是数度游过秦淮河的，他招呼船家道："我们多给你酒钱，把船摇开，别让他们来啰唆。"

桨声又响了起来，船儿朝着前方的复成桥埌荡去。

"今儿算是怎么一回事？"俞平伯向朱自清道，没想到朱自清也同时张口在问俞平伯这个问题。于是两人也都沉默下来，不再相互探询。俞平伯心里默想道："欲的胎动无可疑的。正如水见波痕轻婉已极，与未波时究不相类。微醉的我们，洪醉的他们，深浅虽不同，却同为一醉。"

受到道德压迫的朱自清在默然中陷入到了深深的歉意里，他感到在挥手间就拒绝了那些因生活所迫走上卖笑生涯的人，心里隐泛起了一股怅然："她们于我们虽然没有很奢的希望；但总有些希望的。我们拒绝了她们，无论理由如何充足，却使她们的希望受了伤；这总有几分不作美了。"

对朱自清流露出的道德意味，俞平伯则言明自己是因为胸中的那一股眷爱使然，说着他背诵了一首周作人的诗给朱自清听："因为我有妻子，所以我爱一切女人，因为我有子女，所以我爱一切孩子。"

"他因为推及的同情，爱着那些歌妓，并且尊重她们，所以拒绝了她们。"朱自清动容了，他在心里对俞平伯表现出来的境界很是叹服："至于道德律，在他是没有什么的；因为他很有蔑视一切的倾向，民众的力量在他是不大觉着的。这时他的心意的活动比较简单，又比较松弱，故事后还怡然自若，我却不能了。这里平伯又比我高了。"

船家一桨一桨地将"七板子"摇到青溪之东的复成桥埠，将"七板子"缚在河边的一个枯树桩上，任由河水打着荡着。俞平伯朝着河里瞥去：

> 其时河心晃荡着的，河岸头歇泊着的各式灯船，望去，少说点也有十廿来只。惟不觉繁喧，只添我们以幽甜。虽同是灯船，虽同是秦淮，虽同是我们，却是灯影淡了，河水静了，我们倦了，况且月儿将上了。灯影里的昏黄，和月下灯影里的昏黄原是不相似的，又何况眼中所见的昏黄呢。

俞平伯抬起头仰望繁星点点的夜空，只见那弯冷月被缕缕浮云牵上了一碧遥天，如冰如水的清辉播洒向黑沉沉的大地。在船家的催促下，两位诗人无可无不可地漫应着。于是，"七板子"沿着来路打桨徐归了，在冷冷清清的月色的清辉里，两位诗人的心中涌上了一股莫名的寂寞。俞平伯冥思道："灵明即是人生苦难的根源，怀疑和厌倦都从此发生。在路上我们本可以安然走着的，快快活活走着的，只因为我们都有了灵明，既瞻前，又顾后，既问着，又答着；这样，以至于生命和趣味游离，悲啼掩住了笑，一切遍染上灰色。"

当"七板子"荡近大中桥的时候，朱自清感到倒映着森森水影的桥拱，如同张着黑黝黝巨嘴的怪物，慢慢地将承载着自己的小舟一段一段地吞咽了进去。他与身边的那位一样静默着的朋友不约而同地回顾复成桥埠的渺渺灯火，心头顿时涌上了一股不胜寥落的感慨。

"这是最后的梦；可惜是最短的梦！"黑暗中的朱自清凝望着岸上的零星几点摇曳不定的灯光，寂寞地默默叹息道，"我们的梦醒了，我们知道就要上岸了；我们心里充满了幻灭的情思。"

已经可以遥遥地望见隐约中的文德桥了，打桨徐归的"七板子"晃荡着朝"天下文枢"坊下的码头驶去。此时，俞平伯较之朱自清要乐观一些，他那爱说理，曾经被那位胡适之博士批评过的想要"兼差当哲学家"的老毛病又犯了："主心主物的哲思，依我外行人看，实在把事情说得太嫌简单，太嫌分明了。实有的只是浑然之感。就论这一次秦淮夜泛罢，从来处处，从去处处，分析其间的成因自然亦是可能；不过求得圆满足尽的解析，使片段的因子们合拢来代替刹那间所体验的实有，这个我觉得不可能，至少于现在的我们是如此的。"

沉溺于禅思之中的俞平伯在这一刹那间，忽然感到自己的腋下似乎生出了一双腾腾欲动的羽翅，身体也因之变得飘忽起来，几乎就要朝着那黑茫茫的夜空中飞升了。

当两位诗人登上河岸，在凉风凉月之下悄然而去的时候，也许那两篇垂范了后世数十载的同名散文——《桨声灯影里的秦淮河》，已经在他俩的腹中开始酝酿了罢。

停桡西子湖畔

1923年2月，孙文回到了被北伐军收复的广州，这时的陈炯明的叛军已经被北伐军击败，逃到惠州等沿海地带。孙文在广州城的东郊设立大元帅府，以大元帅的名义复职。孙文表示：这次到广州来就是要统一滇粤桂诸军，讨平南北的一切军阀，建立一个统一的中华民国。

在孙文的领导之下，各路服从于广州政府的军队东征陈炯明；平定反复无常的枭雄沈鸿英的叛乱，所向披靡。1924年1月20日，中国国民党第一次代表大会在广州召开，共产党人李大钊、林伯渠、毛泽东等人参加了这次大会。在这次大会上，孙文重新解释了三民主义，同时还提出了"联俄、联共、扶助农工"的三大政策。不久，按照苏联红军建军原则设立的黄埔军校举行了开学典礼，苏联政府为这所陆军军官学校派来了军事教官，同时还用"伏罗夫斯基"号军舰运来了大批军械。

在苏联政府的帮助下，广州政府焕发出了蓬勃的朝气，以黄埔军校的学生作为骨干的北伐军又踏上了讨伐北洋政府的征程。孙文指出，此次出师北伐，是重新筹备革命，完成过去斗争未了之功！

当此南北构兵之际，地接南北的浙江自然也不得太平了，何况这是一方富甲神州的膏润之地呢。9月初，江苏督军齐燮元受北洋直系巨头曹锟、吴佩孚训令，为了夺取被皖系盘据的淞沪地区，下达了讨伐令，兴军直指割踞于沪上和浙江一带的皖系卢永祥的军队，一时间沪上和浙江一带进入了战争状态。

战事一起，江浙一带的民众自然又要饱遭战祸了。自辛亥以来，侥幸承平了十几年的江浙，忽起兵衅，殊出江浙士绅人等的意料。倒是许汲候于这种军国大事上敏感得很，战事未起之前，他闻说江苏督署的军队频频调防，便已嗅出了戎马仓皇的味道来。为了一大家子老小的安危，许汲候不顾身衰体弱，风尘仆仆地赶往上海，想要在法国租界里头为阖家老小找一个暂避兵灾的住处。

其时，俞平伯正受聘于上海大学中国文学系，主讲《诗经》、小说、戏剧等课程。他与宝驯赁屋于闸北永兴里的一幢小楼上，也许是文人习性使然，他为这间不大的居室兼卧室取了一个意韵深长的室名——茝芷缭衡室。辞意取自《楚辞·九歌·湘夫人》里的"筑室兮水中，……芷葺兮荷屋，缭之兮杜衡"之句。其实这也是一个嵌字格的室名，"芷"是宝驯的小名；而"衡"则是俞平伯的学名。正当俞平伯躲在这个刚刚安顿妥当的小窠里面研学笔耕之际，忽然在一声火车的长鸣声中，许汲候率领着居住在杭州城头巷的眷属们来到了上海，拎着扛着箱笼包裹，一径住进了法租界的一个亲戚家中。

许汲候放心不下杭州的那一摊子，又匆匆地乘车赶回到杭州的宅子里去照料。由于操劳过度，回到家中没有几天，便发现小便里头带有血迹，病卧在榻。俞平伯得到这个消息之后，真如五雷轰顶，连忙搭乘夜车回到距杭州城站不远的城头巷三号寓中。形容消瘦的许汲候神情索寞地对面前这位爱婿兼外甥低低地说道："想不到还会见面，遗嘱我都写好一半了。"

俞平伯强作欢颜安慰了舅舅几句，低着头走出卧室，来到大厅堂里，宽绰的大厅里堆满了捆扎好了的箱箱笼笼，连花厅里也横七竖八地摆着收拾好了的行李。听仆人说，如果消息再不好的话，不是避往京津就是移往沪上的外国租界，以躲兵灾。好在俞平伯是个乐天派，面对烽烟陡起的战事，并不感到十分的恐慌，宽慰着家里的人道："寻寻开心罢，一点也不要紧的。"

果然被俞平伯料中了，这场名为齐卢之战的战事很快就结束了，战争的结果是卢永祥战败，齐燮元夺得了淞沪这块财税滚滚的宝地。这样一来，许汲候也就稍稍淡了离开杭州的念头，但他也不想再在城头巷那个赁来的宅子里继续住下去了，于是他率领全家搬进了俞氏的祖传别业——位于西湖绝佳处的俞楼。当然，北去的念头他也没有完全打消，嘴里常念叨着北行计划，而俞楼于他来说只是北去途中的一个驿站而已。

入居进了被一大片茫茫白水包围着的俞楼，对许汲候这样一位倦于宦游，归隐林下的人来说，当是再惬意不过的事了，尽管如此，他还是不时地在嘴里念叨着那皇家气象还没有完全褪尽的北方，已经蒙罩上一层厚厚灰尘的金黄色屋顶，还不时地在他的梦里萦回。

已经辞去上海大学教席的俞平伯，则带着旷达知命的微笑，随着舅父携妻带子入居进曲园先生遗留下来的这幢别业。闲逸本是人生追求的一种生存状态，是艰辛人生中的瞬间闪现出来的驿站。此时的俞平伯真的感到有点累了，倦了，产生出了一种想要悠游自在地闲散一番的欲望。入居俞楼后的那夜，春雨便渐渐沥沥地落了下来，第二天早晨，睡眼惺忪的俞平伯透过疏疏朗朗的白罗帐，一眼就望见了窗外山坡上蕾苞绽裂的绛桃花。昨天从城中搬来的时候，桃树枝头缀着的还是紧绷绷的紫红色花蕾，经过一夜春雨的沐浴，便满树繁英耀眼了。俞平伯心中不免默念起了古人咏唱春光的诗句来："小楼一夜听春雨，深巷明朝卖杏花。"

尽管如此，躺在白罗帐内的俞平伯还是在心中感到诧异："自来春光虽半是冉冉而来，却也尽有翩翩而集的。来时且不免如此的匆匆，涉想它的去时，即使万幸不再添几分的局促，也总是一例的了何必待委地沾泥，方始怅惜绯红的妖冶尽成虚掷了呢。谁都得感叹怅惘与珍重之两无是处。只是山后的桃花似乎没有觉得，冒着肥雨欣然开了。"

俞平伯瞅着那满树蝶绕蜂缠的灼灼桃花，一股不知由何而发的彷徨蓦然而生。

说实在的，俞平伯的那颗驿动的心已经开始趋向于沉寂，这一点可以从他那清澈而又略带有点儿忧伤的眼睛里看出来。生活使他逐渐地成熟起来，也使他务实起来。当诗人的思绪腾云驾雾从远离尘嚣的云端返回到人间的时候，忽然发现自己除了拥有诗人学者的桂冠和一处令人羡慕的祖传别业外，真的是一无所有，已过弱冠之年的诗人真的再也从容不起来了。虽然他不似朱自清有着沉重的家累，但是为人子、为人夫、为人父的责任，渐渐地在他的心间越来越沉甸甸的了。四顾茫茫人海，俞平伯忽然感到自己是那样的孤独，奥援难求。好在儒门世家子弟的自尊心令其不致乱了方寸。透过乱世烽烟的缝隙看身着长袍，鼻梁上架着眼镜，头发蓬乱的俞平伯，就会发觉这位年轻学者的姿容颇为镇定和从容，甚至有点儿隐逸之士的派头。

不消说，这一切都是表面上的。

前一阵子，在上海大学讲授《诗经》、小说、戏剧的时候，那位为俞氏一族增添了无限光辉的曾祖不时地会走进俞平伯的梦中，他从书箧里翻拣出那张曲园公携自己在姑苏故宅门前摄的合影，在灯下凝望良久，套用曲园公的原韵，赋得一绝句："回头二十一年事，髫髫憨嬉影里收。心镜无痕慈照永，右台山麓满松楸。"

尽管俞平伯还没有到而立之年，但是他在文学上的成就已经卓然可观了，所以如此这般地抒发一番也就理所当然了。他的第二部诗集《西还》此时已由上海亚东图书馆排出了清样，这部诗集共分为三辑："雨夜之辑"（四十七首）、"别后之辑"（三十八首），附录当中又辑入了《呓语》（十八首），这些诗大都是赴欧美求学考察前后所作。这本诗集的装帧很雅致，用道林纸精印，丝线装订，封面是由洪野绘制的月下的苏堤小景，扉页有俞平伯自题诗句"玉楼春寄莹环"，诗云：江南人打渡头桡，海上客归云际路。莹环即是宝驯，宝驯原来的表字曰长环，俞平伯因虑其有长管丫环之嫌，便替夫人改换了表字。

此时俞平伯作新诗的意兴已经日感萧索，他在书前的短序中不无调侃地说："这次的汇刊，正足以示我在新诗坛上没落而已。"这段言词想来也不完全是自谦之语吧，诗人毕竟是诗人，他们流露出来的往往是真实的心声。就如同自然规律一样，喷薄而出的朝阳在绚烂了整整一天之后，终归是要陨落的，但是她没落入西边的丛山之后，她灿然闪耀时留给人们的印象并不会就从抹去，当新一轮朝日出现的时候，人们会想起那轮曾经灿烂过的朝阳。不过诗人又是悲观的，他们往往在人们还没有开始忘却自己的时候，已经开始想要努力忘掉自己的过去。俞平伯曾经写过一首名为《我与诗》的诗：

> 我在楼上写诗，
> 写完了，
> 不是我底了；
> 读了一遍，三四遍后，
> 我也不见了。

这便是当时的新诗，这便是当时的俞平伯。回想当年的曲园公，是那般的平和，那般的淡然，从老人那洞达世情的慈目里散射出来的儒雅目光，就足以证明这位儒林泰斗早已修炼得道了。仅仅这么一股子气韵，就足够俞氏后人和弟子们受用一辈子的了，且不说章太炎、吴昌硕等辈，就是再晚一辈的黄侃、钱玄同、周氏昆仲不是也都卓然成家了吗？

从俞平伯的诗中也可以品味得出，他也多少受用了一些这股子气韵。若干年之后，唐弢在评论俞平伯的诗时说道："平伯诗温文如其人，但平易中别有一点缠绵情致，以言诗格，颇近于温、李一路，较诸'新月派'中写情诸作，又是一番滋味矣。"

遥望窗外的满天星光，俞平伯心头涌上了一股掺杂着忧伤的怅惘。他托印书馆将这张合影制成锌版，复制了若干张，以备分赠亲友师长。在赠送这张弥足珍贵的照片时，俞平伯并没有忘记那位太炎先生的弟子周树人，此时，这位也曾披泽过俞门学霖的前教育部金事，已经蛰居沪上，过上了卖文生涯。俞平伯托李小峰和孙伏园将这张"俞曲园携曾孙平伯合影"的复制品赠送给了这位文学大家。

轻阴和绯桃是西湖春天的双美。桃花仿佛茜红色的嫁衣裳，轻阴仿佛碾珠作尘的柔幂。

望着染满湖滨的春色，俞平伯的心里默默地给自己鼓气道："反正今天桃花犹开着，春阴也未消散。再说一句，即使今年春尽，还有来年哩。古已有言：青山不改，绿水长流。大概指的就是这个道理罢！"

"虽说有限的酣恣，亦是有限的酸辛；但是酸辛的滋味毕竟要长些哩。"俞平伯望着在融融的春光里雀跃嬉戏的孩子们，在心里头嗟叹道："你们自珍重，你们自爱惜！否则春阴中恐不免夹着飘洒萧疏的泪雨，而桃树下将有成阵的残红了。你们如果真的不相信，你们且瞧着罢。春归一度，已少了一度。明年春阴挽着桃花姐妹们红的手重来湖上的时候，你们已经不是今年的你们了，他们也不是今年的他们了。一切全都是新的。惟有我的心一味地怯怯无归，垂垂待老了。"

俞平伯信步踱出屋去，登上别墅的露台，凭栏远眺，呀，湖山之美顿时尽收眼底。俞平伯在心里暗暗地感到诧异，在杭州住了五个年头，泛舟面前的这片清波也有好几度了，不知怎么的，老是惜墨如金，难得为这片邑中名胜挥洒一番。自从有了那首《孤山听雨》之后，他的笔便再也没有垂青过面前这片久享盛名的湖山。俞平伯为自己辩解道："西湖在南宋时曾号称'销金锅'，又是白居易、苏东坡、林和靖他们的钓游之地，岂希罕渺如尘芥的我之一言呢？"

可是如今登高一望呀，俞平伯的那颗沉寂已久的诗心禁不住又萌动了……

> 我们的湖山，姿容变幻：
> 春之花，秋之月，
> 朝生晖，暮留霭；
> 水上拖一件惨绿的年少裙衫，
> 山前横一抹浓青的婵娟秀黛。
> 游人们齐说："去来，去来。"
> 我也道："去来，去来。"
> 双桨打呀打的，
> 打不破这弱浅漪澜；
> 划儿动啊动的，
> 支不住这销魂重载。
>
> 仪态万方的春光晨光，
> 备具于一瞬眼的楼头望。
> 只有和谐，
> 只有变换，只有饱满。
> 创世者精灵的团凝，
> 又何用咱们的赞叹。

于是，俞平伯忍不住又犯了老毛病，说起道理来，这一回他唠叨的是禅理："以湖山别无超感觉外之本相，故你我他所见的俱是本相，亦俱非本相。它因一切所感所受的殊异而幻其色相至于亿万千千无穷的蓄变。"俞平伯顿时感到佛经里的佛陀屡屡说起的"作如是观"的精妙了。

所见所感既多，免不了又要作文章了，以他的潇洒，以他的豁达，可以想见，从他的笔端流泄出来的文字定然是很优美飘逸的。我们的诗人对自己的这篇名为《湖楼小撷》的散文也很满意，因为文中湍逸着这位宿儒后人的心声和绮思。

夏日的白昼照例是漫长的，整日在别墅里枯坐或是在湖畔山寺中闲逛，这般的长闲简直快要淡出水来了，连自称顶好闲顶好懒的俞平伯也感到有点不堪了，他说了一句晦涩的笑话来形容这种闲散的日子："拿浓浓的墨点到粉壁上面，四下里皆是雪白的粉印，那才算黑得可以呢！"不难想象，在嚣尘盈天的浊世里，一位身穿青布大褂的人在桃花源一般的西子湖畔踽踽独行的景象，似乎确实有俞平伯比喻的意味。

连俞平伯也感到有点茫然，这一年来闲得出奇，除了只为沪上的书店老板校了一部书稿，匆匆到北京探望了一番高堂之外，其余的时光大都是在徜徉山水，或是躲在小楼的窗前看落照打发掉的。当然，俞平伯还是有心得的，这些心得有时像泰戈尔的短诗，有时又像预言家的谶语："'生之欲'舞台上总是大锣敲得人耳聋，大鼓震得人心慌，赤膊直翻跟头弄得人眼花缭乱。我们这儿咧，忽然锣不鸣，鼓不响，非但跟头不翻了，戏子们一个一个都睡着了。这多么清锅冷灶，成什么模样，阿要讨厌相！"

尽管世态如此，俞平伯却不想对着纷乱的尘世吼叫两声，仍然我行我素地遥看日出日落，这份表面上的从容和潇洒，正像一位诗友赠给他的一首绝句里描绘出的意态："诗思还与世味疏，日长摊饭屡抛书。骄阳曝背青山暖，翠豆朱樱欲上厨。"

俞平伯后来忆及这段日子的时候，曾经说道："那时只不过吃吃蚕豆樱桃，喝喝山中的泉水，看看岭上的白云，西泠桥堍岳王坟前去走走，湖心里去划划，里六桥外六桥之间溜达溜达以外，亭午的一觉闲睡，中宵的一晌闲谈；再不然便找邻寺的体圆上人下顶蹩脚的象棋去，虽说蹩脚，一日连赢他七局，则上人之其学亦可想矣。"

江浙战事虽了，此时的北方却颇不太平，直隶以北的山海关一带，第二次直奉大战正在激烈地进行。正当直系统帅吴佩孚与奉系军阀张作霖的军队相互间杀得天昏地暗的时候，直系将领冯玉祥和王承斌等人突然发动了著名的北京政变，囚禁了大总统曹锟，颜惠庆内阁也随之被推翻。10月25日，冯玉祥与参与政变的各方将领胡景翼、王承斌、孙岳、何遂、李竟容等人，在北京南苑召开了军事政治会议，会议决定联名通电邀请孙文北上，共商国是。在这些参与此次"首都革命"的将领当中，胡景翼、孙岳、李竟容、何遂等人都是当年的同盟会会员，如今他们又在孙文先生的感召下，走到了反对北洋政府的阵营里来，在三民主义的旗帜下，与南方的革命党人共同奋斗。

当这个石破天惊的消息传到广州之后，喜出望外的孙文，于11月10日发表了《北上宣言》。数日后，孙文偕夫人宋庆龄，在李烈钧、汪精卫等人的陪同下，乘坐永丰号炮舰北上。

但是，就在孙文北上的途中，北京的局势已经起了巨大的变化，本来承诺不进入山海关的奉系军阀张作霖，此时已经背弃诺言，率领奉军控制了京、津一带；而北京政府的领导权也被皖系首领段祺瑞所执掌，参与政变的王承斌的军队也在天津被张作霖解除了武装。目睹此景"感到心寒"的冯玉祥遭到了排斥，被逐离北京，改任张家口边防督办。当孙文抵达北京的时候，他所面对的是一股彻头彻尾的军阀势力。

说来也巧，就在冯玉祥等人在北京南宛召开政治军事会议，激烈地商讨在中国历史上具有重大历史意义的决策那日，西子湖畔也发生了一件举城轰动的大事——那座在西湖边耸立了千余年的雷峰塔突然崩圮了。

已经舟少船稀的西湖之上忽然间又热闹起来，俞平伯后来追记："以战事之故，湖上裙屐久已寥若晨星。是日下午则新市场停泊着的划船悉数开往南屏方面去，俨然有万人空巷之观。我到时，已四时许，从樵径登山，纵目徘徊，惟见亿砖层垒作峨峨黄垅而已。游人杂沓，填溢于废基之上，负砖者甚多。砖甚大，有字者一时不易觅。我只手取一无字残品，横贯有孔者归，备作砚用，他无所得。而家人从大路（在净慈寺前）登山者，则已见及村姑髻窦充以经卷，字迹端正，惟丛残不堪矣，此为初见塔砖与经之因缘。"

为了与体圆上人过那"弱肉强食"的象棋瘾，俞平伯竟错过了一睹雷峰塔倒塌前的最后情影，千年盛会由是失之交臂。

雷峰塔是一座建于吴时期的古塔，耸立西湖之滨已逾千年，"雷峰夕照"的魅力不知倾倒了几多文人雅士。如今竟突然倾圮，千年古迹顿成黄垅一丘，可见时光的利刃真是锋利无比，能够削平世间任何够得上伟岸的事物，哪怕是被誉为金刚不坏之身的佛门三宝，也会被时间浸蚀得体无完肤，最终也难逃灰飞烟灭的结局。俞平伯每忆及此，便会嗟叹不已。

雷峰塔之将倾，在正午时便有了征兆，其时，塔顶已经塌垮下来一大块，群栖塔尖的雀鸟被惊得或是四散投林，或是在半空中绕塔咤叫。不到两个时辰，整个宝塔便分崩离析轰然倒塌了。宝驯与湖楼里的家人由窗户隔湖朝着南屏方向遥望，唯见黄尘腾空，塔影完全被尘埃所围裹，因为适逢刮的是西北风，故而在湖楼听到的塔体堕地时的响声还不甚大。待到湖风吹散了烟尘，雷峰塔峻峭挺拔的影子已经完全消失在了地平线上。

流传颇广的神话《白蛇传》中的白素贞，据说就是被镇江金山寺的法海和尚镇压于此塔之下，法海曾经扬言道：白素贞若想重返红尘，除非这座七级浮屠倾圮！所以，当雷峰塔轰然坍塌之后，顿时惊动了整个杭州城，几乎是倾城往观。

此后的数日里，俞平伯不是徘徊于已经变成黄垅一堆的雷峰塔的残基之上，便是伫立于湖楼的窗口，朝着湖那边空落落的塔基凝望。俞平伯好像看见了那幅惊心动魄的景象，一个不祥的预兆在他的心间生发出来，这个念头一出现，就令他感到浑身冷凉，使得他不敢跟家人们道破自己心中的这个预测。但是他的心里明明白白，雷峰塔的倾圮毫无疑问是一个不吉利的征候，至少对于居住在湖楼里的人来说是大不利的，谁叫他们的窗户都正对着那座宝塔呢，看来"雷峰夕照"的福气也不是那么好消受的。

二十天之后，舅舅许汲候的沉疴终于不治，在这个冬天刚刚到来的时候，他便带着无限的遗憾，驾鹤西去。在他去世的前些天倒塌的雷峰塔，竟成了这位前清官僚辞别人世的恶谶。谁能料到这位颇为热爱生活的老人竟在告别人世的十来天之前，还拖着俞平伯到雷峰塔的残基上去收购从崩塌的塔中出土的经卷。后来，俞平伯还据此写了名为《记雷峰塔发现的塔砖与藏经》的考证文章。

俞平伯感到十分疲乏和沮丧，美丽的杭州在他的眼里也变得不那么动人了，心头产生出了一种倦鸟归林的念头。不知怎么的，这位江南游子竟将此生归宿的视线始终投注在那座文化底蕴深厚，帝王之气依旧在气魄宏大的城池上空萦绕的旧时帝京，尽管那儿灰多寒冷，也没有江南那么多的细腴味醇的鱼虾膏蟹，但是这座城市所特有的魅力确实无与伦比。

1924年底，俞平伯告别了杭州，携家回到北京，与父亲陛云先生等家人一道安居于东城老君堂79号。

第十二章
古槐梦遇

◎

"缴绕"的歌唱

俞平伯回到北京不久，重新又拾起了疏远好些日子的《红楼梦》。起因是他在蛰居俞楼的这一段日子里，对这本古典小说的新的认识，此时学术界对《红楼梦辨》中阐述的某些观点也有了一些不同意见。

正像文学界谐谑的那样：老婆是别人的好，而文章则当然是自己的好！文人对自己的文章一向是护短的，这是自古至今的通病，如果允诺了文人掬诚欢迎批评的邀请，那真是天下头一号的大傻瓜。当然，文人老了也许会好说话一些，会以一种洞察世事的达观来对待后生们的批评，心气不再那么高的他们会以宽容的心态来原谅那些不懂文学的孩子们。尽管此时的俞平伯心气还很高傲，但还是尊从了来自各个方面的意见，将《红楼梦辨》重又押上书案修正了一番。此时他已是《语丝》周刊的主要撰稿人，他在发表在该周刊上的修正《红楼梦辨》的楔子中写道：

凡感想均非徒然的，必有所为。发牢骚自然为着辩解，谁说不是！我常听见人评我的文章太缴绕，而同时在我方病其太单简；又曾

花落春仍在——德清俞氏家族文化评传

听见人批评《红楼梦辨》一书太不断，而同时在我方病其太不疑。人我两方的意见这般歧异，真令人有怅怅何之之感。"自悔其少作"这是我辈的常情，少作已经要不得了，而依照他们的估量偏又加上一重新的要不得。破笤帚可以掷在壁角里完事。文人流布人间的，其掷却不如此的易易，奈何？我对于《红楼梦辨》有点修正意见，在另一周刊上发布其一部分，希望过失不致因愈改削而愈多，其他更何所求呢。

既然心里有些惴惴然，当然也就难免要有点儿患得患失了。

不过，自打俞平伯从湖畔山林中返回到书斋里的那刻起，诗人那豪放不羁、酣畅恣肆的脾性，渐渐地开始被考据家所特有的严谨态度所替代。当他重新审视自己在《红楼梦辨》当中的某些观点的时候，发现确实存在着唐突的地方，首先，"《红楼梦》为作者的自叙传"的提法就有失偏颇，俞平伯在《〈红楼梦辨〉的修正》当中自责道："不曾确定自叙传与自叙传的文学的区别"，"无异不分析历史与历史小说的界线"。

…… ……

俞平伯表现出来的这股自我检讨的勇气，尽管也像他的文字一样有点"缴绕"，但是确实体现了他的治学态度，这种治学态度显然传承了传统的儒林学风。这种传统的中国儒门风气蕴含着一种精神，它是靠读书人的个性和人格来支撑的，体现了具有个性的文化人的嶙嶙风骨。《京报副刊》曾经就青年人必须读些什么书这个问题，向一些读者和文化界名流作过一个问卷调查。

俞平伯接到问卷之后，当即作了《青年必读书》一文予以解答，他在文中个性张扬地写道："青年既非只一个人，亦非合用一个脾胃的；故可读的书虽多，却绝未发现任何书是大家必读的。我只得交白卷。若意在探听我的脾胃，我又不敢冒充名流学者，轻易填这张表，以己之爱读为人之必读，我觉得有点儿'难为情'。"

这点不肯流俗的处世态度和俞平伯那天生的洒脱性格，使这位书生在这个各路军阀狼奔豕突，骗子政客各逞其能的世道里，悠然摇扇而行。

北京的政局在悄悄地演变，孙文此时的病情也成了南北执政当局和民众关注的焦点。

1925年1月20日，忧愤交加的孙文终于因为病情恶化，住进了协和医院，经医生检查，孙文患的是肝癌，而且此时已经到了晚期。孙文在病床上与病魔作斗争的同时，仍然与军阀势力作着不懈的斗争。他曾经是一位医生，现在他对自己所得的病有无治愈的可能，心里非常清楚。孙文强撑病体，口授了《国事遗嘱》和《家事遗嘱》，然后，孙文又用英文口授了《致苏联遗书》。

1925年3月12日上午9时30分，一代伟人孙文先生病逝于北京铁狮子胡同行辕。在弥留之际，孙文仍然心系国事，口中犹在喃喃呼喊着："和平、奋斗、救中国！"

孙文和列宁等人要做的是天下文章，他们掌中的巨椽一旦挥洒起来，确有倒海翻江、尽赤尽墨的造化之功。而微哉如俞平伯者辈学者文人，仅以现实生活当中的纸墨游戏人生，尽管有"文章千古事"的古谚时刻促动，但也只不过是在为芸芸众生添一点打发闲暇时光的调味品罢了，因为他们终究不是哲学家，也不是政治家。

这不过是一种极端的说法罢了，至少在俞平伯的眼里，文学还没有这样不堪，尽管他从来没有将文学当成一个神圣的事业来追求，但是他却也不大玩为所谓的下里巴人服务的普罗文学，他所追求的还是阳春白雪，而且还常常为不能将文章做得尽善尽美而惴惴然。而风起云涌的政治生活对这位硕儒后人来说，似乎是一桩十分遥远的事情。

连相濡以沫的夫人宝驹也深受其影响，常常在心里体会着由忽如其来的文思撩起的细微感触，同时又为不能像夫君一样将这些如昙花一样进开的花朵记录下来，深深地感到遗憾。俞平伯在《文学的游离与其独在》一文当中痛苦地写道：

> 环君曾诉说她胸中有许多微细的感触，不能以言词达之为恨。依她的解释，将归咎于她的不谙文章上的技工。这或者是一般人所感到的缺憾吧，但我却引起另一种且又类似的惆怅来。我觉得我常受这种苦闷的压迫，正与她同病啊。再推而广之，恐怕古往今来的"文章巨子"也同在这网罗里挣扎着吧。"书不尽言，言不尽意"，实是普遍的，永久的，不可弥补的终古恨事。

俞平伯接着写道：

花落春仍在——德清俞氏家族文化评传

再作深一层的观察，这种缺憾的形成殆非出于偶然的凑泊，仍以文学的相法为它的基本因。不然，决不会有普遍永久性的。这不是很自然的设想吗？创作时的心灵，依我的体验，只是迫切的欲念，熟练的技巧与映现在刹那间的"心""物"角逐，一方面是追捕，一方面是逃逸，结果总是跑了的多。这就是惆怅的因由了。永远是拚命的追，这是文学的游离；永远也追不着，这是文学的独在。

这样的生活态度，这样的文学观点，反映在俞平伯的作品里面，就出现了一个奇怪的现象，这位受古典文化熏陶长大的儒门子弟，在新文化、新文学的引诱之下，好不容易才脱去了"之乎者也"道袍，成为了新文学阵营中的一员生猛的士将。曾几何时他还漂洋过海地远走欧美，欲想仿效那位名头不小的胡适之博士，取一点西洋文化的真经回来，给神州的那些头脑还不甚开通的同胞们开开眼界。可是，也就是这么七八年的工夫，俞平伯却出乎周围的朋友们意料，重新拾起了曾经抛弃了的国故，文章越发"缴绕"不说，竟然重又"之乎者也"起来。

周作人曾经说过："据说废名君的文章是第一名的难懂，而第二名乃是平伯。"

八月间，俞平伯忽然将一篇未署名的文章寄给了周作人，请这位素所敬仰的老师来猜一猜作者是谁。这篇文章系用文言写成，冠名为《梦游》，幸不甚长，兹录于下：

月日，偕友某夜泛湖上。于时三月，越日望也。月色朦胧殊不甚好。小舟敧侧袅娜，如梦游。引而南趋，南屏黛色于乳白月色下扑人眉宇而立。桃杏罗置岸左，不辨孰绯孰赤孰白。着枝成雾凇，委地疑积霰。花气微婉，时翩翩飞渡湖水，集衣袂皆香，淡而可醉。如是数里未穷。南湖故多荷芰，举者风盖，偃者水衣。舟出其间，左萦右拂，悉飒不宁贴，如一怯书生乍傍群姝也。行不逾里，荷塘柳港转盼失之，惟柔波汩汩，拍桨有声，了无际涯，渺然一白，与天半银云相接。左顾，依约青峰数点出月雾下，疑为大力者推而远之，疑视谨可识。凉露在衣，风来逐云，月得云罅，以娇脸下窥，圆如珍珠也；旋又隐去，风寒逼人，湖水大波。回眺严城，更漏下矣。

月，山阴偏门舟次忆写

苦雨斋主人周作人

周作人复俞平伯信

当时恰好钱玄同等几位学者来八道湾的周宅造访，于是他们便高坐于周作人的"苦雨斋"中，一道拜读了这篇不知作者是何许人也的作品。尽管在座的几位学究将这篇用文言写成的游记研读再三，但是对于作者究系何人这个问题，实在是难下定论。但是，有一条他们是达成共识的：这篇文章肯定不是今人作的。

钱玄同说："大约是明季人作的，至迟亦当为清初时的吧。"

周作人也怀疑是明人作的，好像还是竟陵派的作品。

其实这篇文章的作者就是俞平伯。

没过几天，周作人的信就飞到了老君堂的古槐书屋。俞平伯展开信笺一看，不禁顿生愕然之色。

平伯兄：

来信敬悉。那篇文章读去似系明人之作，昨适玄同亦在，请他看亦云当系明季人，至迟亦当为清初也。前尹默约我教孔德的中学国文，冒昧答应，现在心绪纷乱，无心看书搜教材，觉得一定弄不好，想请人去代，不知你有工夫每周去两小时否？

八月廿二日，作人

面对老师们的高论，俞平伯虽然感到有些惶恐，但是总的来说，心里还是很高兴的。他在揭开了谜底之后，不无得意地解释道："所谓'月'乃指在月下写记，并非某月的缺文。我觉得这种记时间的方法很好玩，虽然古已有之。您不记得了吗？《武家坡》中有所谓'薛平贵，在月下，修写书文'，这便是一个再好没有的先例了！"

俞平伯言称这篇文章为梦中所得，"因为梦中所见本是古文，遂不得不力加摹拟"。潜意识已然如此，可见传统文化对这位显儒之后的影响之深。其实，在上海大学讲授《诗经》的时候，他已经开始着力于传统文学的研究，并且在那所位于闸北永南里的"茸芷缭衡室"中，写下了不少读书札记。他很想在这个领域里，搞出一点名堂来，曾经托亲戚向亚东图书馆出卖《诗经》札记的手稿，以期能够付梓行世，但是均未遭青眼惠顾，被退了回来。但是，他的这股在文化上的回归理念不但没有被打消，反变得更加强烈了。

俞平伯的这种在文化上的回归，在当时并不是个别的现象，一批曾经在新文化运动当中崭露头角的作家，也曾干过这种穿新鞋走老路的事。

新文化运动的干将之一——周作人，此时也已经将那些个亲手从西洋东洋抱回国的宁馨儿，撂在书斋的门外，任其啼哭咒骂，自生自灭。而此时，周作人已将写作的注意力投向了带有古典意味的小品文。

周作人曾经在北大开设过中国文学课，这位有着深厚的古典文化底蕴的教授，自然对于中国的传统文化有着精深的研究和认识，而且这位老夫子对于明人的小品文极为感兴趣，他的这种兴趣在某种程度上影响了俞平伯、废名等北大的学生。

周作人认为当今的散文小品文并非五四以后的新出产品，实在是古已有之，不过现今重新发达起来罢了。有一次他与俞平伯调侃道："王季重文殊有趣，唯尚有徐文长所说的以古字奇字替代俗字的地方，不及张仲子的自然。张仲子的《琅嬛文集》记泰山及普陀之游的两篇文章似比《文饭小品》各篇为佳，此书已借给颉刚，如要看可以转向他去借。我常常说现今的散文小品文并非五四以后的新出产品，实在是'古已有之'，不过现今重新发达起来罢了。由板桥冬心溯而上之这班明朝文人再上连东坡山谷等，似可编出一本文选，也即为散文小品文的源流材料，此件事似大可以做，于教课者亦有便利，现在的小文宋明诸人之作在文字上固然有点不同，但风致实是一致，或者又加上了一点西洋影响，使他有一种新气息而已。"

晚于周、俞等人登上文坛的作家的底蕴自然就不如他们深厚了，个性（这里所指的个性并非狂放）也显然没有他们这些人显著，要想去走那条"由旧而新，再由新而旧"的回归旧文学的路子，当然就无本钱去走了。而且政治斗争已经开始赋予文学新的历史使命，革命的锣鼓和号角声从此淹没了遣兴消闲的弦歌和叹息。这可能也就是中国文学从此异变的开始，一百年以后还能够卒读的作品，从此也就不那么容易觅见了。

冬天是严肃的

俞平伯——这位曾经狂放过的白话诗人，在滚滚世尘之中悠然缓行了若干个岁月之后，似乎已经感到有点儿厌倦了，再也提不起劲儿来边鼓噪边激情喷涌地"啊——"了，而是渐渐地开始向一位书斋里的学究转变。

《忆》

是年年末，俞平伯的第三部新诗诗集《忆》由北京朴社出版了，这是一本回忆童年生活的诗集。其实《忆》早已成集，只是无缘出版罢了，现在由自己和同仁们合股成立的朴社出版，真可以说既当作家又当书局老板了。整个诗集共收新诗三十六首，附录中还收有旧体诗词十六首。

在胸腔里激荡过的热血已经开始趋于平静，感情外溢的眼睛也不那么炯然了，俞平伯回顾过去，然后又举目前瞻，心头似乎感到有点怅然："云海的浮沤，风来时散了。云底纤柔，风底流荡，自己虽是两无心的，而在下面的却每不辞冒昧去代惋惜着；这真是痴愚得到无可辩解的了。但若这个亦不足稍留我们底眷恋，人间底情思岂不更将飘泊于茫昧中了。"

俞平伯又说："我的忆中所有的即使是薄薄的影，只要它们历历而可画，我便会动摇了那风魔了的眷念。"

多么惆怅，多么忧伤！

朱自清在为《忆》所撰的跋中解释道：

> 人生若真如一场大梦，这个梦倒是很有趣的。在这个大梦里，一

定还有长长短短，深深浅浅，肥肥瘦瘦，甜甜苦苦，无数无数的小梦。有些已经随着日影飞去；有些还远着呢。飞去的梦便是飞去的生命，所以常常留下十二分的惋惜，在人们的心里。人们往往从现在的梦里走出，追寻旧梦的踪迹，正如追寻旧日的恋人一样；他越过了千重山，万重水，一直的追寻去。

朱自清不无羡慕地说道："我的儿时现在真只剩了'薄薄的影'。我的'忆的路'几乎是直如矢的；像被大水洗了一般，寂寞到可惊的程度！这大约因为我的儿时实在太单调了，沙漠般展伸着，自然没有我的'依恋'回翔的余地了。平伯君有他的好时光，而以不能重行占领为恨；我是并没有好时光，说不上占领，我的空虚之感是两重的！"

俞平伯做过的梦是五彩的、惆怅的、温柔的……

宝驯最初在姑苏城中的那座有着亭榭小桥的深宅大院里见到这位表弟时，俞平伯正在欣欣然地吟唱：

春天是温柔的，
夏天是茂盛的，
秋天是爽快的，
冬天是窝逸的。

等到宝驯在北京再见到这位已经是诗人的年轻人的时候，发现他已经变得严肃起来，而且似乎有了心事。当宝驯探问究竟时，俞平伯声调有点沙哑地说：

春天是惆怅的，
夏天是烦倦的，
秋天是感伤的，
冬天是严肃的。

在率先阅读了这本《忆》之后，宝驯似乎已有所悟，对于夫君的心路历程终于有了一个抽象的了解，宝驯思索道：

花落春仍在——德清俞氏家族文化评传

从惆怅可以得到温柔，

从烦倦可以得到茂盛，

从感伤可以得到爽快，

从严肃可以得到窝逸。

　　这些比喻对于俞平伯的精神状态和生活状态来说，确实显得很抽象了，已经从"诗"里走了出来的俞平伯用散文家的口吻说道："至于童心原非成人所能了解的，且非成人所能回溯。忆中所有的只是薄薄的影罢哩。虽然，即使是薄影罢——只要它们在刹那的情怀里，如涛底怒，如火底焚煎，历历而可画；我不禁摇撼了这风魔了似的眷念。"

　　俞平伯在《忆》的跋尾中缱绻地写道：

燕子爱它底颓巢，

甚于爱它主人底画梁，

…… ……

小燕子其实也无所爱。

只是沉浸在这朦胧而飘忽的夏夜里罢了。

　　这几句温柔而又精辟入微的诗句，大约可以当成俞平伯的诗歌里梦境颇多缘由的注脚罢。由此可以见得，这位表面上显得逸情十足的诗人，其实是十分洞明世事的，对于悄悄变化着的世界，俞平伯满脸的惆怅神色里透露着几分无奈。尽管他有时显得有些玩世不恭，岂不知，他也许是在借此宣泄内心的那股无力挽留春光的遗憾。

　　朱自清对朋友的这本诗集一直赞不绝口，十年后，他在选编《中国新文学大系》诗歌卷的时候，还念念不忘地提到："《忆》是儿时的追怀，难在还多少能保存着那天真烂漫的口吻。作这种尝试的，似乎还没有别人。"

　　为了推销这本别开生面的诗歌集，北京朴社出版部特意为俞平伯的这本诗集打出了广告。广告中写道："这是他幼年时代的诗篇，共三十六篇。仙境似的灵妙，芳春似的清丽，由丰子恺先生吟咏诗意，作为画题，成五彩图十八幅附在篇中。后有朱佩弦先生的跋，他的散文是谁都爱悦

俞平伯与夫人许宝驯的晚年合影

的。全书由作者自书，连史纸影印，丝线装订，封面图案系孙福熙先生手笔。这样无美不备，洵可谓艺术的出版物。先不说内容，光是这样的装帧，在新文学史上也是不多见的。"

这本诗集确实是很别致的，封面用的是虎斑笺，篆字题签，下端由孙春台精绘花瓶香炉，其年俞平伯正值二十六岁，于是在扉页上又题上了龚定庵的两句诗："瓶花帖妥炉香定，觅我童心廿六年"。版式用的是四十开的小开本，丝线装订。正文是由俞平伯手书之后，再行影印制版的。俞平伯的字是很有些功底的，有内行人评价说：全书的字体淳朴如汉魏人手迹，同时又兼有苏长公写经的味道。

对于朋友们的赞助，俞平伯在《忆》的后记里俏皮地鸣谢道："——作画的丰子恺君，作封面的孙春台君，作跋词的朱佩弦君。——他们都爱这小顽意儿，给它糖吃，新衣服穿。彳亍于忆之路上的我，不敢轻易把他们撇掉的。"

但是，并不是每一个人都喜欢这本诗集的。《忆》面世之后不久，《洪水》杂志第一卷第10、11期合刊上登载出了一篇批评文章。这篇十分泼辣的文章题名为《我对于〈忆〉》，作者是：凤田。

凤田先生在文章当中恨恨地写道：

我是一个穷人，所以也不妨模仿着沫若先生和穷汉的穷谈来说几句穷话。但要说几句穷话就直接的说说穷话好了，又何必再牵引到《忆》上去呢？这就是因为《忆》太贵族了，我们穷人不得不对着书堆里面的鸟贵族，放几声穷炮!

这么小小的一本《忆》，且要我们花费一块钱才能得到阅书权，这在我个人觉得实在有点冤大头了!

…… ……

我真痛恨现在中国的一般无耻文人，自身虽已受着资本家的剥削，而他还要再来转剥穷学生穷汉，于是便不惜牺牲天良，想在他们的糟透的著作里取大利，没天没地地高其定价，一方借以谋利，一方借以表明他们的著作的尊贵，这真还成什么世道？看了这些不平的事，于是我便佩服创造社的一般先生们，能为这样穷学生设想，起而组织出版合作部，以谋穷学生的读书便利，以与那般蛀虫式著作家兼书贾来比较真是大不相同了。

凤田先生本来想棒喝一番的，也许真理确实在握，只可惜文章中的那些夹七夹八的诟骂，反而冲淡了文章本来想反映的东西。凤田先生是何许人，想来俞平伯是可以猜测出来的，因为在当时的文坛上一直是有阵营之分的。

虽然俞平伯想当一个优游自在的散仙，但是，文学这个玩意儿总归是要与现实发生碰撞的，即使是作者自认为反映的是远离现实的东西，一旦投放到现实当中，马上也就会被读者的睽睽目光熔炼得与现实结为一体。这也就难怪凤田辈们为什么会跳将出来，以书的定价昂贵为口实，大张挞伐了。

从杭州回到北京之后，俞平伯便应聘进入燕京大学任教。八月间，北京清华学校增设大学部，俞平伯的老师胡适当时已经执教于清华，并且以其在教育界和文学界的声望，在这所用庚子赔款设立的学校里赢得了极大的发言权。俞平伯见清华正在向各处礼聘大学部的教授，不由得想起了正在浙南白马湖畔的春晖中学苦熬的挚友朱自清。

刚到春晖中学教书的那阵子，朱自清还是蛮喜欢这片远离市嚣的净土的，他曾经在散文《春晖的一月》里悠然写道："说到我自己，却甚喜欢乡村的生活，更喜欢这里的乡村的生活。我是在狭的笼的城市里生长的人，我要补救这个单调的生活，我现在住在繁嚣的都市里，我要以闲适的境界调和它。我爱春晖的闲适。"

闲适终究是短暂的，而随之而来的苦恼又开始折磨着朱自清，因为过分沉重的家累使得他不可能像俞平伯一样潇洒，他经常在沉静的黑夜里耿耿难眠，在卧榻之上辗转反侧，惴惴然地苦思冥想：……我现在做着教书匠。我做了五年教书匠了，真个腻得慌！黑板总是那样黑，粉笔总是那样白，我总是那样的我！成天儿浑淘淘的，有时对于自己活着，也会惊诧。我想我们这条生命原像一湾流水，可以随意变成种种的花样；现在都筑起了堰，截断它的流，使它怎能不变成浑淘淘呢？所以一个人老做一种职业，老只觉着是一种"职业"，那真是一条死路！

朱自清在致俞平伯的信中痛苦地诉说道：

> 我们现在自己得赶紧明白，我们的生活，我们的将来，我们的世界，只是这么一个小小圈子。要想跳过它，除非在梦中，在醉后，在疯狂时而已——一言以蔽之，莫想，莫想！

朱自清尽管在信中诉说得非常凄恻，但是他仍然在奋力挣扎，想要突出一条路来。他在写给俞平伯的另一封信中，吐露了想脱离教育界，到沪上的商务印书馆觅事的想法：

> 我颇想脱离教育界，在商务觅事，不知如何？也想到北京去，因前在北京实在太苦了，直是住了那些年，很想再去领略一回。如有相当机会，当乞为我留意。

在不久之后朱自清再致俞平伯的信里，这种脱离教育界的心情就更加迫切了：

> 弟倾颇思入商务，圣陶兄于五六月间试为之。但弟亦未决。弟实觉教育事业，徒受气而不能受益，故颇倦之。兄谓入商务（若能）适否？

俞平伯心想，以朱自清这么一位耿介笃诚的教书匠，哪里能适应得了商务印书馆那么一个相互倾轧成风的地方！于是，他便找到适之先生，力荐朱自清到清华大学部国文系执教。胡适对于朱自清并不陌生，更何况这位朱生也是自己在北大曾经教过的学生呢。在胡适的举荐之下，朱自清终于由中学的国文教员一跃而成了清华的大学老师。

这个重大的转机，令朱自清长期压抑的心情忽然得到了放松，有了一种"山重水复疑无路，柳暗花明又一村"的感觉。不消说，朱自清心中的那种欢快是难以言喻的，《语丝》上登载的朱自清在来到清华之后写的一首小诗，也许能够透露一点他当时的心情：

> 我的南方
> 我的南方
> 那儿是山乡水乡
> 那儿是醉乡梦乡
> 五年来的彷徨
> 羽毛般地飞扬

朱自清在心里深深地感激着那位将自己从困境中拉了出来的朋友，许多年之后，他在重庆还对弟弟朱国华说道："平生爱我数俞君，深情此生难回报。"

1928年10月，俞平伯也来到清华学校大学部中国文学系充任讲师，与朱自清一道同系执鞭了。

这一年，对于俞平伯来说真是喜忧参半，先是他再一次托亲戚向上海商务印书馆出卖《诗经》札记文稿，结果又是雁沉鱼杳。

值得高兴的是，他的散文集《杂拌儿》顺利地由上海开明书店出版了，钱玄同为这本瑰集了俞平伯的三十二篇散文的专集题写了书名，在商务印书馆当编辑的叶圣陶，则充当了这本语言颇为"缴绕"的集子的校对，久病之后的周作人也"念兹念兹"地要为这本书作跋，这就更让俞平伯打心眼儿里感激不已了。

之所以用"杂拌儿"一语来题为书名，俞平伯解释道："只因为想不出名字来，'取他杂的意思'，并无他意。"

周作人的解释就更妙了："北京风俗于过年时候多吃杂拌儿，平伯取以名其文集。杂拌儿系一种什锦干果，故乡亦有之，称曰梅什儿，唯繁简稍不同，梅什儿虽以梅名，实际却以糖煮染红的茭白片和紫苏为主，半梅之类乃如晨星之寥落，不似杂拌儿之自瓜子以至什么果膏各种都有也。"

周作人这么一番详细而又风趣的说法，也颇能让读者在未读这通"杂拌儿"之前，已经大致能够在脑海里映射出全书的风貌。

俞平伯还声明道："集中所收几篇文言的作品，也是自己写着玩玩的，非但压根儿不预备藏之名山，而且不想可传之其人，与岂明师跋语中所谓对于著作一元的态度，不见得就是驴唇不对马嘴。"

周作人的跋文几乎是在阐述一种理论，他在跋中洋洋洒洒地写道：

> 唐宋文人也作过性灵流露的散文，只是大都自认为文章游戏，到了要做"正经"文章时便又照着规距去做古文，明清时代也是如此，但是明代的文艺美术比较地稍有活气，文学上颇有革新的气象，公安派的人能够无视古人的正统，以抒情的态度作一切的文章，虽然后代批评家贬斥它的浅率空疏，实际却是真实的个性的表现，其价值在竟陵派之上。以前的文人对于著作的态度，可以说是二元的，而他们则是一元的，在这一点上与现代写文章的人正是一致，现在的人无论写什么都用白话文，也就是统一的一例，与庚子前后的新党在《爱国白话报》上用白话，自己的名山事业非用古文不可绝不相同了。

明季的竟陵派是讲究情趣的，俞平伯的作品显然也是讲究情趣的，但是他是否将自己的作品也当成"名山事业"，那只有天晓得了。俞平伯在《杂拌儿》自序里讲述出书的缘由时，用他曾经深恶痛绝的文言文侃道："颇拟试充文丐，于是山叔老人谆谆以刊行'文存'相诏，急诺之。俄而惊。夫'文存'大名也，吾何敢居？必得他名以名吾书而后可焉。谋之妇，询之友，叩山叔老人之门，均茫茫不吾应。思之，渺渺不可得。"

以上的这么一番话也是当不得真的，但是不妨可以看成作者是在追求某种"趣味"罢了。

既然不敢擅居"文存"之大名，于是便信笔拈来民间俚语以充书名了，这本身岂不就是在追求一种趣味？如此看来，在俞平伯的这本《杂拌儿》当中"趣味"真的是无处不在了。

毫无疑问，周作人欣赏的正是这一点，他用一种似乎是经历过一些沧桑的语气说："以前的人以为文是'以载道'的东西，但此外另有一种文章却是可以写了来消遣的；现在则又把它统一了，去写或读可以说本于消遣，但同时也就传了道，或是闻了道。除了还想要去以载道的老少同志以外，我想现在的人的文学意见大抵是这样，这也可以说是与明代的新文学家的意思相差不远的。"

不明明白白地去"载道"是要准备被人指斥的，俞平伯非但不在意这一点，还摆出了我行我素的名士派头来："若说骸骨之恋呢，我倒不想讳言，妙在先已声明，不想努力做文士，即使还是不行，定应当算落伍，也总由他罢。若有人看了这一篇，那一篇，'十分糊涂'，反正我也管不了，也总由他罢。"

上面的这么一番话，几乎也就是俞平伯的处世态度，这么一副处世行状几乎伴随了他的整个一生。福耶？祸耶？恐怕让他自己说也说不清楚。

文学的"游离"与其"独在"

时光如同一缕白雾在空中无声无息地行走着。屈指算来，小燕子温软的梦也已经惊魇了好几遭了。农历戊辰十二月初八日（1929年1月18日），是俞平伯的三十岁生日，家中为他摆了筵席，以示庆贺。红烛之下的雕花大桌上，花雕酒、各色菜肴、寿桃、蛋糕杂陈。陛云先生于席间赋诗一首，赠给儿子，诗云：

> 两番喜气到幽燕，
> 肇锡嘉名拟绰虔。
> 三秩今看成壮岁，
> 八旬犹及拜樽前。
> 相期绵绝承先业，
> 更盼菁莪启后贤。
> 遗翰应增家乘美，
> 掀髯曾为拂吟笺。

陛云先生望着已值壮岁的儿子，禁不住泪眼昏花，感慨良多。自从离开江南以后，这十多年来他一直与夫人许之仙蛰居于北京，虽然日子过得颇为寂寞，好在他的文人习性还没有丢弃，闲来散步于庭院，时有心得，诗心一动，便有所得，光是《乐静词》已经攒下了将近六十首，平伯已经允诺，待有空时将诗稿抄誊一番，收入诗集《小竹里馆吟草》里，以传永远。

入夜，清朗的天空当中，游云飘动，圆月朦胧，老君堂79号院落内的

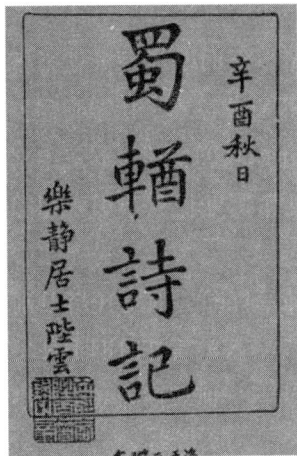
俞陛云所著诗集

那棵老榆树，在清寒的夜风中摇曳着，光裸的枝杈不时地拂刷着树下的屋脊。虽然寒夜已经深沉，古槐书屋的窗前仍然是一灯灿然。俞平伯坐在书桌前已经捉笔凝思了好几个时辰，白天寿宴上的热闹情景此时犹在眼前，岁月真是如梭呀，恍恍然已然三十岁了，岳武穆的《满江红》中云："三十功名尘与土，八千里路云和月，莫等闲，白了少年头空悲切。"此等武夫终日征战于疆场，或是匹马戍边，或是禁卫宫门，以刀枪戟矛博取功名；而骚人墨客则只能以文章流布天下，以收广知博达之效。想到这里，俞平伯长长地叹了一口气，心头不由地有些惶惶然："恐怕再也没有比身后之名渺茫的了，而我以为毕竟也有点儿实在的。"

其实，这个问题在俞平伯的脑子里已经盘桓了好些天了，前些日子，恰好文化周刊《骆驼草》正在筹备创刊，周作人受邀担当主编大任，为了替创刊号准备一些稿子，周作人便向几位意气相投的得意门生约稿，是凡笔墨上的事，这位苦雨斋的主人自然忘不了俞平伯。周作人特意关照废名带口信给俞平伯，要这位意趣颇为相投的学生也为《骆驼草》写写稿子，因为是为创刊号准备稿子，所以还得从速写出。前几天俞平伯颇为忙碌，清华又有课，国文系还准备请他给学生们讲授《清真词》和戏曲、小说的创作和欣赏，这也使他不得不抽出些空来做点准备工作。望着眼前尘世中的匆匆过影，俞平伯生平第一次感到了作文的匆忙，以至于在生日的晚上挨到中夜还不能安寝，俞平伯在心里自我解嘲道："这简直是自己为《文训》造佳例了，然为事实所迫，也莫奈何，反正我不想借此解嘲就得嘞。"

俞平伯眼下构思的这篇文章正是他这几天有所思有所感的事儿，文章名为《身后名》，这个题目不是谁人都能做的，总须得在事业上有点成就，那么发起感慨来也就才会有点儿真情实感，否则架着虚气侃功名，总让人感到有些外强中干。

俞平伯在灯下提笔凝思道："身后名之所以不能如此这般空虚者，未

花落春仍在——德清俞氏家族文化评传

必它果真不空虚也，只是我们日常所遭逢的一切，远不如期待中的那般切实罢了。"

想到这里，俞平伯的胸中豁然开朗，心中的感情闸门一下子打了开来，手中的笔像蚕食桑叶般地刷刷吻起摊在书桌上的稿纸。

在文章的结尾，俞平伯万念俱灰地匆匆写道："一切都只暂存在感觉里。身后名自然假不过，但看来看去，到底看不出它为什么会比我们平常不动念的时分以为真不过的吃饭困觉假个几分几厘。我倒真是看不出。"

俞平伯扔下手中的笔，揉了揉肿胀的眼睛，长长地打了一个哈欠，心里抱歉地对将要阅读这篇文章的人们说道："匆匆的结果是草草。据岂明先生说，日本文匆匆草草同音，不妨混用。——草草决非无益于文章的，而我不说。说得好，罢了；不好，要糟；因此，恕不。只好请猜一猜吧，这实在抱歉万分。"

《骆驼草》于五月十二日创刊，周作人、俞平伯、废名为这本周刊的主要撰稿人，登载在该刊首页的发刊词中写道：

> 不谈国事。既然立志做"秀才"，谈干什么呢？此刻现在，或者这个"不"不蒙允许的，那就没有法儿了。
>
> ……　……
>
> 文艺方面，思想方面，或而至于讲闲话，玩古董，都是料不到的，笑骂由你笑骂，好文章我自为之，不好亦知其丑，如斯而已，如斯而已。

如此的处世态度和文艺思想，不可避免地要招来批评，首先拍案而起的自然是以弘扬大众艺术为己任的普罗文学家们，他们不但言词激烈地抨击《骆驼草》的撰稿者们，而且在批评文章里宣称周作人是"命定地趋于死亡的没落了"。

当晚，俞平伯到八道湾周作人的"苦雨斋"作客，正好看到了这篇文章，顿时心里很有点惶惑，因为前几个月，普罗文学家们已经在批评自己"没落"了。为此，俞平伯曾作《没落之前》一文以回应。第二天清早，俞平伯又赶紧写出一篇名为《又是没落》的文章，在文中，他声明道："我之与《骆驼草》，只是被废名兄拉作文章而已，好比拉散车。"俞平伯感到很有点冤枉，就是语丝社也没有正式加入过，何况这次给《骆驼草》写稿，"只是投投稿，骗几回饭吃而已。"

虽然俞平伯在嘴边喃喃呐呐地为自己开脱，其实也是迫于情势，他的心里是并不以为然的，他一直是想老老实实说自己想说的话，也就是所谓的"我手写我心"。但是在现实生活当中，他的这种理念，理想主义的气息未免太浓厚了一点，撞墙碰壁的事，也就难免了。不久，俞平伯在为沈启无编的《冰雪小品选》作的跋文中写道："把表现自我的作家作品压下去，使它们成为旁岔伏流，同时却把谨遵功令的抬起来，有了它们，身前则身名俱泰，身后则垂范后人，天下才智之士何去何从，还有问题吗？中国文坛上的暗淡空气多半是从这里来的。看到集部里头，差不多总是一堆垃圾，读之昏昏欲睡，便是一例。"

这也就难怪有人评说俞平伯的文风和名士派头都有点像明朝的人了。朱自清就曾经说道："近来有人和我论起平伯，说他的性情行径，有些像明朝人。我知道所谓'明朝人'，是指明末张岱、王任思等一派名士而言。这一派人的特征，我惭愧还不大弄得清楚；借了现在流行的话，大约可以说是'以趣味为主'的吧？他们只要自己好好地受用，什么礼法，什么世故，是满不在乎的。他们的文字，也如其人，有着洒脱的气息。"

朱自清的这段话是写在为俞平伯的文集《燕知草》所作的序言里的，这部分为上下两册的文集由上海开明书店出版，上册收作品二十篇，下册收《重过西园码头》一篇，内容大都是反映杭州风情的，连行文的风格也与杭州的糯软光洁的风情贴得很紧。朱自清风趣地形容道："书中的前一类文字，好像昭贤寺的玉佛，雕琢光润洁白；后一类呢，恕我拟不于伦，像吴山四景园驰名的油酥饼——那饼是入口即化，不留渣滓的，而那茶店，据说是'明朝'就有的。"

《燕知草》系线装，磁青纸封面，除了《自序》、《自从一别到今朝八解》、《偕游灵隐寺归鞭一套》等数篇是根据俞平伯的手迹影印的外，其余正文用连史纸活字精印。上册的第八十五页，是一张俞樾创制的"仿苍颉篇六十字为一章"的信笺，俞平伯因袭褚河南的笔韵写道：

　　身去杭州道，
　　悠然梦醒来。

酒肴旗下好，

灯火荐桥开。

巷陌人无恙，

湖山事有哀。

年时浑不似，

倚枕一迟徊。

　　俞平伯在诗后作注曰："为启无书此，即作为《燕知草》补遗可耳。十九年十一月八日，时同客天津。"

　　诗后提到的那位沈启无，当年在北方的文坛上，也算得上是一位风头甚健的人物。后来中日战争爆发，留在北京的沈启无在日军的驱使下，继续从事文化活动。日本战败之后，沈启无被贴上了"汉奸文人"的标签，从此，其人在文坛上销声匿迹，不知所终。严复曾经说过："华风之弊，八字尽之，始于作伪，终于无耻。"

　　真是世事沧桑，诸事难以逆料，俞平伯在《燕知草》自序当中惆怅之中略带厌倦地叹道："'浮生若梦，为欢几何？'真是一句老话，然而不说梦将说什么？"

　　俞平伯在《燕知草》里娓娓叙说的是他和家人在杭州时的旧事，颇知底细的朱自清解释说："《燕知草》的名字是从作者的诗句'而今陌上花开日，应有将雏旧燕知'而来；这两句话以平淡的面目，遮掩着那一往的深情，明眼人自会看出。书中所写全是杭州的事；你若到过杭州，只要看了目录，也便可约略知道的。"

　　俞平伯也擎起《燕知草》自嘲说："此书作者亦逢人说梦之辈，自愧阅世未深而童心将泯，遂曰'燕知'云尔。"

　　周作人却并不认为作者是云游在梦幻世界里面，他以为作者是借杭州这个载体，在宣泄自己对于生活的种种细致入微的感受。周作人在为该书所作的跋中敏锐地写道："……，然而平伯所写的杭州还是平伯多而杭州少，所以就是由我看来也充满着温暖的色彩与空气。"

　　接着周作人又盛赞道："我平常称平伯为近来的第三派新散文的代表，是最有文学意味的一种，这类文章在《燕知草》中特别多。"

　　曾经有日本人向周作人打听起其弟子的状况，并且问起哪几位最为出色，称得上是得意门生之辈。周作人不加思索地答道：也就是俞平伯、废名、冰心等数人罢了。

所以，周作人在为这位得意门生所做的跋中屡加褒扬也就不奇怪了。

朱自清在序中虽然也是褒词迭出，但是对俞平伯在文风上因袭明人这一点上还是委婉地提出了质疑："我知道平伯并不曾着意去模仿那些人，只是习性有些相近，偶尔阔合罢了；他自己起初是并未以此自期的，若先存了模仿的心，那只有因袭的气氛，没有真情的流露，那倒又不像明朝人了。"

周作人作为师长，便义不容辞地来解释这个问题了，他在跋中洋洋洒洒地写道："中国新散文的源流我看是公安派与英国的小品文两者所合成，而现在中国的情形又似乎正是明季的样子，手拿不动竹竿的文人只好避难到艺术世界里去，这原是不足怪的。我常想，文学即是不革命，能革命就不必需要文学及其它种种艺术或宗教，因为他已有了他的世界了：接着吻的嘴不再要唱歌，这理由正是一致。但是，假如征服了政治的世界，而在别的方面还有不满，那么当然还有要到艺术世界里去的时候，拿破仑在军营中带着《维特的烦恼》可以算作一例。"

周作人的这么一番几乎是理论化的文字，显然是当时那个以他为代表的散文流派奉若神明的为人为文的圭臬。

那么照着周作人的这个书生论道的观点，又当怎样来看俞平伯，来看这本薄薄的《燕知草》呢？周作人道："文学是不革命，然而原来是反抗的；这在明朝的小品文是如此，在现代的新散文亦是如此。平伯这部小集是现今散文一派的代表，可以与张宗子的《文牝》相比，各占一个时代的地位，所不同者只是平伯年纪尚青，《燕知草》的分量也较少耳。"

周作人简直是在将俞平伯当成自己这一散文流派的前锋大将了！也许，此时的俞平伯还尚在梦中，然而他的师长——周作人却已经将这位弟子当作钲鼓来敲了。

本来俞平伯无论是写诗还是做文章都是以描写见长的，细致入微的描写为他赢得了文名，可是近些年来，他似乎感到有些厌倦了，用朱自清的话来说就是："近来他觉得描写太板滞，太繁缛，太矜持，简直厌倦起来了，他说他要朴素的趣味。"

为了追求那个"朴素的趣味"，他从明人的小品文当中攫取了不少灵感；而他的那位老师周作人则不仅文章学明人，甚而至于连字也在学明人，冲淡平和的文风，与由公安派生发出来的竟陵派有着不少相近的地方。俞平伯与乃师不同的地方也是有的，俞平伯笔下反映的是一种理念再加上科学常识，用周作人的话就是："以科学常识为本，加上明净的感情与清澈的理智，调合成功的一种人生观，以此为志，言志固佳，以此为道，载道亦复何碍？"

于是，当年胡适评《冬夜》时，指出的缺点："平伯最长于描写，但他偏喜欢说理；他本可以作诗，但他偏想兼作哲学家；本是极平常的道理，他偏要进一层去说，于是越说越糊涂了。"不但没有被时光消磨掉，反而有所发展，而且文章也越发缭绕和晦涩了。

对于这一点，俞平伯自有他的见地，他曾经说过："我们与一切外物相遇，不可著意，著意则滞；不可绝缘，绝缘则离。记得周美成的《玉楼春》里，有两句最好，'人如风后入江云，情似雨馀黏地絮'，这种况味正在不离不著之间。文心之妙亦复如是。"

俞平伯原本是个关怀生死颇切的人，只是到了近些年才对这个问题淡漠起来，翻看起从前写下的文章，不禁觉得有些渺茫，颇有恍若隔世的感觉。俞平伯曾经对《浮生六记》的作者沈复推崇不已，他在《重刊〈浮生六记〉序》中称颂："此《记》所录所载，妙肖不足奇，奇在全不着力而得妙肖；韶秀不足异，异在韶秀以外竟似无物。俨如一块纯美的水晶，只见明莹，不见衬露明莹的颜色；只见精微，不见制作精微的痕迹。"

俞平伯显然没有沿着沈复的路子往下走，到了后来，他所追求的风格更是与"纯美如水晶"的路子大相径庭，委婉细腻是其散文的特点，但是文章中繁缛晦涩的文字又使读者在阅读其作品时，常常颇费揣摩，如同品尝一枚带有涩味的青果。他就《浮生六记》申述道："文章事业的圆成本有一个通例，就是'求之不必得，不求可自得'。这个通例，于小品文的创作尤为明显。我们莫妙于学行云流水，莫妙于学春鸟秋虫，固不是有所为，却也未必就是无所为。这两种说法同伤于武断。古人论文每每标一'机'字，概念的诠表虽病含混，我却赏其谈言微中。……我们与一切外物相遇，不可着意，着意则滞；不可绝缘，绝缘则离。"

俞平伯认为自己已经迈入中年，每思及此，他的心中不免感到一阵轻微的颤栗，他经常默思道："'表独立兮山之上'可曾留得几许徘徊呢。真正的中年只是一点，而一般的说法却是一段；所以它的另一解释也就是暮年，至少可以说是倾向于暮年的。"

1933年2月间，俞平伯应约为清华年刊写散文一篇，名为《赋得早春》，他在文中伤感地叹道：

> 骀荡风回枯树林，
> 疏烟微日隔遥岑，
> 暮怀欲与沉沉下，
> 知负春前烂缦心。

他想起小时候，姐姐新婚归省，回娘家住对月，自己躺在床上欢喜得睡不着的情景，真是感慨系之，心头顿时涌上来一股酸楚："憧憬的欢欣大约也同似水的流年是一样的罢！"

俞平伯想到这里不禁又提起笔对即将毕业的学生们寄言道："诸君在这总算过得去的环境里读了四年的书，有几位是时常见面的，一旦卷起书包，怅惜着说要走了，让我说话，其可辞乎？人之一生，梦跟着梦。虽然夹书包上学堂的梦是残了，而在一脚踏到社会上这一点看，未必不是另外一个梦的起头，未必不是一杯满满的酒，那就好好的喝去罢。"

从字里行间不难看出，俞平伯已经将自己划入残梦尚温的人当中了。不久之后，他在给叶圣陶的一封信中写道："从前易伤感，多愤懑，近则木木，进步退步竟不了了。——殆以不了了之耶？报上的事了了者十之一二，不了了者其八九，读之阃阃。"因而自己的近况也就"碌碌如恒，乏善足陈"。

不过，有一桩事还是颇趁其心的。二月末，曲园公的弟子章太炎先生因在沪上见北地寇氛日浓，东北三省也于上年的九月十八日沦入敌手，愤慨之余，他不顾年事已高策杖登海轮北上，欲见张学良、段祺瑞、吴佩孚等诸人论陈御侮救亡之事。在北京，章太炎对来访的《大公报》记者怒言："政府意志散漫，迄无一定计划。对日本之侵略，只有战之一路。"

章太炎在下榻的花园饭店还对记者率直地谈道："余之反对一党专政，实感国民党内人才太少，近如外交上之施、顾诸氏，殆何莫非党治前之人物。今兹国难严重已届万分，此种问题可置之不谈，惟希望现时政府，日渐有力，以应此危急存亡之关头。"

在应邀为燕京大学学生讲演的时候，章太炎以古证今，谈起了经世致用之道。他说："明代的知识分子，知今而不通古；清代呢？通古而不知今。所以明人治事的本领胜过清人，因为明人还能致用，清代虽要致用亦不可能。所以不能致用的，因为他考大体的人少，考枝叶的人多罢了。这时候明、清两代的学问都是不切要的，不足为今日所取法。"

太炎先生在这里所指的学问大概不包括文学在内，因为如果想要准确地说的话，文学在有的时候是可以从正反两个方面去解释的，从生活中得来的素材，就好像是一坨柔软的面团，是可以供任何人来揉捏的，而且揉捏出来的东西今朝也许很背时，但是过了若干时日之后，说不定也可能会大行其道，风靡一时。在这片奇怪的世界里，谁敢断定有什么事儿是不可能发生的呢？

章太炎还将所著《章氏丛书续编》交给弟子钱玄同等人，嘱他们择机付梓。钱玄同在致友人的信中欣欣然地写道："先师自民五南旋后，惟民廿一之春，复来平一游，弟等又得侍教数月，曾在北大、师大讲学数次，手授《丛书续编》，令弟等梓行。"

章太炎除了与弟子们谈古论今之外，还为那位得意门生——黄侃代定了鬻文润例，并且撰文揄扬有加，谓这位大弟子"弱冠即从事于学，经训文字之学，能得乾嘉诸老正传，而辞又自有师传"。

俞平伯自然不会放过见一见这位学界泰斗的机会了，况且这位声名显赫的人物，还是曲园公在诂经精舍内朝夕训诫过的弟子呢！俞平伯在西板桥见到这位老态毕露的大儒的时候，恰巧周作人、马幼渔、朱希祖、钱玄同、沈兼士、刘半农、胡适等学界名流也在座。五月十五日，周作人在八道湾的"苦雨斋"举行家宴，躬请章太炎前来家中雅聚，作为晚辈的俞平伯也叨陪末座。太炎先生称俞平伯为"世大兄"，照规矩晚一辈称"世兄"，要是再晚一辈则称之为"世大兄"。俞樾是俞平伯的曾祖父，而章太炎则是俞樾的弟子，以此论来这般称呼正合辈分。这也说明章太炎并未决绝师门，那通《谢本师》的檄文，只不过是为了不使老师受到清廷的迫害，玩的一个小花招罢了。席间，俞平伯起身向太炎先生求书《论语》一幅，章太炎当即欣然允诺，不久便为这位俞氏后人泼墨书写了一纸长达五尺的条幅。恭楷书写在宣纸上面的那位大成至圣先师的语录，笔势遒劲，精气外溢，真可谓是字字珠玑，千金难求。

俞平伯细细品味着悬挂在壁上的这幅丈半条屏，不禁惆怅不已，那位逝去多年的先人的身影又浮现在了脑海里。不要说曲园公早已驾鹤西去，做客九泉，就是这位老人的弟子如章太炎辈如今也已垂垂老矣。光阴真是如同白驹过隙，每思及此，俞平伯的心头总是不由得要刮起一阵秋风："昔之以梦犹真者，今且以真作梦，是非孰辨之耶？惟昔日之我与今日之我，不同也既如此其甚，则寥寥数十寒暑，我之所以为我者亦微矣，又岂不可怪也哉。"

既然如此，俞平伯也只得效躲藏于衰草中悲秋的昆虫，在寂寞之中奋然鸣唱了："追挽已逝的流光，珍重当前之欢乐，两无着落，以究竟将无所得也。回首生平，亦曰'洞然'而已。至其间悲欢陈迹，跳跃若轻尘而曾不得暂驻者，此何物耶？殆吾生之幻见耳。"

如此惆怅，那么也就难怪这位俞学士枕间多梦了。每当他坠入梦乡，那光怪陆离的梦便联翩而至，这也就应了那句"日有所思，夜有所梦"的老话了。

清梦多而且耐琢磨，学士又为文人，自然于梦醒之时要回味揣摩梦境里的景物、情节再三，用俞平伯梦中的话来说就是："每恨不得一张纸一枝笔，一只醒时的手，把所见照抄，若有如此文抄一部，苦茶庵的老和尚庶几曰'善哉'，而莫须有先生或者不则声。"

越日便有好梦。第二天的夜里，枕上的俞平伯的神思已然飘飘忽忽地进入了槐国，鼻息微鼾之际，脑海里忽然飘来了一篇文章，此文怪异，美若秋花，俞平伯睹此华章，便如旱龙吮水般读起来，但是，还没有等他读完，那篇文章竟渐渐地化为了野草。梦醒之后，俞平伯自然要怅惘一番了，也许，他可能会想到：世间的文章又何尝不是如此呢？

梦还是一个接一个地联翩而至，……黑夜行舟。灯火迷离，已失了足，遂不知此身在舟中，还是上了岸，于万无可证明中，忽得一证曰：在床上。

于是乎，再妙不过的梦来了：站起来是做人的时候，趴下去是做狗的时候，躺着是做诗的时候。

趟过崎岖不平的人生之路，饱阅世情的冷暖，苦修苦挨到能够躺倒下来做做诗的地步，也就足证其人有拿得起放得下的胸襟了。

俞平伯用梦话解释道："耐得住寂寞为学道之始基，（读如为学日益，为道日损。）然及其稍进，亦有不甚寂寞处。'遥遥沮溺心，千载乃相关'，斯又何待耦耕耶。"

俞平伯时而快活，时而无奈，时而怅惘地沉醉于梦乡之中，因为："去日之我可忆，然而已去矣，来日之我可思，然而未来也。"

俞平伯将这些或短或长，似梦非梦，似醒又非醒时的话头，计有百十来则统统付诸笔墨，然后结成一集曰：《古槐梦遇》，这本书在1936年被上海世界书局付梓印行。作序的仍然是周作人，废名则为这本好友兼学长的著作写了一篇并不算短的小引，俞平伯少不得要为自己的这本书写一篇自序。这篇自序写得腾云驾雾般的，他在自序中费尽了口舌，想要向读者解释清楚指"榆"为"槐"的缘由，但是任凭这位诗人（还是称他为诗人罢）穷尽

旧时遗影——俞樾携俞平伯摄于春在堂前

了古今中外的学养，还是令读者如坠五里雾中，缭绕的文字将读者诱得与他一同在梦中周游，穿门度户之后，读者跌跌撞撞地迈过后门的那道并不低的青石门槛，又稀里糊涂地站到了日光耀目的大街上面。尽管如此，他们还是禁不住要扭转过头去，朝着那座黑乎乎的石库门里张望一下，心里疑疑惑惑地揣摩着，品味着。

俞平伯的那些"梦"确实是些似梦非梦的东西，周作人的这样一番话，也许能说明当时俞平伯洒脱不羁的状态："平伯说，在他的书房前有一棵大槐树，故称为古槐书屋。有一天，我走去看他，坐南窗下而甚阴凉，窗外有一棵大树，其大几可蔽牛，其古准此，及我走出院子里看，则似是大榆树也。"

明明是一株大榆树，却当成古槐，诗人岂非是大梦不醒的谪仙乎？

俞平伯也在《古槐梦遇》的第一百零一则也就是后记中写道："《古槐梦遇》百分之九十九出于伪造也，非遇亦非梦，伪在何处，读者审之。"

俞平伯的这些陆离斑驳的梦幻，实在是不像从睡梦中吐露出来的呓语，倒像是一些箴言或是谶语，确实引人遐思。但是，这些话头在混沌乱世当中，又有谁人会去揣读呢？就是连作者本人恐怕也没有完全揣摩透自己的梦魇。

俞平伯在梦醒之后，振笔记下的一些残梦确实非常有趣，翻开《古槐梦遇》，读者可以看到一些似乎很莫名其妙的梦话：

> 客散，争于瓶中折花插襟上，出门去。时正午夜，驰道灰白，坦卧暗中。有前，路亡而求诸存也。无前，路亡而求诸冥冥也。皆不顾，疾驰而去。已远，有声不闻，近者，若睹其影，玄君与焉，似言往公园。予略后，慌慌速速有车可雇否，存想便是，纵无车，犹可待他人之到也。

> 槐屋卧闻犬吠出万静中。晨鸡夜犬最发人回头想，犬吠是现实的，鸡鸣则理想主义者。"梦回远塞荒鸡咽，顿觉人间风味别"，斯固畴昔之拳拳耳。"鸡声茅店月，人迹板桥霜"，则又为之慨慷。唯残寺疏钟差许嗣音，而柔厚微减。此意纵佳，起舞亦勿必。其可令楼中人同之否耶？

> "常言五六中，北窗下卧，遇凉风暂至，自谓是羲皇上人。"此不过在大热天昏头搭脑困了一歇中觉，何以便在羲皇以上？更何以见得不在羲皇以下？难道与羲皇并世还不够古，而定在其上？这"上"字实在下得怪。浅人谬曰，"泛泛耳语"，此大不然。五柳传曰，"无怀氏之民欤，葛天氏之民欤。"彼无怀葛天者，宁非确在羲皇上耶？奈何尚以"莫须有"诬之乎？夫求古贤之意，振裘而挈领，则陶公其殆庶乎。于极无凭处还你一个凭据。只字千金，明眼看官急急着眼，蹉跎可惜也。

在那株大榆树（不，是槐树！）浓荫下面的古槐书屋里酣睡不醒的俞平伯，大梦联翩，妙语迭出，全然不顾时光流之甚速欤！孰不知，冥冥中早已排定下的那一劫，也正逍遥地在若干年之后的某一天等待着他呢。

花落春仍在——德清俞氏家族文化评传

228

第十三章
行客们磨蚁般打着旋

◎

俟河之清，人寿几何

俞平伯在那株老"槐"树下面的书房里，还做过一个雄心勃勃的梦："觉得有写出一大部绝丽的文章的把握，至少有如《红楼梦》，但是没有写。"

古人云：日有所思，夜必有所梦。

想来，这个老大的写作计划，一定在俞平伯的心头盘桓了很久了吧！

可是为什么一直没有写出来呢？看来并非是总也没有时间吧，创作是要动力，是要兴致的，抬头目视窗外的迭年乱世，凄惶之心日甚一日，哪里还会有什么兴致来做宏文？俞平伯大约也不晓得自己脚下的这条有着蓝帆的小船会驶向何处，乱世混沌，浊浪扑天，溅起的水花濡湿了诗人的蓝帆，溅湿了诗人的衣袍。世事如此，即使是哲人也不可能那么豁达浪漫了，此时，俞平伯脚下的小船又如同一片漩涡中的树叶，载着站在上面的那位东张西望的诗人疾旋着，望着漩涡中央的那个深深的涡坑，俞平伯不由地胆战心惊，心里默祷着古人的那句名言："俟河之清，人寿几何！"

这种景况，正如俞平伯当年在一首名为《送缉斋》的诗中写的：

行客们磨蚁般打着旋，

等候着什么似的。

　　车站的月台上气氛晦涩，满面倦容的旅客们，茫无头绪地匆匆往来，摩肩碰踵，拥来挤去，纷纷引颈朝着天尽头长望。因为等候的时间太长久了，他们的企盼之情已经渐渐开始变得惶然起来，脸色也变得僵硬呆板，那一声想象当中的震天动地的凄唳狂吼，在他们的脑海里早已经变得是那般的温柔，那般的动听。这时，大地开始微微地颤动起来，而且似乎还能够隐隐地听到类似"咩咩"的羊叫声，月台下面的那两条蜿蜒而去的铁轨上面传出了"轧、轧、轧"的声音，月台上支撑顶篷的廊柱也开始抖动起来。无移时，那个浑身披挂着铁甲的庞然大物挟着雷霆万钧之势，龙吟虎啸而来。等待了许久的人们一个个喜笑颜开，七手八脚地攀上车去，手舞足蹈地伴和着那庞然大物的龙吟，高歌而去。

　　这个情景在任何一个车站大约都是相同的，所不同的只是时间、地点而已。俞平伯的这一生总是在旅行，当然，他在阳光之下的缓坡上闲步的时候居多，在泥沼之中爬行的日子在他的记忆里面尚无有过。这一点他的朋友朱自清是不能比的了，那位自号"知堂"的老人周作人也是不能比的，那些在文坛上初露头角的小老弟们更是无从比起，因为各人的福缘是由老天来布种的，当然，由此推论，各人的劫煞大约也是由老天派定的了。

　　《论语·为政》有云：五十而知天命。所谓"知非之年"是也。1948年，五十在望的俞平伯在《我生的那一年》中这样写道："我生在光绪己亥十二月，在西历已入1900年，每自戏语，我是19世纪末年的人，就是那有名的庚子年。追溯前庚子，正值鸦片战争，后庚子还没来，距今也只有十二个寒暑了。故我生之初恰当这百年中的一个转关，前乎此者，封建帝制神权对近代资本帝国主义尚在作最后的挣扎，自此以后便销声匿迹，除掉宣布全面投降，无复他途。这古代的机构毁灭了，伴着它的文化加速地崩溃了，不但此，并四亿苍生所托命的邦家也杌陧地动摇着。难道我，恋恋于这封建帝制神权？但似乎不能不惦记这中国，尤其生在这特别的一年，对这如转烛的兴亡不无甚深的怀感，而古人往矣，异代寂寥，假如还有得可说的，在同时人中间，我又安得逢人而诉。"

荏苒冬春谢，寒暑忽流易。1949
年，嘴里念叨着"俟河之清，人寿几
何"的俞平伯终于也攀上了一辆挟着狂
风呼啸而来的庞然大物，在这辆人生列
车上，五十一岁的俞平伯心境已经趋于
恬淡，他也像别的乘客那样兴高采烈地
雀跃欢歌过，不久，他便静静地坐在了
车窗下面，终于又拈笔写起了文章来，
而且还是一部长篇大论。

1937年俞陛云与夫人在青岛的合影

说起来，这也是出于偶然和无
奈。

越年的十月中旬，在这个横断世
纪的年头，陛云先生终于在告别了大清王朝和中华民国之后，在中华人民
共和国创立刚满一年的时刻，怆然谢世。

悲痛中的俞平伯只得强打起精神，操持丧事。此时的古槐书屋已经
露出了一副颓败景象，这座庭院幽深的四合院内盛开的马樱花早已凋谢，
廊柱上的油漆也已经开始剥落，放眼四顾唯见瓦楞上的衰草在秋风之中抖
索。俞平伯此时已经被推选为中国文联委员，还被任命为北京大学校务委
员会委员，尽管如此，他那早已经开始闹钱荒的腰包还是没有能够鼓起
来。面对父亲大人的丧事，手头拮据的俞平伯心中犯了难，毕竟是一位前
清的探花呀，丧事总不能过于草草吧，更何况诗礼人家是最讲究孝悌的，
无论怎样拮据，丧仪上的场面总是要撑撑的。万般无奈中的俞平伯忽然想
起一个人来，心中不禁豁然开朗，连忙出门雇了辆人力车直奔文化部而
去。

俞平伯要找的这个人名叫文怀沙，这位文怀沙曾经在苏州东吴大学听过
章太炎的课，而俞家与章太炎又有着极深的旧谊，因此，俞平伯与文怀沙的
关系就显得不同寻常了，这种关系如果用师门之谊来解释，大概也能够说得
通。俞平伯找文怀沙借钱是有缘故的，文怀沙当时是政府的干部，同时他又
在北京的好几所学校里兼着课，俞平伯私忖道：留用的教授每月约有百十来
万元旧币的收入，文怀沙不仅在好几个学校里兼课，同时还在中央政府文化
部里工作，手头自然比自己这种单打一的穷教授要宽裕些。

俞平伯吞吞吐吐地将自己的难处向文怀沙诉说了一番，当他刚将想要借一点钱应应急的话头说出来，文怀沙的眉头就皱了起来。文怀沙是从解放区来的干部，吃的是供给制，每个月只有几万块旧币的零花钱，至于在几所学校兼课每月也是所得有限，那点钱也派不了什么大用场。

听了文怀沙的一番解释，俞平伯怔了一阵，又不甘心地开口说道："原来如此，我还以为你是一个阔佬呢！不过，你不是与上海棠棣书店的老板王耳挺熟吗？能不能从他那儿弄一点钱来，借给我救救急？"

一提到王耳，文怀沙的脸上神秘地笑了一下，这丝笑意令俞平伯简直感到有点儿莫名其妙。

说起来还真的有些玄妙，那个对于俞平伯来说早已如雷灌耳的书店老板——王耳，竟然就是站在面如槁灰的俞平伯对面的文怀沙。

这个话头说起来就有点曲里拐弯的了。上海的棠棣书店是当年在鲁迅先生的关照下创办的，文怀沙曾经在国统时期的上海搞过地下工作，这家不那么显眼的棠棣书店对颇有才情的文怀沙来说，当然是一个极为理想的落脚点了。于是文怀沙便化名为王耳，在这家书店里当起了文字编辑。上海解放以后，文怀沙因为家累较重，所以上级对他也就宽容一些，仍然允许他继续在棠棣书店兼职。所以，直到现在他还用王耳这个化名，在为棠棣书店主编一套《中国古典文学丛刊》。

这些带有些许神秘色彩的缘由，文怀沙是无论如何也不能对俞平伯说破的。但是，既然俞平伯提起了棠棣书店这个茬，文怀沙也就推诿不得了，于是，他答应帮助俞平伯向棠棣书店借点钱来应应急。过几天，文怀沙果然为俞平伯弄来了两百万元旧币。有了这笔相当于后来的人民币两百元的钱，俞平伯肚子里才算吃了颗定心丸，顺顺当当地将陛云先生的丧事办了。

文怀沙要为朋友两肋插刀，自然也是要担些责任的了，何况两百万元旧币在当时绝对不是一个小数目。没过多久，文怀沙便来找俞平伯打探还钱的日子。此时的俞平伯不但两手空空，而且还因为操办陛云先生的丧事欠了一些债务，哪里说得出准确的还债日子！面对囊中羞涩的俞平伯，文怀沙忽然灵机一动："你老兄也是的，把你的稿子拿出来交给书店出版，不就解决问题了吗？"

俞平伯皱着眉头说："我现在手头上哪里有什么书稿嘛！"

文怀沙说："你不是在研究《红楼梦》？只要你将稿子拿来，立即就可以预支两百万块钱，这样一来，问题不就解决了！"

俞平伯苦笑道："不瞒你老弟说，我刚写的关于红学的文字，统统撂到一块儿还不到两万字，哪里能成书哟！"

文怀沙想了一会儿，说："这样好了，当年你不是出过一本《红楼梦辨》吗？现在可以新旧合璧，合在一块儿出版嘛。"

如此好事，俞平伯当然从命。

俞平伯回到家里，在书架上的故纸堆中找了半天，好不容易才将硕果仅存的一本《红楼梦辨》翻将出来。于是，为了了却债务，俞平伯便在古槐书屋里挑灯夜战起来。他首先将发黄的书页拆开，用红笔在书眉和书边增删修改，删去了《〈红楼梦辨〉引论》和顾颉刚的序言，旧作三卷并作上中两卷，新作为下卷，全书共计十三万余字。

改稿从来都是个苦差事，尤其是翻新陈年旧作，更是一个吃力的活计，为了清还债务，俞平伯也只好勉力从之了。他在致友人黄裳的信中叹道：

> 《红楼梦辨》拟改版，名《红楼梦研究》。……先君于上月十二日逝世。弟本无心做文，但与出版方面既有成约，不得不勉力删改旧稿也。……弟俞（在苦）平伯顿首。

在信中，俞平伯自然不好提是为了还债，才这样挥笔不辍的。

1991年3月10日，黄裳在怀念俞平伯的文章中写道："一九五零年我到北京，曾到老君堂访问，这是我与他首次相见。当时我在报纸编副刊，就顺便向他约稿。他当时经济情况好像不大好，也想作文换点稿费，但苦于没有题目。我就提出他早年所作《红楼梦辨》绝版已久，大可修订重写。他欣然答应了，于是后来出版的《红楼梦研究》的开头几章就在我编的副刊上发表。我还保存着几页原稿。他是不喜欢用稿纸的，随手抓着什么纸就写，大笔行草，辨识不易，不料竟因此而引起后来的一场轩然大波，这是我至今还觉得歉然的。这事他也还记得。我在《榆下说书》中曾引用他一九五零年的一封信，谈《红楼梦研究》出版经过，他读后给我的信说：'引弟五零年书，可知重印《红楼梦辨》只为经济，与政治无关。可供谈《红》资料，亦第一手资料也'。"

增删好了的书稿，被文怀沙交到棠棣书店的老板手中，这位在出版行业搞了多年的老出版翻开书稿一看，不禁大皱眉头，他对文怀沙说："你要负责呀，这本书在当年也只印了五百册，还卖了好久，现在拿出来再版，能有销路吗？"

文怀沙确实是个肯帮忙的人，对着书店老板直打保票。在他的力荐之下，书店将俞平伯的这本由旧作《红楼梦辨》增删而成的《红楼梦研究》，在1953年9月出版。

文怀沙亲自操刀用毛笔题写了书名，书稿改成之后，俞平伯曾经想请这位热心的朋友写一个序言，文怀沙想了想，说："我还是写一个跋吧。"

文怀沙在跋中对俞平伯的才学和治学精神大加称颂，同时对这本数十年之后翻新出版的书推崇备至，他在跋中写道：

> 他的史癖趋向于《红楼梦》的程度简直不下于乾嘉诸子对于典籍的诠诂。总之这不会是偶然的事。至今，我们可以体味到这正是平伯先生对当时的新旧学究们所提出的一项抗议。虽然有极少的部份的人，过事偏激，不能了解到这一层用意。我想平伯先生也无意赢得这一部份人的青睐。

俞平伯则在洋洋洒洒的序言中谦虚地说：

> 现在好了，光景变得很乐观。我得到友人文怀沙先生热情的鼓励，近来又借得脂砚斋庚辰评本石头记。棠棣主人也同意我将这本书修正后重新付刊。除根本的难题悬着，由于我底力薄，暂时不能解决外，在我真可谓因缘具足非常侥幸了。

俞平伯还在序言的末尾，就更改书名一事解释说："原名《红楼梦辨》，辨者辨伪之意，现改名《红楼梦研究》，取其较通行，非敢辄当研究之名，我底《红楼梦》研究还没有起头呢。"

说这话的俞平伯也许在诚惶诚恐之中，透过在眼前晃动飘舞的红旗，已经朦朦胧胧地看到了些许希望。

确实，不久之后，俞平伯便糊里糊涂地中了头彩。

花落春仍在——德清俞氏家族文化评传

《红楼梦研究》印了三千册，在政治书籍开始充斥市场的当时，这本带有浓厚的学术气息的著作能有这个印数，确实不能算少了，这也足见得那位始作俑者——文怀沙的胆识了。书出乎意料地畅销，俞平伯除了获得了不菲的稿费之外，同时也从此奠定了他难以撼动的红学权威的地位，真可谓是名利兼收。那时，入主紫禁城的是湘潭的毛润之先生。这位润之先生除了满腹的韬略外，还是一位对旧学颇有研究的大才子。可能俞平伯与毛润之曾经见面，因为当年润之先生在北大当旁听生的时候，曾经在沙滩红楼的图书馆里当过管理员，而守常先生借给"春潮社"的活动室，就在阅览室的旁边。也许俞平伯、罗家伦、顾颉刚等"春潮社"的干将与那位风头甚健的哥们——傅斯年，意气昂扬地进进出出的时候，正在伏案抄写卡片的毛润之正巧抬起了头，瞧见了这帮春风得意的家伙，并且还用他那特有的犀利目光，意味深长地久久凝视着他们的背影。

润之先生也喜欢《红楼梦》，早在延安时期他就已经一读再读了。《红楼梦》里有玩意儿，这一点是毋庸置疑的了，重要的是在阅读时怎样去发掘书的内涵，体会书中的意蕴，甚至去引申书意，将书中反映出来的主旨，尽可能地与自己的主旨贴近，因为，在有的时候，读书并不仅仅是消遣。可能当年毛润之没有读过《红楼梦辨》，因为他与俞平伯走的是完全不同的道路，正欲指点江山、激扬文字的润之先生，是不会有闲情逸致来阅读这本允满了考据智慧的学术著作的。

当年俞平伯著《红楼梦辨》并无深意，只是希望此书能尽两种责任："一是当个游人游山地向导，使读者从别方面知道《红楼梦》作者的生平，帮助读者对于作品作更进一层的了解。二是做一个扫除荆榛、荡瑕涤秽的人，使读者得恢复赏鉴的能力，认识《红楼梦》的庐山真面目。"

现在，毛润之在拜读了俞平伯的这本翻新过了的旧作之后，不久就发了话，示意有关方面将俞平伯补选为全国人大代表。

搞搞学术、写写文章还能当全国人大的代表，这倒是俞平伯始料不及的。他肯定是非常乐意接受全国人大代表这个显赫名称的。

红楼梦魇

古人云：得意不宜再往。

俞平伯显然没有记住这句箴言，他在《红楼梦研究》的序言中曾经兴致盎然地宣称："我底《红楼梦》研究还没起头呢。"为自己鼓劲的目的，显然是为了再上层楼。此时，北京大学文学研究所宣告成立，俞平伯被调至文学研究所任研究员，主要从事《红楼梦》八十回本的整理校勘工作。1953年初，北大的文学研究所并入中国科学院，于是，俞平伯便成了该院文学研究所古典文学研究室的研究员，文学研究所为他配了位助手，这位助手便是颇具才华而又命运多舛的王佩璋（惜时）女士。在校勘八十回本《红楼梦》的期间，俞平伯写出了不少关于《红楼梦》的论文和随笔，这些文章散发在大陆或是香港的报刊杂志上面，一时间，俞平伯成了中国大陆上无可置疑的"红学"权威。他呕心沥血写出来的万余言的论述——《红楼梦简论》也在此期间杀青了，这篇文章不久便发表在1953年3月号的《新世纪》杂志上。

白屋是香港《新晚报》的记者，有一次在赴京采访时，恰好与俞平伯在全聚德同席小酌。俞平伯此时正当重新走红之际，自我感觉极佳，在白屋眼里，这位"红学"权威的精神状态十分的好，给人以老当益壮、青云之志未坠的感觉。有"红学"专家高坐席间，况且应邀入席不是作家、学者，便是新闻、出版界中的记者、编辑，于是众人少不得把酒持鸭，高谈阔论起《红楼梦》来。一提起这个话题，自然饶老俞不得，席间立马就有编辑向俞平伯约稿。

俞平伯手中的筷子正夹着一块烤鸭，他快活地笑着说："曹雪芹当年也是喜欢吃鸭子的，别人知道他著有《红楼梦》，向他索取来看，曹雪芹就说：'要看《红楼梦》，必须有黄酒烧鸭！'烧鸭就是烤鸭子。今天要我写《红楼梦》的文章，请吃黄酒烧鸭，甚合适呢！"

俞平伯的这么一番不知是从哪儿得来的怪论，顿时将围坐在桌前的一帮儿耍笔杆子的朋友说得大笑起来。

面带微笑的俞平伯忽然收起了脸上的笑容，非常诚恳地请在座的诸位对他的文章提提意见，他认真地说："今天的社会是不兴客套的了，如果讲客气，不肯提意见，那就是要不得的老作风，要受批评的。"

一席话说得围坐在桌旁的文友们肃然起敬，不禁对这位老学者刮目相看。

由此看来，俞平伯还是够小心谨慎的，这大概与他的经历有关，数十年来，沧海桑田的变化，他已经冷眼瞧过好几番了。且不说烂熟于心的"好了歌"给他带来的启示，就是这位"红学"专家常常在文章中引用的"何处笙歌临大道，谁家陵墓对斜晖"（吴梅村）"天上浮云如白衣，须臾忽变为苍狗"（杜甫）等警语，就时常会给他带来世事难料之感。

尽管俞平伯以一种老成持重的人生态度来应付时事，大概他自己也感到应付得还算是很得体的，至少从目前来看，"红学"研究基本上是远离现实，而且也是得到了润之先生的赞许的。

俞平伯在自己喜爱的行当里，优哉游哉地做着学问，真是自在逍遥极了。

谁料世事无常，如坐春风的俞平伯不久便遭到了当头棒喝。正当俞平伯准备将他的《红楼梦》研究向更深更广的纵深开掘的时候，忽然从斜刺里杀出两个毛头小子来，这两位顶盔贯甲的小将军，挥刀跃马直取《红楼梦》研究阵中的主帅俞平伯。手无寸铁的俞平伯定睛一瞧，那两位小将军手中锋芒毕露的朴刀，竟然还是朋友文怀沙锻造出来的呢。这个世界真是变幻莫测！

说起来确实有些匪夷所思，燕京大学的著名教授孙楷第门下有一位名叫周汝昌的研究生，那时，周汝昌虽然还在"学而时习之"，但是对于《红楼梦》已经颇有些研究心得了。毕业之后，周汝昌被分配至四川大学当讲师，执鞭之余，他的"红学"研究也日益精进，不久便写出了一部名为《红楼梦新证》的书稿。书稿杀青之后，下面便是要找一个娘家，将书刊印行世。于是周汝昌找到了文怀沙的门下，这里面有一个缘故，因为文怀沙是孙楷第的朋友，朋友的弟子找上门来，岂能推脱，于是文怀沙便成了《红楼梦新证》的编辑。

周汝昌尽管与胡适在"红学"研究上打过笔仗，但对胡适十分尊敬。他在这本书中引用了不少胡适的话，这在当时的政治环境下是大不宜的。文怀沙是个既懂文学又懂政治的通人，岂能让周汝昌犯这种在当时已经是常识的错误？于是，文怀沙对《红楼梦新证》的许多地方进行了删改，将提到胡适的地方尽量删去，如果不得不保留的话，便写成妄人胡适。书稿编定之后，文怀沙又以王耳的名字为周汝昌的这本书写了一篇万言长序，然后将书稿付邮寄往上海出版。

《红楼梦新证》出版以后，很受读者的欢迎，周汝昌因此一炮而红，从此也成了红学专家。许多人读过此书之后，也就释卷离案，各攻其事去

被困在万军丛中的俞平伯

了，平心而论，因为此类文章毕竟不是又一部《红楼梦》，其实也就是为读书助兴的边鼓而已。偏有两位初出道的大学生，在读了《红楼梦新证》和王耳的序以后，大有心得。尤其是中国古典文学丛刊主编王耳先生的那篇序，给他俩的启发尤深。这两位目光敏锐的大学生便是山东大学中文系的李希凡和蓝翎。

两位大学生拿王耳序言中的观点，来与俞平伯的《红楼梦简论》等红学论著中的观点一对照，便发现了问题。于是年轻人的激情和高度的革命警觉性，便促使这两位初出茅庐的年轻人挥刀上马，直取被他们目为"沿袭着旧红学家的考证观点"的俞平伯。如此一来，两位原来默默无闻的"小人物"的名字，顿时与声名显赫的学术权威的名字紧紧地连结在了一道。

李希凡和蓝翎在马背上掷出的投枪名叫《关于〈红楼梦简论〉及其它》。在这篇文章里头，两位年轻人一上来就以初生牛犊不怕虎的气魄，一刀抹将过去，宣告了旧红学的死刑。他们在文章中宣称：

> 《红楼梦》一向是最被人曲解的作品。二百年来，红学家们不知道浪费了多少笔墨，不仅他们自己虚掷了时间，也把这部伟大杰作的真实价值推入到五里云雾中湮没了。

他们在断断续续地列举了恩格斯有关文学的语录之后，严正地指出："俞平伯先生未能从现实主义的原则去探讨《红楼梦》鲜明的反封建的倾向，而迷惑于作品的个别章节和作者对某些问题的态度，所以只能得出模棱两可的结论。"

他们在文章当中进一步地指出："俞平伯先生这样的结论并不是偶然的，它是《红楼梦研究》一书否认《红楼梦》倾向性的论点的进一步的发挥。"

既然如此，那就不客气了，李希凡和蓝翎在文章当中理直气壮地说：

花落春仍在——德清俞氏家族文化评传

毛主席告诉我们：文艺批评有两种标准，一个是政治标准，一个是艺术标准。在"任何社会中任何阶级，总是以政治标准放在第一位，艺术标准放在第二位的。……无产阶级对待过去时代的文学艺术作品，也必须首先检查它们对待人民的态度，在历史上有无进步意义，而分别采取不同态度。"

将俞平伯的文章拿来如此这般地一对照，两位年轻人发现，俞著中存在的问题十分严重，俞平伯不但离开了现实主义的批评原则，而且还离开了明确的阶级观点，仅仅只是从抽象的艺术观点出发，"本末倒置地把《水浒》贬为一部过火的'怒书'，且对他所谓的《红楼梦》的'怨而不怒'的风格大肆赞扬，实质上是企图减低《红楼梦》反封建的现实意义。"

用这样的观点来评论俞平伯的"红学"观点，得出两位年轻人在这篇文章的结尾处的结论也就理所当然了。李希凡和蓝翎在文章的结尾写道：

俞平伯先生在《红楼梦研究》中对旧红学家进行了批判，在《红楼梦简论》中也曾对近年来把《红楼梦》完全看成作者家事的新考证学派进行了批评，这些批评自然都有一定的价值。但是，我们不能不指出，从《红楼梦研究》到《红楼梦简论》，俞先生研究《红楼梦》的方法基本上仍旧是因袭着旧红学家们的考证观点，并在"简论"一文中更进一步地加以发挥。考证的方法只能在一定的范围内活动，辨别时代的先后及真伪。但俞先生却已经把考证的观点运用到艺术形象的分析上来了，其结果就是得出了这一系列的反现实主义的形式主义的结论。

如果单单从学术讨论上来说，李希凡和蓝翎在结尾中的论断基本上是中肯的，确实言中了俞平伯的红学观点中的某些不足之处。

这篇金戈铁马的文章草成之后，李、蓝二人便给它找了个婆家——北京的《文艺报》。可是这两位初登文坛的年轻人的文运实在是糟糕透了，没过多久文章就被《文艺报》给退了回来。李、蓝二人只好写信给山东大学的老师，在母校师长的关心之下，这篇文章终于得以在校刊《文史哲》上刊登了出来。毫无疑问，《文史哲》的编辑部里有能人，他们马上就看出了这篇文章的不同寻常之处。平心而论，这也是一种过人之处，并不是每一个人都能具备这种能力的。文章印出来以后，编辑部立即就给每一位山东籍的中央首长寄去一册刊有这篇文章的《文史哲》。当时，康生、江青等人都看到了这篇文章。江青是研究文艺动态的，立即就掂量出了这篇文章的分量。显然，她是懂行的，虽然她经常为了政治斗争的需要大兴文字狱是事实，要说她在这一行里完全不懂，也是胡侃，正因为是个行家，也就更为阴险。江青立即就拿着这篇文章向润之先生做了汇报，并且要求中国最高级别的党报——《人民日报》转载，用润之先生后来的话说，目的是："以期引起争论，展开批评。"江青亲自驾临《人民日报》编辑部，找来周扬、邓拓、林默涵、邵荃麟、冯雪峰、何其芳等人，说明毛主席很重视这篇文章。她提出《人民日报》应该转载，以期引起争论，展开对资产阶级唯心论的批判。但是，江青的要求却被周扬、邓拓等人以几个并不那么站得住脚的理由，礼貌地拒绝了，拒绝的理由主要是："小人物的文章"；"党报不是自由辩论的场所。"那时候的江青大概还比较谦虚，并不像后来一不得劲便会仗势发发邪火，她见那几位实权人物加以反对，也就只好退而求其次，与这些人物们达成妥协，在《文艺报》上全文转载了这篇文章。

原来是游兵散勇的自由行动，现在一经地位煊赫的大人物介入，事情立刻就变得不那么简单起来。时隔不久，《光明日报》的《文学遗产》栏目，又推出了李希凡和蓝翎驳俞平伯《红楼梦研究》一书的文章。

两位年轻人仅仅只是想在学术上做一番探索的举动，竟然意想不到地演变成了一场运动的开场锣。由此也可以看出，政治斗争的手段真可谓是花样百出，有如传统的中国武术，千变万化神鬼莫测，信手拈来皆成招数。这种炉火纯青的政治斗争艺术，无疑是在长期的政治斗争当中逐步摸索出来的。

戏中的诸葛先生有言：借得东风好行船。润之先生却不须如此，他那吐纳百川的胸襟，蕴藏着可以震撼天地的雷霆。这位满腹韬略的巨人只须轻轻地吹一口气，那艘站着两位"小人物"的木筏子就会笔直地朝着前方荡去，由此便会引发出一个千舟竞发，直取核心的波澜壮阔的局面。

润之先生后来挥笔写了一封火辣辣的信，分发给了中共中央政治局的同志和其他有关同志，在这封"关于《红楼梦》研究问题的信"中，毛润之在信的开头便笔力千钧地写道：

> 驳俞平伯的两篇文章附上，请一阅。这是三十多年以来向所谓《红楼梦》研究权威作家的错误观点的第一次认真的开火。作者是两个青年团员。

润之先生怒气未消地在信中写道：

> 看样子，这个反对在古典文学领域毒害青年三十余年的胡适派资产级唯心论的斗争，也许可以开展起来了。事情是两个"小人物"做起来的，而"大人物"往往不注意，并往往加以阻拦，他们同资产阶级作家在唯心论方面讲统一战线，甘心作资产阶级的俘虏，这同影片《清宫秘史》和《武训传》放映时候的情形几乎是相同的。被人称为爱国主义影片而实际是卖国主义影片的《清宫秘史》在全国放映之后，至今没有被批判。《武训传》虽然被批判了，却至今没有引出教训，又出现了容忍俞平伯唯心论和阻拦"小人物"的很有生气的批判文章的奇怪事情，这是值得我们注意的。

原来如此，在批判俞平伯的红学观点背后还隐藏着这么一些七七八八的原委。如此看来，俞平伯并不是被单挑的，而仅仅只是成了一场即将发动的运动的"药引子"。

在这封信的末尾，润之先生用比较温和的笔调写道：

> 俞平伯这一类资产阶级知识分子，当然是应对他们采取团结的态度的，但应当批判他们的毒害青年的错误思想，不应当对他们投降。

当家的表了态，各个方面马上行动了起来，当初对批俞不积极的更是要争取主动，以赎前愆。《人民日报》率先拨转马头，对着《文艺报》劈手就是一刀，当然，他们是很讲究招数的，首先给那个罪魁祸首俞平伯定谳，用一个整版登出了钟洛的《应该重视对<红楼梦>研究中的错误观点的批判》，然后，便在头版头条登出一篇名为《质问<文艺报>编者》的署名文章来。真是成也萧何，败也萧何，当初是《文艺报》退了李、蓝的稿子，但是，后来《文艺报》是率先转发了李、蓝的稿子的，而且引起了不小的反响，终于使这场运动由表及里，真正开了场，平心而论，是可以将功折罪的了。倒是《人民日报》，当初不但不给面子，还摆出种种理由来搪塞荐稿人；如今却又掉转过身来，哇呜一口，将《文艺报》咬得一佛出世，二佛升天。

中国作协作为《文艺报》的主管单位，自然难逃其咎，好在主管其事的文化官员们并不麻木，深知亡羊补牢的道理，连忙召开作协主席团扩大会议。在这次仓促举行的会议上，主席团一致通过了两项决定：改组《文艺报》的编辑机构；重新规定了《文艺报》的编辑方针。

毛泽东对批判俞平伯的《红楼梦研究》和胡适的学术思想，曾有过多次口头指示。毛泽东指出："胡适派的思想，没有受到什么批判。古典文学方面，是胡适派的思想领导了我们。"

他指责周扬等人在对待批判《红楼梦研究》这个问题上的态度是"投降主义"："有人说，一受到批判，就抬不起头；总有一方是抬不了头的，都抬头，就是投降主义。"

他严厉批判了周扬用"没有警觉"为自己作辩解："不是没有警觉，而是很有警觉，倾向性很明显，保护资产阶级思想，爱好反马克思主义的东西，仇视马克思主义。"

"可恨的是共产党员不宣传马克思主义。共产党员不宣传马克思主义，何必做共产党员！"

同时，毛泽东热烈地赞扬道："一切新的东西都是'小人物'提出来的。青年志气大，有斗志，要为青年开辟道路，扶持'小人物'。"

发表在《人民日报》上面的署名"钟洛"的那篇长文，显然比李希凡和蓝翎的那两篇文章要厉害得多。李、蓝的文章充其量只是想探索一条用无产阶级文学观点来研究《红楼梦》的路子，这在当时的政治大气候下，确实是无可厚非的。可是当这个并不那么纯粹的学术讨论，演变成了一场运动的序幕的时候，那么无论是自发参与还是被动参与这场运动的文化人，也就只得在被巨手掀起的狂涛之中随波逐流。钟洛在《应该重视对〈红楼梦〉研究中的错误观点的批判》一文当中，火药味十足地指出：

在长久的时期中，有关《红楼梦》的研究和考证的工作，居然成了一门学问，被叫作"红学"，有一班因长于"红学"而知名的人，被称为"红学家"。"五四"以前的"红学家"们就很不少；"五四"以后又出现了一些自命为"红学家"的，其中以胡适之为代表的一派资产阶级的"新红学家"占据了支配地位，达三十余年。直到今天，我们仍然可以从俞平伯先生关于红楼梦的论著中看到胡适之派的资产阶级反动的实验主义对待古典文学作品的观点和方法的继续。

细读钟洛的文章，敏锐的读者已经不难辨别出运动的性质和发展方向了。毋庸置疑，这是一场政治运动，钟洛在文章中指出李、蓝的那两篇文章，"是三十多年来向古典文学研究工作中胡适之派的资产阶级立场、观点、方法进行反击的第一枪，可贵的第一枪！"

钟洛接着指出："这一枪之所以可贵，是因为我们的文艺界，对胡适之派的'新红学家'们的资产阶级立场、观点、方法在全国解放后仍然在古典文学研究工作中占统治地位这一危险事实，视若无睹。"

既然文艺界麻木到了这个地步，也就可见事态严重到了何种程度，所以，引起明眼人的关注也就不奇怪了。这种关注来自深层次的思考，是带有某种战略眼光的，如果到了若干年之后，回过头去看，也就一目了然了，左包抄，右迂回，再加上正面推进，步步紧逼，运作得很有节奏，确实高明。这种战法在对待《清宫秘史》和《武训传》的问题时都没有使出来过，可能确实到了忍无可忍的地步了。尽管文艺界不少人都已经感到有点惶惶不可终日，但平心而论，这不过是小试牛刀而已，并没有祭出屠龙的青虹剑来。这场讨论（姑且称作讨论）带有浓厚的政治色彩是不言而喻的，钟洛用很权威的笔调论述道：

现在，问题已经提到人们的面前了，对这问题应该展开讨论。这个问题，按其思想实质来说，是工人阶级对资产阶级在思想战线上的又一次严重的斗争。这个斗争的目的，应该是辨清是非黑白，在古典文学研究工作的领域里清除资产阶级的唯心主义的、主观主义的立场、观点和方法；正确地学习运用马克思主义的唯物主义的、科学的立场、观点和方法。每个文艺工作者，不管他是不是专门从事古典文学研究工作的，都必须重视这个思想斗争。这不是对哪一个个别的人的问题。对任何人在研究和考证工作上的或多或少有益的贡献，都是应该尊重的。但是应该反对一切资产阶级的立场、观点和方法，不管它以什么名目出现。

如果说李希凡和蓝翎的那两篇文章是星星之火的话，那么钟洛的这篇长篇大论便是进攻的号角了。

在那个政治高于一切的年代里，越是有一定地位的人，政治嗅觉越是敏锐，文学艺术界的知名人物纷纷上阵，或是撰写文章，或发表讲话，从各个角度对俞平伯的"红学"观点进行尖锐的批判。各大报刊均有重磅炮弹，批判文章的作者几乎都是大名鼎鼎的文化界、学术界的名人。用连篇累牍来形容，恐怕也不为过分。就连时任中国科学院院长的郭沫若先生也为情势所迫，不得不对《光明日报》社的记者发表了一通批判俞平伯的讲话。这不仅仅是俞平伯先生个人的悲哀了，准确地说，这是当时的那些中国知识名流的悲哀，因为他们全然不知道学术与政治的分野何在。不错，政治是可以指导学术研究，但是学术也是有它的独立性和尊严的，一旦肆意践踏了学术的独立性和尊严，身为这个行当里的人，迟早是会遭到惩罚和历史的嘲笑的。用"做茧自缚"这句古话来形容当时的中国知识界中的不少人，应当是十分恰当的。

这真是一场声势浩大的"讨论"，俞平伯完全没有了辩解的余地，更没有辩解的地方，虽然打的是一场笔墨官司，窗外并没有腾起硝烟，也没有奔驰过马队，但是，俞平伯是迭经乱世的，他仿佛已经听到了战乱年月敌对双方时常豪迈地吼出的那句话：敌人不投降，就叫他灭亡！很显然，俞平伯并不想就此灭亡，因为他还有很多事情要做，比如作诗作词，小品文写作，唐宋词研究等等，任何一样，他都能搞出名堂来，其实"红学"研究只是他的一样业余爱好而已，如今搞到这般声名"显赫"的地步，也是他所始料未及的。从某种意义上来讲，俞平伯也许还是合算的，如果没有这么一场"讨论"，俞平伯的名头也许不会如此声播九州，名扬海外。不知道俞平伯是怎么想的，反正一上来他就投降了，也许是他虚怀若谷，也许是他豁达洒脱的本性使然。本来就是玩玩的么，自己没有怎么认真，旁人倒钻起了牛角尖来，如此没完没了的抬杠，总不是件令人愉快的事儿。况且在全聚德的餐桌上，俞平伯曾经对白屋等人宣言过：欢迎批评。

文怀沙曾经应俞平伯之请，为《红楼梦研究》一书作跋，在跋文中，他为朋友的这本著作大吹法螺，结结实实地颂扬了一番。文怀沙甚至还谦虚地写道："作为《红楼梦研究》的第一个读者，在我已感很大的光荣，又承平伯先生嘱我写下个人读后的意见，我不敢违命，只好不厌辞费地交纳出我这些不够成熟的理解。"

两年之前，润之先生在读了《红楼梦研究》以后，对俞平伯的这篇文章很是赞赏，立即就示意有关方面将俞平伯弄成了全国人大代表。可能当时润之先生还没有工夫细读文怀沙的那个跋，现在翻开来细细一读，顿时大为光火，震怒道："文怀沙党性哪里去了？文怀沙有党性，什么党性？资产阶级的党性！"

事已至此，文怀沙也只好硬着头皮写出检查来，以求过关了。

身为一介书生的俞平伯就惨了，他哪里见过这个阵仗，任他怎样聪明，对于政治斗争、思想斗争和无产阶级文艺理论，终归还是一个门外汉。但是，此时他已经不再是一个自由职业者，而是一个有组织、有单位的学者，也许已经成了国家干部，从此必须接受组织和单位的领导和教育。在短短的两个多月当中，俞平伯参加了十多次有关部门组织召开的会议，会议的主题不是批判《红楼梦》研究中的资产阶级唯心论，就是揭批《文艺报》压制"小人物"的文章和为资产阶级学风张目的错误。不用说，在每一次会议上，俞平伯都是众目睽睽的"主角"。

令人啼笑皆非的是，俞平伯并不知道批评者到底需要什么，他越检讨，批评者越不满意，一连几次检讨，都不能过关。弄到后来，懵懵懂懂的俞平伯也心焦起来。

说起来也是一段奇闻，俞平伯一连检讨了好几次都不能过关，最后，还是那位将俞平伯的那本闯下大祸的旧作翻新出版的始作俑者——文怀沙，偷偷地替俞平伯写了一篇颇为深刻的检查稿，让俞平伯拿出去敷衍了一番，这才侥幸蒙混过关。

这一段时光大概是俞平伯有生以来最难挨的日子了，大部分友人也都迫于情势，暂时与他断绝了往来。原来客来客往、琴声悠扬的古槐书屋陡然间变得冷清起来，这么一副凄凉的景象，真可以用"门前冷落鞍马稀"来形容了。一日，旧友王伯祥先生冒着初冬的凛烈寒风，突然叩门造访。王伯祥的来访，顿时令在困境中苦挨的俞平伯喜出望外。王伯祥邀俞平伯去游什刹海，除了在湖畔散步聊天外，他们还冒着阵阵寒风观赏了园中的菊花，然后又步行至湖旁的银锭桥，踱进"烤肉季"，炙肉大嚼，呼酒买醉。回宅后的俞平伯心情仍然不能平静，深深为王伯祥的侠肝义胆所感动，于灯下占得两阕以付友人：

> 交游寥落似晨星，
> 过客残晖又凤城。
> 借得临河楼小坐，
> 悠然尊酒慰平生。

> 门巷萧萧落叶深，
> 跫然客至快披襟。
> 凡情何似秋云暖，
> 珍重寒天日暮心。

心绪难平的俞平伯还特地于诗前作序言数语以记其事：

> 容庵吾兄惠顾荒斋，遂偕游海子看菊，步至银锭桥，兼承市楼招饮，燔炙犹毡酪遗风，归复偶占俚句，既录似吟教。甲午立冬后一日，弟平生识于京华。

王伯祥的造访，无疑在精神上给了俞平伯莫大的安慰，秋虫之声虽微，却胜夏蝉之狂鸣，世事虽然难测，但终究也是还会有公论的。被困在万军阵中的俞平伯无奈地等待着。

秋蝉的辩解

1954年，风波陡起之时，不明就里的俞平伯曾经三次致信文化部副部长周扬探讨问题，以期修正错误，早日过关。

俞平伯致周扬信一：

周扬先生：

红楼梦研究于一九五三年年底，即嘱出版方面修订，删去"作者的态度"、"红楼梦的风格"两文，改用考证性文字两篇。因出版方面机构变动，尚未出书。以向蒙知爱，谨附上新版目录一分，备阅（阅后无须见还）倘有所指示，尤为感幸。又前在文联发言，未知如何处理，亦拟将公开发表否？尊座是否有迁移之说？匆上，即致

敬礼

俞平伯

十一月十一日

俞平伯致周扬信二：

周扬先生：

承您给我以宝贵正确富有积极性的指示，我愿意诚恳地接受，不仅仅是感谢。我本想写文章，但方面太广泛，一时不易集中。前在文联的发言您是听见的。近日闻北大研究所将有一讨论会我亦准备发言，并将稿子先送奉审阅。我想将这两稿合并补充写文章，不知合适否？这两篇发言内容若有不正确的说法，仍盼教正。假如认为可以，我就这样做去了。我近来逐渐认识了我的错误所在，心情比较愉快。明日是会或者可以见面，我是要去的。假如您有空暇，仍盼随时用电话约谈，自当趋前。匆复致

敬礼

俞平伯

十一、十六

俞平伯请周扬审阅的发言稿系这段公案的重要文献，可以相对真实地呈现俞平伯当时的境况及思想，同时在一定程度上也能反映俞平伯先生的

"红学"研究过程。

俞平伯拟在北京大学文学研究所《红楼梦》座谈会上的发言，稿是这样结尾的：

> 有人问我，你研究红楼梦还继续不继续呢？我不能够回答。假如你告诉我，"你有什么错误"，让我自己认识了，那我才能继续研究；不然，我不认识自己的错误，再去作研究，岂不还是这一套，如何能够再做下去呢。从以上的对话里，可以说明我是怎样诚意欢迎批评的。我愿意继续倾听大家宝贵的意见。

俞平伯将自己准备在北大的发言稿随信寄给周扬审阅后，周扬又约见了俞平伯。对俞平伯的讲话内容提出了修改意见。

俞平伯致周扬信三：

> 周扬先生：
>
> 日前承教，北大文研所今日开红楼梦座谈会，已遵嘱改正矣。前稿乞为毁去，为感。
>
> 又本年六月在人民大学中语系做过讲演，演稿顷经他们整理出来作为内部刊物。兹检奉一份备览。其中自然还有些错误的。不过可以看见我较晚的见解而已。匆上致
>
> 敬礼
>
> 俞平伯
>
> 十一月二十五日

俞平伯的检讨经周扬审定之后，交由康濯付《文艺报》登载。1955年3月15日，《文艺报》半月刊第五期刊登了俞平伯的检讨：《坚决与反动的胡适思想划清界限——关于有关个人〈红楼梦〉研究的初步检讨》。

"俞平伯之被清算，'实际对象'是我——所谓'胡适的幽灵'。"卜居海外的胡适也在关注着这场运动，为大陆的旧时朋友担着心，"因为'胡适的幽灵'确不止附在俞平伯一个人身上，也不单留在《红楼梦》研究或'古典文学'研究的范围里。这'幽灵'是扫不清的，除不净的。所

苦的是一些活着的人们要因我受苦罪。"

若干年后，俞平伯一针见血地说："红学家虽变化多端，孙行者翻了十万八千个筋斗，终究逃不出如来佛的掌心。虽批判胡适相习成风，其实都是他的徒子徒孙。胡适地下有知，必干笑也。"

一江春水向东流

好在这场继"反胡风运动"之后的文化运动，也还只是仅仅停留在口诛笔伐上面，没有像后来那样搞得一次比一次酷烈；运动的发起者也明白，批判俞平伯只是发起运动的一个噱头而已，是为了使运动由表及里，直奔主题的序战，关于这一点在润之先生致政治局的信中，以及钟洛发表在《人民日报》的文章里面，已经讲得很清楚了。这个主题便是：运用无产阶级的学术思想这个武器，对以胡适为代表的资产阶级学术思想进行一次批判和清理。

这是一次内容广泛的政治运动，它涉及到了文学、史学、哲学以及政治等等，到了后期，甚至连阶级斗争这个法宝也被祭了出来。因为有"反胡风运动"这个前车之鉴，同时，俞平伯无力也无心同政治家们以及众位文友们一较高低，唯求早得安宁而已。既然如此，俞平伯便在马背上虚晃了一招，然后倒拖着手中的笔枪——金不换，拨转马头朝着老君堂的古槐书屋绝尘而去。1955年3月，《文艺报》半月刊第五期上刊登出了俞平伯的检查——《坚决与反动的胡适思想划清界线——关于有关个人<红楼梦>研究的初步检讨》。

光看看这个检讨的标题就可以想象俞平伯的态度有多么的好，况且这位好吃、好玩、喜欢写诗唱唱昆曲、想象力还十分丰富的俞夫子，眼下虽然是个被点了名的祸首，但是随着序幕过去，剧情进入到了高潮阶段，人们很快就发现，原来是要算胡适之的账，是要对五四运动以来，具有广泛影响的资产阶级学术思想进行一番清理和批判。

润之先生曾经说过："俞平伯这一类资产阶级知识分子，当然是应当对他们采取团结的态度的，……。"

俞平伯的检讨公开发表之后，他也就基本解脱了，数月之后的五月末，俞平伯便以全国人大代表的身份赴浙江视察。同行者共有七人，都是大名鼎鼎的人物，他们是：林汉达、胡愈之、沈兹九、张琴秋、陆士嘉、费振东。南下的火车由北京东站发出，一阵汽笛吼过之后，火车呼啸着驶出京门，直趋天津，然后沿着那条有着几十年历史的津浦线，往杭州而去。

离开了京城这个是非之地，心有余悸的俞平伯默默无语地瞅着窗外，心里多少安稳了一点。一直等到火车掠过黄河铁路桥，俞平伯的话才略略多了一点，甚至还悄悄地与胡愈之谈论起了胡风获罪的事情来。

火车经过苏州的时候已是凌晨四时，黑黢黢的天空上正飘着霏霏细雨，俞平伯遥望着车窗外面被昏黑包围着的姑苏城，那缕悠悠的怅惘伴随着无限的忧伤，顿时都涌上了心头。

数小时之后，数十年前的旧游之地——杭州的清明秀丽景色，润溽宜人的气候，终于暂时抚平俞平伯心中的惶惑。

在杭州视察的日子里，俞平伯随同视察组诸人，考察了浙江省的工农业生产，同时也重游了杭州一带的山水，尽管浙地的明山秀水仍然旧貌未改，但在俞平伯看来总有点风景殊异之感。

在考察期间，从北京寄至杭州的一封家书，令俞平伯在展读之后欣喜不已。家书中写道，儿子俞润民之妻于数日前已产下一子。在京时，俞平伯得知儿媳陈煕已经怀有身孕，便迫不及待地为未来的俞氏后人取名为俞李，表字：昌实。俞家已是数代单传，所以俞平伯对儿子能产有一男丁，续接香火，早就望眼欲穿，期盼之殷，自不待言。

俞平伯收到家书的那天，便在日记中欣欣然地写道：

> 得家书，知月之九日润儿举一子，余预名之曰：李，字以昌实，今果验矣。浴。在枕上口占七言二章，兼示润民。

回到北京不久，俞平伯就参加了第一届全国人民代表大会第二次会议，并且还获得了在大会上发言的特殊待遇，这个不同寻常的迹象表明，俞平伯已经从那场来势凶猛的文化批判中解脱出来。果然，俞平伯的生活又恢复到了平静当中，他提出来的研究李白的计划得到了领导批准，在评定职称的时候，他又被评定为一级研究员。在此后的十余年里，俞平伯重又著书立说，除了"红学"研究以外，这位年过花甲的老人还在唐宋词选注、昆曲研究等方面多有涉猎，并且迭结硕果。

延宕至那场轰然而起的无产阶级文化大革命爆发，自京城至全国，上上下下一片汹汹然。乱世之中，神州并没有陶渊明诗赋里的桃花源可供逃避，大单位整大老虎，小单位整小老虎，可谓人人自危。俞平伯自然又被拎了出来，抄家、批斗等等待遇，没有遗漏掉一样，总之，按当时的各种时髦项目，走了个常规，全国皆是如此，不独俞平伯一人独享。批判俞平伯的大字报从文学研究所的大院内，一直贴到东单大街边的墙壁上，原来俞平伯的名气就大，现在更是弄得路人皆知。在那个年月，人们的精神生活是十分贫乏的，有不少人根本就没有读过《红楼梦》，更不知道作者是谁，他们当中的不少人还都以为这是一本坏书，而作者就是那个被揪出来的俞平伯。后来，俞平伯夫妇又被赶出了居住了五十年的老君堂私宅，流放至河南息县的乡村，干起了绩麻种菜的农活。想来，当这位已经年届七旬的老人行走在泥泞的乡间小路上的时候，未始不会喟叹人生之不易，政治斗争之残酷；而作为一介书生的自己，也只能在风云变幻的人世间，听凭命运的戏弄了，因为，在一个并不能掌握自己命运的历史瞬间，大言奢谈抗争又有何益哉！

晚年的俞平伯是在恬淡之中度过余生的，对于"红学"研究这个几乎搅扰了他一生的话题，这位老人总也不能忘怀。及至江青等人倒台以后，全国的政治气候渐渐变得宽松起来，学术气氛也随之相应自由了一些，闲散中的俞平伯又开始论说起"红楼"了，到底是个过来之人，他在所撰文章当中不再固执地持一家之言，言词也变得宽容起来，甚至不惜批评自己曾经坚持过的某些观点。他在《索隐派与自传说闲评》一文当中写道：

> 索隐、自传派走的是完全不同的路，但他们都把红楼梦当作历史资料这一点是完全相同。只是蔡元培把它当成政治的野史，而胡适把它看成是一姓一家的家传。尽管两派各立门庭，但出发点是一个，而且还有着一个共同的误会。
>
> "红楼梦"是小说，这一点好像大家都不怀疑，而事实却非如此。两派总想把它当作一种史料来研究，像考古学家那样，敲敲打打，似乎非如此便不能过瘾，就会贬低了红楼梦的身价。其实这种作法，都出自一个误会，那就是钻牛角尖。……

俞平伯在这里讲得很中肯，但是，他的脑子里也在钻着一个牛角尖，他和许多的"红学家"一样，都在钻着一个牛角尖。无论是蔡元培拥戴的索隐派、胡适挂帅的自传说，还是后来由李、蓝率先发起的用无产阶级文艺理论来印证《红楼梦》的方法，都有着他们的市场。蔡元培们想告诉读者，书中的某某是影射历史上的某个人，认为这部书是隐射汉民族反抗满族入主中国的政治小说；胡适则想游离于这部书之外，声称是要告诉人们一种治学方法，并非是要教导读者如何读小说。但是，到头来他还是在《红楼梦》这片深邃的海洋当中，摸索出了不少美丽的贝壳和珊瑚，令读了他的考据文章的人，更加深了对那部奇书的钟爱。李希凡、蓝翎等人所处的时代是那样的特殊，几乎当时的任何人都无法不受那个时代的影响，当李、蓝等人的文章问世以后，确实是对当时的《红楼梦》读者产生了巨大的影响，用无产阶级文学理论来诠释这部书，政治和哲学的意味已经远远浓于小说本身散发出来的艺术气息。在某种程度上，此时的"红学"研究，已经成为了用极度理论化的东西来印证一个十分现实的产物的实验。他们的实验在某种程度上来说是成功的，因为他们的成果曾经被不少人拾在手中，当成了阶级斗争的武器来使用。

　　尘埃落定之后，"红学"家们也不妨用《红楼梦》一书当中揭示出来的人生哲理，来套一套身边的人，身边的事，以至于自己的人生道路，将心胸调整得豁达一些，不要企图用一家之言来替代不同的声音。因为"红学"毕竟不同于其他的学科，它所发掘的对象是一部文学作品，它之所以名播海内外，无疑是在于那部巨著的本身，以及是因为一些大学者、大人物参与了它的研究工作，没有这些巨擘的参与，"红学"决然不会发展到后来那样枝蔓横生、硕果累累的。

　　当年，胡适向以蔡元培为代表的"索隐派"发起攻击，企图以"自传说"取而代之，作为胡适的学生，俞平伯发展和充实了老师开创的这个流派，并且还在后四十回续书问题上，有了惊人的发现，指明汉军旗人高鹗就是续书的作者。数十年之后，新崛起的"红学"家李希凡、蓝翎等人，运用无产阶级文学理论这根规尺，几乎完全否定了前人对于《红楼梦》研究的贡献，因为革命的哲学告诉他们，真理只有一个。再到了后来，鱼贯而来的"红学"家们又十分彻底地否定了李、蓝等人在《红楼梦》一书当中的发现。

回过头来看，几乎所有的"红学"家都钻到了相同的一个牛角尖里面去了，认为自己的发现是唯一正确的发现。殊不知，作为一部有生命力的文学作品，应当是常读常新的，在不同的时代，不同的读者面前，它所产生出来的效果肯定是不尽相同的。"红学"作为一部书及其作者的研究艺术和书评艺术，永远也不能在脱离了《红楼梦》这部文学作品的先决条件下进行；同时，就"红学"本身而言，也应当欢迎新的"红学"流派不断地产生出来，唯其如此，"红学"研究才能够延续下去。

俞平伯实则是一位诗人加学者式的文化人，诗人喜欢在自由的思想空间里面漫游，不断地采撷从路旁发现的花朵；而学者往往是喜欢钻牛角尖的。这样一来，这位老夫子有时候很豁达地纠正着自己过去的观点，并且将他看来已经有点枯萎的花朵，从花瓶里面拔出来，抛向窗外；有时候，难免又从一个牛角尖钻到另外一个牛角尖里面去了。

《红楼梦》是一部内涵深刻、艺术手法极其高超的巨著，是一座艺术的高峰。围绕这部巨著出现了"红学"研究这个学科是不奇怪的，但是，无论是读者还是"红学"的研究者，都应当将"红学"的研究成果，当成阅读《红楼梦》这部著作时的润滑剂。无论是哪一派都有其存在的合理性，即使是有的研究结果有点牵强，或许还有些破绽，都无损于引发读者阅读这部小说的兴趣，甚至层出不穷的发现，还开辟出了一条又一条的阅读路径，令热爱这本古典名著的阅读者百读不厌。曾经出现过的那几个主要的"红学"流派，都有着他们的迷人魅力，因为他们并不是旁门左道，确实起到了导读、助读、诠释这部著作的作用。

但是，"红学"永远只能是个由《红楼梦》衍生出来的附属品，它只能够依凭着《红楼梦》这艘有着宏大空间，结构极其复杂精巧的大船，在水面上航行。

可以说，所有的"红学"流派都是附着在《红楼梦》这棵参天大树上面的灵芝或是木耳。西方的文学理论有一句名言：有一百个观众，就有一百个哈姆雷特。同样，有一百位读者，就会有一百个贾宝玉，一百部《红楼梦》。如果是这样的话，不那么宽容的"红学"界为什么不能够允许有一百个"红学"流派出现呢？如果有那么一天，"红学"研究都挤到了一条道上，那么"红学"这门学问距离式微的日子也就不那么遥远了。

俞平伯先生垂垂老矣，他的这一生几乎与《红楼梦》结下了不解之

庆祝俞平伯先生从事学术活动六十五周年（左起刘导生、胡绳、俞平伯、钱锺书）

缘，这部奇书给他带来了欢乐，同时也给他带来了磨难，尽管到了晚年一切都变得比过去顺畅起来，但是作为一位精神世界中的跋涉者，这位精神贵族是孤独的，作为一位随着本世纪降临的钟声来到这个世界上的老人，他已经几乎饱阅了人世间的一切，也许在他的心中也装着一部与《红楼梦》同样的书，只是无暇写出来罢了；在他的脑子里面思想着的那些东西，有许多是旁人不能理解的，这些东西大概是一些很玄妙的理念，饱含着这位老人在整整九十年的人生旅途中参悟出来的人生哲理，尽管如此，他对自己所看到的这个世界肯定是不那么满意的。有时，在夜深人静的时候，这位老人还耿耿难眠，常常独自一人在屋内自言自语，有时甚至会如同巨狮般地狂吼起来，这番景象，确实会令闻者感到惊心动魄。

俞成义女之兄张贤亮当时经常住在俞宅，俞平伯时常于午夜发出的那惊世骇俗的巨吼，给这位作家留下了极其深刻的印象。后来，张贤亮曾经在纪念文章中写道："外公平伯公深夜的狂吼，是不是也表现了一点点自己尚余的不平之气与不甘心呢？"

1990年10月15日，俞平伯以九十高龄走完了人生的旅途，他的诗名、文名以及那个给他带来喜悦和痛苦的《红楼梦》研究，也化作飘浮在空中的朵朵五彩云霞，伴随着这位老人远行。他所钟爱的外甥韦奈先生说："我分明看见他骑在一匹灰色的马上，向远方奔去，奔向永生。"

人类面对着的永远是一个变幻莫测的世界，痛苦和茫然几乎伴随着人的整个一生。俞平伯能在九十年的漫长光阴里，手里摇着一把折扇，兜里揣着那枝秃损不堪的"金不换"，一步一步地丈量完了自己的人生之路。以后来者的眼光来看，这确实是一个异数。在许多地方，这位意态颇为恬淡的"末世王孙"（曹聚仁语），与他的那位曾祖父有着许多相似的地方，当然，也有着许多不尽相同的地方。羁旅中的俞平伯曾经在他的那本《古槐梦遇》当中写道：

> 人在错觉中展开伊自己，有如知己之欣，人琴之戚，自是人世的华鬘，然而尚不免把自身当作待人哄骗的乖因，而把其他错觉地看作可歪曲理会的，伊自己的一部分。如此说，"忍过"是良难，而难"忍过"的无逾寂寞。不知而不愠，圣人犹为之三叹。最后的一颗牙似乎也要活动了，真所谓"赏遍了十二亭台是惘然"也。

显然，俞平伯也是有慧根的。古人有所谓"达人知命"之语，看来，他早就已经参悟透了人生的那些枝枝杈杈的哲理，这位老人不是曾经有过这么一番高论：站起来是做人的时候，趴下去是做狗的时候，躺着是做诗的时候。站过、趴过、最后又躺倒下来逍遥地、随心所欲地作诗的俞平伯先生，终于立地羽化了，在朵朵祥云的环绕之下，驾着两片薄如蝉翅的透明诗翼仙游去了。

◎

　　就文祚而言，从德清流寓至姑苏的俞氏一脉，自荫甫先生至平伯，已经单传了四世，世祚虽弱，文运却颇为亨通，累世继之有人，儒冠巍峨，确实值得后辈文人着墨笔端，传之后世。

　　著书立说于文人来说是一大梦，于跌跄仕途、遁入儒林的俞荫甫先生来说更是一大梦，曾国藩曾戏之："李少荃拼命做官，俞荫甫拼命著书，吾皆不为也。"

　　曾国藩说的是一句戏言，但俞氏一门对文化的追索持续逾百年，一门之中文星迭出，传承有序，这不能不说是中国文化的幸事。其实世间事有的是出自偶然，有的却有其根源，对"诗礼人家""书香门第"的敬仰，曾引无数世人辄心向往之，也就遑论出自海内大儒之门的俞氏后人们了。儒门子弟自幼叨承庭训，在墨香之中成长，晨读暮对，潜移默化，先人独有与自身悟及的文化精髓沁入血液，殆至成年，继承前世衣钵，著书立说，享誉儒林，终成一时之翘楚。故尔德清诸俞们如一颗颗星辰划空而过，令国人仰望也就不足为奇了。

　　后来人经常把前人的经历编撰成历史，再从那里看人生；其实，那不过是衣服，人生是内在的。人的一生，既不是人们想象的那么好，也不

庄生迷蝶，郑人覆鹿

是那么糟糕，总是有所得有所失的。俞樾一支出自浙地穷乡僻壤，俞樾之前，农耕数辈，虽对功名辄心向往，但总不免陷于窘态，故尔家中子弟读书自督甚严，以现在眼光下定义，勉强算个耕读之家。梅花香自苦寒来，寒门苦读十余载，就是为了日后那涌身一跃。天道酬勤，见著察微，这位寒门士子终以治经名显其时。诚如王阳明所言：故立志者，为学之心也；为学者，立志之事也。

俞樾晚年在一篇文章中写道："习必以时，所以永其学也。夫学而不习，犹弗学也；习而不时，犹弗习也。子故以时习勉学者乎。夫了若口，吾自忆十五之年，已有志于学矣，是吾一生所学，始于十五时也。虽然，吾之学于是时始，吾之学竟不知于何时而止。盖学无穷，而寻绎乎学者无穷，勉焉日有孳孳，固不可以岁月计矣。"

俞樾道光三十年中进士，改庶吉士。咸丰二年散馆，授编修。咸丰五年，简放河南学政，咸丰七年，以御史曹登庸劾试题割裂罢职。俞樾南归后，侨居苏州，主讲苏州紫阳书院、上海求志书院等处，而主持杭州诂经精舍的时间犹长，达三十余年之久。授徒课士一依阮元成法，游其门者，有戴望、黄以周、朱一新、施补华、王治寿、冯一梅、吴庆坻、吴承志、袁昶等辈，均为当世之儒俊，声浮于时。太平天国一役，东南糜烂，典籍荡然一空，俞樾受命总办浙江书局，建议江、浙、扬、鄂四书局分刻《二十四史》，又于浙江书局精刻子书二十二种，海内称为善本。生平专意著述，先后著书，卷帙繁富，而《群经平议》《诸子平议》《古书疑义举例》三书，《清史稿》之《俞樾传》评价为："尤能确守家法，有功经籍"。俞樾涉猎甚广，于诸经皆有纂述，犹以《易》学为深，所著《易贯》，专发明圣人观象系辞之义。《玩易》五篇，则另有新意，不拘泥古人之说。复作《艮宦易说》《卦气值日考》《续考》《邵易补原》《易穷通变化论》《互体方位说》，皆足证一家之学。晚年所著《茶香室经说》，义多精确。古文不拘宗派，渊然有经籍之光。于此可见其治学之勤，真是夙夜匪懈、宵衣旰食，套用古人的溢美词句，俞樾先生真是位"近迹圣贤"的书生。

这位海内大儒天性笃实，不在庙堂而心忧天下，北宋神宗时崇文院校书张载有言："为天地立心，为生民立命，为往圣继绝学，为万世开太平"，在尘烟稍定的晚霞里，荫甫先生定然是有这样的想法的。俞樾厚德隆俊，文彩遒隽，蹈治经之善轨，著书立言以高邮王念孙、王引之父子为宗。俞樾认为治经之道，大要在正句读，审字义，通古文假借，三者之中，通假借尤其重要。王氏父子所著《经义述闻》，用汉儒"读为"、"读曰"之例者居半，发明故训。故训即古训，是先代留下的法则。《诗·大雅·民》曾提到："古训是式，威义是力"，汉代郑玄亦有云："故训，先王之遗典也。"

"方轨往贤，稽择故训；鸿名美极，允臻其极"。用古人的话来评价俞樾也是极相称的。其正文字，释字义，至为精审。因著《群经平议》，以附《述闻》之后。其《诸子平议》，则仿王氏《读书杂志》而作，校误文，明古义，所得视《群经平议》为多。又从《九经》、"诸子"中举出八十八个例子，每一条各举数事以为佐证，令阅读者习读是书时知其例，据微发繁，为读古籍之一助。这种文章的校注、疏义等等也就是现代通常提到的"训诂"。曾国藩在所撰《圣哲画像记》提到："百年以来，学者讲求形声故训，专治《说文》，多宗许、郑 ，少谈杜、马 " 。同时代的严复对"故训"则持一种保留看法："夫如是，则虽有故训疏义之勤，而於古人诏示来学之旨，愈益晦矣。"

俞樾在遗言中谆谆叮嘱：吾一生无所长，惟著书垂五百卷，颇有发前人之所未发；正前人之错误者，于遗经不为无功。敝帚千金，窃自珍惜。子孙有显达者，务必将吾全书重刻一版，以传于世，并将坚洁之纸印十数部，游宦所至，遇有名山胜境，凿石而纳之其中，题其外曰"曲园全书藏"，庶数百年后有好古者，发而出之。俾吾书不泯于世。

"名山事业"——是凡作文章的都有这个想法，这真是个奢侈到了极点的企望，毫无疑问，曲园先生是一位理想主义者。

曲园老人确乎很在乎身后名，而其孙俞陛云则不然，俞陛云幼承庭训，饱读诗书，祖父俞樾曾亲自撰写了一本名为《曲园课孙草》的文集，内收文章20篇，赋11篇，以教授陛云读书。其中有言："夫春日载阳，吾人不废泳歌之事，岁聿云暮，农家非无燕饮之欢，而勤学者，则无论暑往寒来，而皆以讲求为事，时时习之，即岁岁习之。其为学也，不旦月异而岁不同哉。学如是，斯真能悦诸心矣"。于诗词上，俞樾对陛云亦有训导："学古人诗，宜求其意义，勿猎其浮词，徒作门面语。"俞陛云自16岁开始写诗，及至弱冠，已积诗千余首，诗名渐著。俞陛云进士及第后，步乃祖后尘在翰林院任编修一职，光绪二十八年，钦命出任四川副主考，翌年由江苏巡府以俞陛云长经史，不独以科贸见长，保举应经济特科复试，名列一等。

清王朝倾覆，俞陛云出任浙江省图书馆监督，两年后被聘为清史馆协修，编修清史。俞陛云心胸豁达，清逸出于尘表，别号斐盦、乐静、乐静居士，晚号乐静老人、存影老人、娱堪老人。毕其一生，著述稍逊乃祖，但以诗名与管毫之艺享誉京城，著有《小竹里馆吟草》《乐青词》《蜀诗记》《诗境浅说》《诗境浅说续编》《唐五代两宋词选释》《乐静吟》《清代闺秀诗话》等。俞陛云不屑以诗名闻达天下，直到他的下一代，才将其诗稿整理付之梨枣。

天地翻覆，风云激荡，历史潮流浩浩荡荡，顺之则昌，逆之则亡。德清诸俞所处的时代、社会形态、文章风格以至治学方式等等各不相同，但都自觉或不自觉的顺应了历史潮流。如果说陛云先生与曲园老人还有些许类同之处的话，平伯则几乎与之迥异，这里面有时代的因素，其实，更多的还是人生际遇给出的答案。

不知为什么，晚年的俞平伯固执地拒绝他人为自己作传。连他的外孙韦柰要为他作传，都被这位生性倔犟的老人拒绝了。也许他是认为自己的一生是在平淡当中度过的，一切都乏善可陈；或许是因为他对人生参悟得太过透彻，对身后名已经没有了年轻时的兴趣。无论从哪一方面来看，这位老人都与其先人一样，自始至终保持着好似闲庭信步一般的步态在漫步人生。也许正是因此，历史才偏偏不肯很匆忙地忘记诸俞们。

俞平伯的生前好友、香港作家潘耀明先生曾经这样论说俞平伯："对于他来说，人生是一大梦，如果他不在朦胧的梦中去寻求心灵的慰解、精神的寄托，他在大半生的政治风暴、巨大的人生逆流中，早已遭到灭顶之灾。"

潘氏的诠释也许不无道理。

当时光柔软的羽翅，将这位在诗国里徜徉的老人从红尘里拂起，朝着天国飞升的时候，他似乎刚刚从古槐国里梦游归来。大梦方醒的诗人从此永远地沉入进了梦乡。在天国里，诗人的呓语当是可以百无禁忌的罢。

流连于梦中的不仅仅只是俞平伯，其父陛云先生，以至乃祖荫甫先生的一生何尝不是在梦中度过的？早年，俞平伯就曾经在他的白话诗当中宣言："我们低首于没奈何的光景下，这便是没有奈何中的奈何。"

对于中国文化，俞平伯先生好像还想说这么一句话，但一直没有说出来："秦人不暇自哀，而后人哀之；后人哀之而不鉴之，亦使后人而复哀后人也。"

既然对现实没有奈何，同时又无法驾驭承载自己生命的马车，那么才气横溢，同时又不甘寂寞的诸俞们便在梦境中用笔放歌了。正如章太炎的学生周树人所慨叹的："上人生的旅途罢。前途很远，也很暗。然而不要怕。不怕的人的面前才有路。"

回过头去凝望中国文化的历史，隐约间可以看见一群身穿灰布长衫的儒林中人，正伫立在风尘弥漫的十字路口，守望着被他们视为珍宝的文化典籍。斯时，时光正挟着他们和他们的珍宝，朝着星光灿烂同时又漫无涯际的宇宙深处缓缓滑去。这是一些十分纯粹的文化人，他们毕生摸索的只是文化本身，如此一来，十分敏感的现实或者将他们遗忘，或者会将他们碾压得粉碎。这种历史悲剧几乎发生在历史演进的每一刻。人若是太幸运，则往往会得陇望蜀，烈火烹油般的繁华过后，从天而降的是无边的寂寞；若是太不幸，则终其一生都颠簸于途。在这些传统文化的守望者当中，荫甫先生、陛云先生、平伯先生应当算运气很不错的一族，尽管当年他们在儒林道上骑驴而行的时候，曾经数历劫煞，但也只是有惊无险，仍然能够摇鞭吟诗，缓行于险峻陡峭遥遥无尽头的山道之上。

如此侥幸，岂非神助？

平伯先生在梦中说："学问到了一种境界，即自成一物，不复为人生所凝和，从一方面说，乃进步的必然，另一方面呢，也未必不是一种……罢。"

平伯先生在这里打了一个哑谜，到底是什么？读者不妨去想一想，猜一猜。也许答案只有一个，当然，也许有很多个，但这都无关紧要，因为平伯先生所说的学问已经是人生以外的东西了。如此看来，平伯先生和他的先人们都是在参悟透了学问的本质之后，才开始作学问的。这样一来，他们作出的学问也就那样的纯粹，那样的耐人寻味，这样一来，也就值得后辈学人在咀嚼之余叹服了。

或许是继承了荫甫先生喜欢稽古的雅好，俞平伯自从过了而立之年以后，便淡薄了作白话诗时的那股兴致，文风也日趋变得古朴起来，艰涩的味儿之中渐渐渗透进了参悟人生的理念，他曾经集缀古今哲理箴言，撰写出《演连珠》一文。《演连珠》发表在天津《大公报》的副刊上面。此文从头至尾全是敷衍集缀古人的箴言警语而成，捧读斯文，难免会令人顿生感怆之叹。

　　盖闻处子贞居，若幽兰之在谷。纯臣大节，如星芒之丽天。是以不求闻达，偶迥三顾之车骑。感激驱驰，遂下千秋之涕泪。

　　盖闻逆旅炊梁，衰荣如此。暮门宿草，恩怨何曾。是以白饭黄齑，苜蓿之盘殽还是。乌纱红袖，傀儡之装扮已非。

　　盖闻深于情者，每流连而忘返。蔽于境者，或扞格而不通。是以庄生迷蝶，栩栩为真，郑人覆鹿，匆匆如梦。

　　于这通奇文中抉此数则付诸版牍，或许勉强可以当作儒冠堂皇但又时运多舛的诸俞们的谥词了罢。

后记 历史与现实

◎

胡适先生说："历史是个任人打扮的小姑娘。"

然则，历史向来是为现实服务的，这样一来，一段段往事经过采择、润色，款款朝今人走来，历史那蓬头垢面的狰狞面孔也变得鲜活起来，其中功效，足以引发今人的历史感与现实感。就国史而言，当今中外史学界有多种历史观，若以华裔中人论，则以黄仁宇的"大历史观"、唐德刚的"口述历史"等为其中荦荦大者，是脱离旧窠的治史方法。得失姑且不论，但仍然是以为今人提供借鉴蓝本为出发点的。这二者虽然在方法上颇具独特性，但顾此失彼处又令人不敢过分恭维。这便是毫无丘壑的实用主义历史观能够长期存在的原因。

古称：信史难得。到了游戏化的今天，若再想要求得披沙拣金考据出来的史实，简直是不可能，如果不能够服务于现实生活，也是没有用的，有时甚至会让"受惠"者感到索然无味。胡适的那句"大胆假设，小心求证"甚至已经成了笑谈。这是历史进化造成的，不是哪一个人的过错。

钱钟书先生曾经说过：真学问是二三素心人于枯索的荒野、山村里求得的。标榜是一回事，事实又是一码事了。现在哪里去找这种人？历史唯物主义与辩证唯物主义，在治史时本来是一对冤家，将它们捏合在一起的时候，又不失为一种方法与工具，可是到了如今，连这个"法宝"也丢掉了。真是要令严谨的学者顿发"世风日下""人心不古"的慨叹了。

抛开历史小说不谈，文学介入历史，大概不能算是中国人的创造，时下最流行的文体是"纪实文学"，作者写得兴起时"山呼海啸"，读者则"如痴如醉"，纪实文学基本上是会被历史学家归之于"小说家言"的，所以，文学作者千万不要得陇望蜀，痴心想兼差再当当历史学家。为了不落旧套，高明一点的作者，如果能够把握好历史人物的精神面貌，以及所处时代的历史特征，文字再晓畅一些，百炼化作绕指柔，早已僵硬得裂开无数道口子的历史，肯定能够为其所用。但就其本质而言，仍然是个被"演绎"了的文学作品，仅仅可供闲暇一读而已，并不具备什么参考价值。当然，并不能就此来讥笑作家，因为更多的时候是史学家"失足"在先。

话又说回来，不妨将视野放得更宽一点，带些许"大历史观"扫描一下这个混沌世界的既往与现实，"唯物"地说：所看到的一切都是历史，而且确实是"鲜活"的，它们穿着各式各样的衣服，在当今这个缤纷的舞台上隐现出没。更为要命的是，这么多位历史"小姑娘"在历史演进的长河里，被她们难以计数的"后爹""后娘"们梳洗打扮，赋予外在形式之后，又大多被安装了一个思想内核，打上了明显的时代烙印，自觉或不自觉地要为现实服务或是服务于某种目的。于是便有了孔仲尼诲人不倦的德操；太平天国天兵天将们亲和的笑容；义和拳大师兄高瞻远瞩、理念通达的高大形象，等等。简直真是奇妙极了。真正如钱钟书先生所说的几个"素心"人在寂寞中皓首穷经的故事，恐怕只能在教科书里头才能够读得到。

前些年，父亲的老同学，从台湾来的张慕飞老先生赠我一册自传《永不放弃》。张将军曾经率台军精华装甲旅团屯驻金门，又因历史渊源与蒋纬国将军过从甚密，更妙的是他还当过蒋氏的死对头李宗仁先生的侍卫官。将军是我的父执辈，虽然他在西班牙陆军大学精研武学的时候，还读出个"比较文学"硕士的头衔，但是，在他的这本自传中竟没有一点文学味，质朴中透着纯真。给我启发不少。后来回想起来，将军曾于不经意间透露，纽约的唐德刚教授是其老友，黄仁宇先生更是多有过从。我在胡打乱撞中竟遇见个中高手了。

漫溢的野火烧过，再经过历史慌乱脚步的踏踩，多少有意味以至惨痛的历史灰飞烟灭，付诸流水，"残花败柳"般的历史素材实在是没有剩下多少。要想以古论今或是说说故事，难免要经过一番精心打扮之后才能够让那位"小姑娘"登台亮相，这恐怕也是要将历史与文学结合的一个缘故吧。抚胸说，这真是历史的悲哀。不过，在现实社会当中总归会有人从各种目的出发，以各种各样的角度，千方百计地来剖析历史，好在被冒犯的"历史"，早就已经成了被装订成册的"羔羊"，任凭后生小子们条分缕析，各取所需。有人光顾，未始不是历史这位"小姑娘"的幸运。否则，历史还有什么价值呢？

北京有座贤良祠，坐落在地安门西大街，是古时祭祀旧日贤达的场所，意思就好比法兰西的先贤祠。古往今来，大概在全世界都有类似的场所。对于"贤达"，不同的社会有不同的标准，所以历史人物们也就走进了各自的庙堂之门。古人说——文以载道，文不能载道时，也可以撩拨开被藤蔓遮掩的历史，谈古论今，将历史人物摆在笔墨祭台上晾晒、评说一番。我想，如果历史人物们地下有知，他们大概是愿意的，也不会讥笑后生小子们的唐突。笔者在读史之余，记录了几位历史人物的斑驳行状，以祭奠他们给这个世界留下的痕迹，可以说，只是个人读书随笔而已，贻笑大方的地方自不在少，并无些许玄奥之处。

我因为写了一些有关德清俞氏的文章，大约在2001年前后，承俞平伯先生的哲嗣俞润民老师惠赠其所著《德清俞氏》一册，这本书至今仍然摆在我的案头，令我受益不浅，谢谢俞润民老师！润民老师笑指我的文章有些地方演绎了。我答说那是在解读诸俞大家的作品呢。润民老师哈哈一笑。

十五、六年前，北京陈来胜先生促动我研写一点德清俞氏家族史，俞氏的著作读了好几摞，经因景仰而动笔。家父克因先生为文六十余年，系杂文名家，对我的写作多有鼓励和指教。如今家父已经仙游六年，谨改定前稿，献给亦父亦师的李克因先生。是为记。

作者

2012年5月

俞氏直系九代世系表

俞廷镳(号南庄)
↓

俞鸿渐(号剑花，晚年更号颽花)
↓

俞　樾(字荫甫，号曲园)
↓

俞绍莱(字廉石)　　　　俞祖仁(次子，字寿山)
↓

俞陛云(字阶青，号乐静)
↓

俞铭衡(字平伯，以字行)
↓

俞润民
↓

俞　李(字昌实，以字行)
↓

俞丙然

主要参考文献

[1] 王钟翰.清史列传 [M].北京：中华书局，1987.

[2] 赵尔巽.清史稿 [M].北京：中华书局，1977.

[3] 郑逸梅，陈左高.中国近代文学大系·书信日记集 [M].上海：上海书店出版社，1992.

[4] 曾国藩.曾国藩日记 [M].天津：天津人民出版社，1995.

[5] 俞樾.春在堂随笔 [M].南京：江苏人民出版社，1984.

[6] 俞樾.茶香室丛钞 [M].扬州：广陵古籍刻印社，1983.

[7] 郭廷以.近代中国史事日志 [M].北京：中华书局，1987.

[8] 史林.曾国藩和他的幕僚 [M].北京：中国言实出版社，2003.

[9] 俞陛云.蜀輶诗记 [M].上海：上海书店出版社，1986.

[10] 俞平伯.俞平伯学术精华录 [M].北京：北京师范学院出版社，1988.

[11] 俞平伯.俞平伯散文杂论编 [M].上海：上海占籍出版社，1990.

[12] 俞平伯.红楼梦辨 [M].北京：人民文学出版社，1973.

[13] 俞平伯.红楼梦研究 [M].北京：人民文学出版社，1973.

[14] 俞平伯.俞平伯全集 [M].石家庄：花山文艺出版社，1997.

[15] 俞润民，陈煦.德清俞氏 [M].北京：中国人民大学出版社，1999.

[16] 韦奈.我的外祖父俞平伯 [M].上海：上海书店出版社，1993.

[17] 朱自清.朱自清全集 [M].南京：江苏教育出版社，1988.

[18] 胡适.胡适的日记 [M].北京：中华书局，1985.

[19] 孙玉蓉.俞平伯研究资料 [M].天津：天津人民出版社，1986.

[20] 俞平伯，周颖南.俞平伯周颖南通信集 [M].郑州：河南教育出版社，1991.